■ 韩传信 著

学校德育的意蕴

XUEXIAO DEYU DE YIYUN

合肥工业大学出版社

本书受合肥师范学院学术著作出版基金

资 助 出 版

代　序

韩传信把他的新作《学校德育的意蕴》书稿送我审阅。“意蕴”一词深深地吸引了我。书中所表达的学校德育蕴含的内在的旨意是什么呢？它吸引我思考本书的提纲，琢磨本书的内容。我惊喜地发现这是作者精心勾勒，倾其全力雕刻的一部力作。据我了解，这是他二十多年来教育教学实践和学术研究的结果，是他一以贯之研究激情的迸发，是他咬定青山不放松的执着精神的凝结。纵观全书，字里行间流露出作者对德育事业的一往情深，对学校教育质量的殷切期盼，也反映了一位教育工作者对德育使命和责任的担当。为此，我为韩传信点赞！同时把我的读后感与广大读者分享。

第一，在布局谋篇上，本书分为上中下三篇，第一篇：走向校本的德育研究；第二篇：提升教师的德育素养；第三篇：关注学生的德育实践。这三篇结构清晰地表明了本书的“意蕴”是研究校本德育。校本德育意在揭示教育者、受教育者、校本教育环境三者的关系。本书在学校、教师、学生三个层面进行了有益的探讨，并提出个人一些独到的见解，为扎实推进学校德育科学发展提供了可参照的意见。同时做到了理论与实践相结合，宏观研究与微观研究相结合，教育管理与咨政服务相结合。三种结合，相得益彰，读者在阅读中自然会受到文化启迪、教育感悟和思想升化。

第二，在内容安排上，本书呈现出整体把握、一脉相承、一气呵成的全景式的教育生态观念。在学校德育研究方面，本书强调德育源于文化的浸润，深入挖掘传统文化、网络文化和区域文化资源，注重弘扬和培育以爱国主义为核心、团结统一、爱好和平、勤劳勇敢、自强不息的伟大民族精神。在教师德育素养方面，提出了提升教师德育素养一些具体的方略和途径，这些建议对教师走德育专业化发展道路有重要启示。在学生自主德育实践方面，对学生自律能力、公民道德、创新精神、勇于负责、道德生活的实践能力等方面作了深入细致的阐释，提出了具有实效性的引领学生道德实践的具体做法。

第三，在继承创新上，本书继承了教育学、心理学、德育学的基本理论，同时高举改革旗帜，进行了大胆的理论创新。教育发展的出路在于改革，改革创新的出路在于研究。面对新时代、新情况、新任务，以促进德育科学发展为目的，针对学校德育凸现的一些矛盾和困惑，作者作了些认真思考和研究，反映出作者的洞察力和创造力。本书聚焦和回应一些现实问题，以通俗易懂和旁征博引的方式向读者传达教育制胜之道。例如，从道德是立身之本的高度，把教和育落实到学校整个教育教学之中，处处、时时、事事、人人都体现育人的价值。这种将理论与实践结合，化高深为平实，化复杂为简单，体现了作者务实的工作态度和教育睿智。

总之，我认为《学校德育的意蕴》是一本好书，对于贯彻落实党的十八大提出的“把立德树人作为教育的根本任务”，对于加强和改进学校德育工作，对于提高教师和学生的德育素养，都具有十分重要的意义。读一本好书，就是交一位好朋友。我真诚希望广大读者交这位好朋友！是为序。

中国教育科学研究院原德育中心主任、

中国伦理学会原德育专业委员会会长、教授

詹万生

2017年3月

自 序

随着时代发展，无论未来教育如何变革，但是有一点始终不变，那就是立德树人。党的十八大报告明确指出："坚持德育为先，立德树人，把社会主义核心价值体系融入国民教育全过程。"立德树人，一方面，中国德育是用中国优秀文化培养中国人的教育，中国德育有历史渊源和特色优势，具有传统民族文化的底蕴；另一方面，针对新形势、新任务，学校德育一定要创新形式，拓展内容，因事而化、因时而进、因势而新，不断提升德育吸引力和感染力，增强德育针对性和参与度，使道德教育真正成为尊重学生、关注人生意义的领域。

按《现代汉语》的解释，"意蕴"是指"内在的意义、含义"。在文学作品里面，意蕴往往是指渗透出来的理性内涵，比如说作品中渗透的情感、表现出的风骨、标明人生的某种精义或者某种主旨。由此推断，德育意蕴就是指德育的理性内涵，含有禅意超脱、诗意美好的一种意境。一般来说，德育具有三种意蕴：生命意蕴，即尊重生命价值、理解生命意义、满足生命需要，克服"见分数不见人"现象；过程意蕴，即德育过程具有长期性、反复性规律，不是一蹴而就，贵在坚持；道德意蕴，即以道德的手段来实现道德教育的目的，不能借口社会某些不道德现象，放弃学校教育的道德责任。意蕴是德育的精神之魂，表征德育的某种精义、某种旨趣或者教育者的一种育人风格。教育的最高境界是至真、至善、至美，在这三者当中，真是美的前提，善是美的基础，美是真与善的升华。其中，美的内容涵盖广泛，如生活多彩之美、生命成长之美、文化蕴藉之美、自然和谐之美等。《学记》中写道：故君子之于学也，藏焉修焉，息焉游焉；教者无形，学者无式。德育是指向心灵深处的教育，触动内心世界的教育往往既是艰难的又是复杂的，不是一人一事、一朝一夕所能完成的。德育是介于有形与无形之间、有意与无意之中的。它犹如“大象无形却不失形，大音稀声而不乏声，无固定之形，非刻板之声”。可以说，这些都体现了德育的意蕴，以及意境之美。有意者反远，无心者自近。在新教育环境下，德育过程面对重重忧思、迷思、省思，学校德育的内涵和外延发生了一些新变化。这就强调教育者对现代德育规律性的充分认识和精准把握。之所以说学校德育具有一定的意蕴，是因为德育是用崇高的精神塑造美好的心灵和完美人生的教育活动，需要一种脱俗超越的境界、深刻的领悟、勇气的历练。显而易见，一个事物的意义和价值影响并决定它的内涵。只有掌握德育的意蕴，才能明白德育奥妙和精髓，更好地去解释德育现象、解决德育问题。只有掌握德育的意蕴，才能认识德育本质、增强德育自觉行动。只有不断追寻和探讨德育的真正意蕴，才能使德育成为走进学生心灵深处的教育。由此可见，学校德育看似简单平常的工作，实则有其丰富的内涵和意蕴，其对青少年学生的影响却非同凡响。道德教育往往具有无痕、慢效的特征，既不高深莫测，也不浅显易懂，避免道德教育的表层化、简单化。

全书分为三篇，共七章，从学校、教师、学生三个层面或主题进行探讨。第一篇：走向校本的德育研究，分别从学校德育与文化（传统文化、网络文化、地域文化）的关联、共同推进学校道德教育（建立学校、家庭、社区和谐互动德育机制）和班级德育的组织实施（课堂中道德生活、班级环境创设和活动管理等）层面加以论述。第二篇：提升教师的德育素养，教师德育素养的构成，包括德育知识、德育观念、德育智慧、德育能力；提升教师德育素养的策略，通过教师人格塑造、师生交往、课堂教学、师德评价和实践研修来实施。第三篇：关注学生的德育实践，着重介绍加强学生主体性德育的意义，引领学生德育实践的做法，如公民道德教育、道德生活教育、自我关爱教育、创新责任教育、自律能力培养和品德自我评价。德育要培养学生的道德自觉，让学生学会学习、学会合作、学会分享、学会感恩、学会传承，做一个有“根”的中国人。

本书构思体现了学校德育的整体推进、全员参与、实践引领等鲜明特征。(1) 整体推进。教育是融真善美于一体的活动，德育是教育的重要组成部分，就学校德育来说，它是一项复杂艰难的教育工作。一切活动、学科教学、教职人员、文化环境等都蕴含着道德教育资源，体现育人的全面性、多员性、系统性。人们对德育的思考，既要立足于学校教育进行思考，又要跳出学校教育进行思考，更需要跳出德育本身去进行思考。所谓立足于学校思考德育，就是把德育放到学校机构和场所内，思考和解决学校里的德育问题。一所学校要把德育做好，必须从学校自身的办学目标和实际出发，系统并综合思考、解决好这些问题。这既需要把德育作为独立的工作去思考和解决，又需要把教学作为德育实施的主渠道，把德育真正落实到课堂中，具体到师生的交往活动中，全面渗透到学校各项工作中，营造良好德育文化环境。(2) 全员参与。首先，确立师生“双主体”的地位，对于教师而言，教师是学生道德成长的引路人和心理健康的保育师，一个教师的气质、趣味、眼界和价值观念往往影响学校德育质量。德育不是强迫的冷面孔式的教育，有其自身的独特魅力，这就需要不断提升教师的德育专业素养及其育人能力。对于学生而言，调动其参与德育活动的主动性和积极性，只有“要我学”变为“我要学”，德育影响才能入脑入心，德育效果往往是与受教育者的参与程度成正相关的。其次，学校以育人为主线，调动家长、社会人员参与教育的主动性和积极性，发挥全员、全方位育人作用。所谓“跳出德育看德育”，就是说完成德育任务并非只是科任教师、班主任或学校担负的职责，需要政府部门、社会成员和家庭共同参与、相互配合、合力育人。(3) 实践引领。德育过程是内化于心、外化于行的过程。认知是基础，行动是关键，需要做到知行统一。道德的本质是一种实践，比如善良不能仅存在于内心，生活中有很多小事，只要信手拈来，就是一种善行。具有教育性的交往和实践活动，既是学生乐学的一种形式，又是化隐为显的重要举措。现代道德教育的基本理念是回归生活、回归实践。德育要走进学生的心灵世界，关注现实生活的质量，其目的是要使学生过上自身满意、对社会有益的道德生活。为此，教师必须与学生一起参与到一个个事件、情境中，一起投身到真实的教育生活中，只有在这种场域中，才能真正孕育教育智慧，感悟学生心灵，助推学生成长。

本书是作者从事德育原理教学和研究成果的结晶，对过去已发表的论文或思考的问题进行一种继创性研究，在重读重思的过程中，确定重写的志向。目的是让理论落地生根，让经验丰富升华，使德育既接地气，又能体现时代需要。一方面，近年来参加一些学术交流会，在与同行的切磋中对德育有更深的理解；另一方面，深入部分学校走访调研，在与广大中小学校长和教师的接触中，深感学校德育实际状况，“德育倡导很好，但是落实很难”是有代表性的反馈意见，这为本书的构思提供了坚实基础。作者是德育梦想的行者，行走在德育研究的“筑梦路上”，勇往直前，始终抱着一颗固守和执着之心做好这件事。但是，应该坦诚地说，本书无论在章节设计，还是研究内容方面都还存在不足之处，例如，对学生品德发展问题的研究不够精准、为改善学校德育现状提供的决策依据操作性不强等。冀望大家读本书之后，敬请给予批评指正，共同关注德育问题。

此书可为广大中小学和各类学校教师提供德育理论指导，为他们更好地开展德育活动提供实践参考，还可为德育研究者提供一个深入思考的视角。

韩传信

2017 年 2 月于合肥

目 录

第二篇　提升教师的德育素养

第三篇　关注学生的德育实践

第一篇 走向校本的德育研究

导语：学校道德教育往往易走向两个极端，一是巨人化，无限夸大道德教育作用；一是侏儒化，不断忽缺道德教育作用。为避免这两种极端倾向，一般认为，走向校本的德育最有效。走向校本的德育，在教育教学实际中能落地、生根、开花、结果。校本德育是源于学校、在学校、为了学校的一种德育样态。首先，应考虑学校德育的文化品性，德育具有文化性和民族性，一方面，学校德育深受优秀传统文化的影响，我国优秀传统文化是中华民族永远的精神家园；另一方面，现代生活中，青少年学生品德发展无疑地受网络文化的影响，网络文化作为一种有效的德育资源，对学生品德的形成具有潜移默化的作用。加之，我国地域辽阔、民族众多，学校德育还受地域（社区）文化的影响。应结合我国传统文化、网络文化和区域文化中的德育资源，让德育成为一种创造人生意义的精神实践活动。其次，应考虑学校德育的整体特性，德育是一项系统工程，德育是受多方面、多因素影响的复合体，因此，德育各种矛盾和问题的解决自然也就十分复杂，这就需要建立学校、家庭与社区和谐的德育机制，协同各方面的教育力量共同育人。再次，应考虑班级德育建设，把握和谐班级德育的“细脉”，班级是学生生活、学习的主要场所，这就需要建构课堂中的道德生活、营造良好的班级环境、开展班集体活动和管理，在班级日常生活、学习中，善用“闲谈”的德育价值并发挥其作用。

第一章　德育源于文化的浸润

德育与文化密不可分，文化与德育往往是同根同源，文化影响德育内容，德育具有文化品格。中国优秀传统文化是维系整个中华民族的精神力量，也是构建中国人身份的文化根基。文化是民族的灵魂，习近平总书记深刻指出："一个国家的文化软实力，从根本上说，取决于其核心价值观的生命力、凝聚力、感召力。"同时，他强调基于传统文化的转型发展来建立当代中国价值观。

第一节　基于传统文化中的学校德育

文化核心是价值观的问题。我国传统文化（辛亥革命以前）是以华夏民族为主体、以儒家占社会主导地位的一种价值观念（这种价值观念不同于学者型价值观、世俗价值观）。中国悠远浩博的传统优秀文化是德育的"根"和"魂"，其中，和谐思想是中国优秀传统文化的主要内容之一。

一、和谐思想的渊源

什么是和谐？"和"字，从龠，从禾，最早是指一种笙管乐器；"谐"，相合也，强调顺和、协调。《说文解字》中的解释："和，相应也”，“谐”是配合得当的意思，“和谐”就是“相应”且“配合得当”。我国古代制作乐器的材料，有金、石、丝、竹、匏、土、革、木等八种，金为钟，石为磬，琴瑟为丝，箫管为竹，笙竽为匏，埙为土，鼓为革，柷敔为木，称为“八音”。八音的材料不同，则音质、音色、音域也不同。乐器的声与律相互配合与照应，按照一定旋律演奏，是音乐和谐的关键。《尚书·尧典》记载，舜命令夔担任乐官，要求做到“诗言志，律和声，八音克谐”，就是这个意思。再比如酸甜苦辣咸五味，为烹饪所不可或缺，但如果调配不当，菜肴就无法入口，恰到好处，即古人所讲“五味和”了。

中华民族历来具有以人为本、自强不息、以和为贵、注重和谐的文化传统。可以说，和谐既是中国传统文化的内在“基因”，也是德育追求的一种境界。在中国传统文化中，和谐思想早在公元前7世纪出现在《国语》中，郑桓公与伯阳父（史伯）谈论“兴衰之故”和“生死之道”时，就首次提出“和实生物，同则不继”的思想。史伯说：“虞幕能听协风，以成乐物生者也。夏禹能单平水土，以品处庶类者也。商契能和合五教，以保于百姓者也。周弃能播殖百谷蔬，以衣食民人者也。”① 意思是虞夏商周各朝代能够建立和谐的关系。《论语·学而》中说：“礼之用，和为贵”，等等。概括而言，传统的和谐思想主要体现在以下三个方面：

（一）天人合一

《周易》被誉为“群经之首，大道之源”。《周易》认为：“天地之大德曰生”，“夫大人者与天地合其德”。先秦时期，儒家代表人物孟子说：“尽其心者，知其性。知其性，则知天也。”孟子最早

① 左丘明．国语[M]．上海：上海古籍出版社，1994.

提出“天人合一”，主张天人相通，人性乃“天之所与”，天道有道德意义，人之性善的根据在天。荀子主张“制天命而用之”，认为“天”是“列星随旋，日月递照，四时代御，阴阳大化，风雨博施”①。《中庸》主张“与天地参”，“损益盈虚，与时偕行”，指出人要依循自然规律做事。除儒家之外，道家还认为和谐有三种形态，即生态和谐、世态和谐、心态和谐。例如，老子在《道德经》中说：“人法地，地法天，天法道，道法自然”，自然的法则被摆到至高无上的地位；庄子也提出：“天地与我并生，万物与我为一。”②可见，古代圣贤对自然的态度既缠绵悱恻，又俯仰自得；游心太玄而又超其象外。当全球环境陷入恶化的今天，这种蕴含着敬天、重地、仁人、善物的和谐思想为我们提供了摆脱困境的途径。

（二）人际和谐

人际（群己）和谐的前提是人与自身的和谐。人自身能心平气静、和乐生活，在此基础上，人与人之间相互尊重与爱护，“与人为善”，把“爱人”当作第一要义，“立己立人，达己达人”等。例如，孔子教育弟子“入则孝，出则悌，谨而信，泛爱众，而亲仁”，即回到家里要孝顺父母，在外面要尊敬长辈，做事谨慎有规矩，诚实守信，博爱民众，做亲近有仁德的人。孟子曰：“天时不如地利，地利不如人和。”在《礼记·礼运篇》中描述了人际和谐的美妙图景：“大道之行也，天下为公，选贤与能，讲信修睦。故人不独亲其亲，不独子其子，使老有所终，壮有所用，幼有所长，鳏、寡、孤、独、废、疾者皆有所养”③。《周礼》中也提出“以和

① 荀子[M]．潘嘉卓译注．广州：广州出版社，2004：82.

② 庄子选译[M]．温梦泽．北京：光明日报出版社，2007：147.

③ 戴圣．礼记·礼运篇[M]．杭州：浙江古籍出版社，2007.

邦国，以统百官，以谐万民”的思想。《大学》里讲：格物、致知、诚意、正心、修身、齐家、治国、平天下，要求个人从修身做起，然后实现齐家、治国、平天下的人生理想，即所谓“内圣外王”。由个体道德自律推及社会责任，由家庭和谐扩展到社会和谐，把个体心性和谐与家庭和谐、社会和谐联系起来做整体性认识，这充分体现集体责任感和个体责任感的高度统一。

（三）和而不同、和而玄同

中国传统的和谐思想是建立在多样性和差异性基础上的“以他平他”，而不是否认事物存在的丰富性、异质性。例如《国语·郑语》中说：“夫和实生物，同则不继。以他平他谓之和，故能丰长而物归之。若以同裨同，尽乃弃矣。故先王以土与金、木、水、火相杂，以成百物。” “声一无听，物一无文，味一无果，物一不讲。”① 这句话的意思是一种声响构不成音乐，没有听的价值，只是一种颜色就没有纹彩，只是一种味道就不成为美味，只是一种事物就无法衡量比较。至于“和”与“同”的关系，《左传·昭公二十年》记载了齐侯和晏子对话，把“同”与“和”进行了区别。公曰：“和与同异乎?”对曰：“异，和如羹焉，水火醯醢盐梅以烹鱼肉，燀之以薪。宰夫和之，齐之以味，济其不及，以泄其过……若以水济水，谁能食之?若琴瑟之专壹，谁能听之?同之不可也如是。”由此可见，“和”指不同事物的统一和谐，而“同”指相同事物的简单相加或绝对同一。“和”既强调主体间事物间协调、相应、配合得当，同时也要保持主体的个性和事物自身特色，以利于主体和事物在和谐的联系中按自身规律持续发展。只有多因素之间

① 李维琦. 白话国语[M]. 长沙：岳麓书社，2006：126.

的统一和谐，才能构成事物发展的生机和存在的价值。

总之，传统文化中的和谐思想，既有内在和谐，即人的知情意行和谐、兴趣能力个性特征的和谐；也有外在和谐，即人与社会、自然的和谐。显然，和谐德育枕靠着深厚历史文化积淀，体现传统继承与现代创新的融合，展现出中国德育价值、中国德育智慧。需说明的是，一方面，继承传统不是僵化，否则，食古不化，目的在于增强文化底蕴和文化自信，文化传统也不等于传统文化；另一方面，创新发展需要把外国先进思想化为本土的实践，借鉴不等于移植，否则，食洋不化，应避免形式主义和崇洋媚外。

二、和谐德育及其特征

从哲学上看，和谐是事物发展的协调性、均衡性，合乎规律的相互依存、相互发展的范畴。再从教育社会学上看，和谐理论作为社会学的一个流派，主张结构功能主义的均衡论，认为社会结构中的各部分是相互依赖、彼此协调、互为补充的，学校通过“社会化”和“选择”两种功能，为社会培养具有共同价值与信念、有创新能力的人才，从而促进社会发展。

那么，和谐德育就是以满足社会发展和受教育者健全人格为出发点，在遵循身心发展规律的基础上，调控构成德育的诸要素之间的关系，使之发生和谐共振效应，从而促进受教育者思想品德发展的一种德育模式①。它是一种全景式的德育视角。其特征如下：

（一）系统性

美籍奥地利生物学家贝塔朗非（Bertalanffy）将系统定义为

① 詹万生．和谐德育论[M]．北京：教育科学出版社，2009：97.

“处于一定互相联系中与环境发生关系的各组成部分的整体”。例如，在植物系统中，根和叶是植物的子系统，一棵繁茂的植物，根不断吸收养料和水分，叶子才会进行光合作用，植物才能更加茂盛；反之，根不吸收养料和水分，叶就不能进行光合作用，植物就会死亡。在系统中，任何事物的存在和它具有的属性总是依赖于这样或那样的条件，只要把组织肢解，作为整体的属性就会消失。原因在于任何组织系统都形成了部分互为条件、互为因果的“维系网”。一旦割断功能的糅合网，每个系统都失去了必需条件的提供，这样，整体的功能当然不复存在。由此推论，和谐德育好比是各要素交互影响的一种“生态”关系。学校道德教育是一个面向社会开放的复杂系统，这一系统的稳定与和谐受到社会大系统而来的“熵流”影响。教育者无法排除这种影响，而且也不能一味地拒斥这种影响，因为依据系统理论与社会历史发展规律，这种影响不仅是打破系统原有平衡与和谐状态的破坏力，也是使系统进入新的发展阶段的推动力，正是在这种作用下，系统从一个个“混沌状态”走向“新的秩序”。

（二）整体性

世界上的事物是一个广泛联系的整体，整体不是简单相加，如一堆水果、一堆沙粒；而是不可分割地结合在一起，像动物的肢体、水坝的沙石等。和谐德育是关注人的品德结构的完整性，即道德知识学习、情感培养、意志磨炼、行为训练和习惯养成的有机统一。整体性体现在德育计划的完整、内容的全面、时间的延伸、空间的拓展、评价的协商等方面。在德育过程中，学校要把各要素有机组合起来，进行统一思想、统一协作、统一管理，从而达到系统功能的整体优化，如果孤立地从单学科或单方面进行道德教育是难以达到理想的育人效果的，这就需要学校、家庭、社会各方面密切配合，进行整体推进，合力育人，把学校德育延伸到家庭和社会之中。具体来说，学校德育社区化、社区生活道德化，实现课堂内外、校园内外、隐性课程显性课程相结合的新格局。

（三）互动性

和谐德育不是一种静态的概念，而是一种动态的概念，表现为教育者与受教育者之间，以及学校、社区与家庭之间的参与互动等，在互动中让学生学习、理解和践履社会道德规范。大家知道，品德发展是在外部环境的影响下，经由个体自身道德价值观念上的矛盾冲突后，逐步重构的一个过程。教育者应把握好内因与外因的辩证关系，抓住着力点，促进学生品德发展。正如《荀子》中说："万物各得其和以生。"这是讲万物各因其存在的和谐性而得以生生不息。所以，和谐的本质是"生"。它表明和谐不仅能使矛盾各方面在统一体中找到最佳的存在方式，还能使矛盾统一体获得保持和释放生命力的最佳互动结构形式。

（四）适应性

和谐德育既包括学校与家庭、社区德育之间的互相配合，也包括教育者与受教育者之间的相互配合。适应性要求家庭和社区德育活动的开展、内容的选定等方面，要考虑学校德育目标和青少年品德发展的实际需求，同时，学校德育任务也要为社会政治稳定、经济发展、家庭传统美德建设服务，培养具有良好公民道德素质的人。在和谐德育系统中，只有德育双方的"离散"和"结合"彼此平衡，才能维持稳定最佳状态，因为适应（适合）是最好的；若德育各方的"离散"超过系统稳定性的承受能力，就会引起诸要素之间的摩擦与冲突，导致整个系统的振荡和瓦解，使德育效果相互抵消，甚至出现负效果。

三、和谐文化思想在学校德育中的应用

习近平总书记在2014年9月24日纪念孔子诞辰2565周年国际学术研讨会上的讲话中强调："中国优秀传统文化的丰富哲学思想、人文精神、教化思想、道德理念等，可以为人们认识和改造世界提供有益启迪，可以为治国理政提供有益启示，也可以为道德建设提供有益启发。"我们要弘扬中华优秀传统文化，应从继承中国传统伦理道德教育开始。当前，学校德育针对青少年品德出现的新情况新问题，要做好"守本"与"创新"，即是说，根据社会发展需要，借鉴传统文化蕴含的丰富人文精神和道德观念，创新德育形式，促进学生品德不断发展和完善。和谐文化中德育思想要求学校德育立足整体，视角多维，从全员、全程、全方位上来把握，这为解决困扰德育的一些难题提供了有益的启示和借鉴。

（一）在德育实施中注重系统推进

自然界中，同一生态系统内的不同物种为着彼此的生存而相互调整与适应，它们通过符号、能量交流以构建起互惠、相依、共栖、寄生、自养等共生态方式，并且不断在这些关系中生发、突变出新的、更高级的关系。这种共生关系的事实与相应观念启示人们：每个人都不能脱离他人而孤立存在，人与人之间普遍存在着意义的联结，这种意义的联结是道德关系的本质。人是关系性的存在，既不能孤立存在，也不能孤立行动，均受到内外因素的交互影响。大家知道，任何事物的存在和它具有的属性总是依赖于这样或那样的条件，学校道德教育也是如此。社区网络分析理论认为，应把人与人、组织与组织之间的纽带关系看成一种客观存在的社会结构，以此来分析这些纽带关系对人的影响，学校不应是游离于社会的"网络孤岛"。由此可见，德育不是孤立存在于学校教育中，对

于学生品德发展来说，学校教育只是一种重要因素而不是唯一因素。这就需要家庭、社区德育紧密跟进。道德教育途径多样，既可以通过专门的德育课程教学进行，也可以通过社区活动方式进行。学校与家庭、社区和谐德育是最直接、最完整地触及学生的思想情感、行为方式的教育。为此，学校要主动寻求并保持与外部环境的动态平衡，以活动为载体，以德统智，开展各项德育活动，做到贴近学生的生命需要、贴近学校的生活需要、贴近现实的社会需要①。

（二）在德育各要素中注重整体构建

学校德育是根据社会道德方面的要求与学生思想品德实际状况、发展变化规律，进行有目的、有计划、有组织的教育过程，并通过受教育者的自身思想矛盾运动和实践体验，形成良好的思想品德和健康人格。学校德育不仅引导学生关注学业成绩、职业前景、科技发展的问题，更涉及个体生存、心理需要、精神追求、美感经验、人伦道德、人格完美等问题。学生道德素质发展与自身所在的环境密不可分，这里的环境是指班级文化环境、校园文化环境、家庭文化环境、社区文化环境和网络文化环境。这些构成了学生生活环境的整体，对塑造学生道德素质起着不同作用。德育的成效取决于德育多种要素的和谐，为此，构建学、社有效衔接的德育模式，通过实景体验场来整体推进青少年道德认知、情感和行为教育，培养其社会性道德人格，这既标识着个体生命存在的意义，也构筑着社会发展的根基。在德育过程中，发挥教师与学生的“双主体”作用，整合学校、家庭、社会三种教育力量，把握好知、情、意、行四要素的和谐共进，将学校德育目标、内容、途径、方法、管理、

① 韩传信．传统和谐思想在学校德育中的应用[J]．合肥师范学院学报，2008，(5)：105.

评价各要素有机组合起来，达到系统功能的整体优化。例如，就德育内容来说，注重民族性和时代性结合，内容统整，重点突出；民族性就是要加强传统美德教育，尤其是道德先师孔子倡导的仁、义、礼、智、信、忠、孝、勤、公、省等的教育。就德育途径来说，既有直接途径，也有间接途径；间接途径如在中小学课程中，通过经典作品、唐诗宋词、书法戏曲等教学，寓教于文，寓教于情，同时结合礼仪训练和情感陶冶，增强青少年对中国优秀传统文化和道德的认同。

（三）在德育过程中注重互动参与

20 世纪 60 年代兴起的结构功能主义认为，社会是具有一定结构或组织的系统，社会的各组成部分有序关联，并对社会整体发挥着必要的作用。社会心理学的“交互决定”理论也认为，行为、个体和环境是相互影响、互为制约的一个系统，互动过程是一个有意或无意学习模仿的过程。学生品德发展既是个体自身与环境交互作用的过程，也是个体自身的道德价值观念的矛盾冲突、在教育影响下逐步重组的过程。学校德育需要“走出去，引进来”，“走出去”就是组织学生走出校园，参加社区一些实践活动；“引进来”就是把社区中德育资源引进学校中。一方面，注重师生之间的互动参与，确立德育“双主体”意识，即教师和学生在德育过程中都处于主体地位，既关注学习主体“学”的主动性，又关注教育主体“教”的创造性。另一方面，注重学校、家庭与社区之间的互动参与，学校通过校园文化、课外活动等途径来强化学生品德教育，形成正确的道德情感和行为；社区通过场所设施、文化习俗、实践活动等途径来实施道德教育，营造道德教育氛围，引领学生践履道德行为规范。

第二节　基于网络文化中的学校德育

网络文化是建立在互联网基础上不分国界、不分地域的一种信息文化。一方面，它以其知识的丰富性、传播的快捷性、参与的直接性成为当代青少年学生获取各种知识和信息的重要渠道；另一方面，它又以其传播的虚拟性、杂乱性和多元性给学校德育带来了新的困惑和问题。当前，随着学生上网兴趣的增强和上网时间的增加，网络已成为学生学习和生活的重要组成部分。在信息化时代，我们如何把握网络文化这一时代特性，进行学生道德教育呢？这是实现德育科学发展面临的一个重要课题。

一、新媒体成为日常生活中的普遍现象

新媒体是在新的技术支撑体系下出现的媒体形态，如数字杂志、数字报纸、数字广播、手机短信、移动电视、网络、桌面视窗、数字电视、数字电影、触摸媒体等。相对于报刊、出版、广播、影视四大传统意义上的媒体，新媒体被形象地称为“第五媒体”。新媒体以快捷、新颖、丰富、开放、交互、动态和跨时空的特点给青少年学习、生活带来巨大变化和强烈感受。他们可以通过新媒体言语视频的文化和乐趣，使身心得到放松，上网成了寻求知识的途径。21 世纪，我国成为网络大国，已迈入智能化、信息化、网络化的时代。互联网、云计算、大数据等信息技术，深刻影响着人类的生产、生活、学习方式，短信已被微信取代，胶卷已被数码相机取代，BB 机早已被手机取代。例如，互联网可提供教育、健康、医疗个性化服务等。据统计，目前，我国拥有 7.51 亿手机网

民、1.1亿网络学习用户，每天新增用户约20万。随着数字媒体的普及，中小学生是这个数字时代的“原住民”，于是，有人用“滑一代、微一代、搜一代、游一代、秀一代”5个词来总结。随着儿童年龄的增长，看电视、读课外书的时间逐渐减少，而使用手机、平板电脑等数字媒体的时间却不断增加，据调查，10岁小孩开始有属于自己的第一部手机，到初中时手机已成为最受学生欢迎的媒介，每天4至5小时用于电子视频，且享有独特的朋友圈。

网络文化有其独特的社会文化价值及其地位，那么，作为德育的一种资源，它具有以下特征：

（一）内容丰富性

随着我国网络产业的不断发展，各种电子产品在市场上流行，深受学生们青睐。网络文化与学生成长同生共存，只要“百度”一下，或“摇一摇”“扫一扫”，答案尽收眼底。网络知识总量不断增加、信息丰富，可以说，一切知识无论是历史的，还是现实的；无论是本土的，还是外域的，都汇聚在网上，内容丰富且图文并茂。青少年通过新媒体，可超越时空，自由地利用人类智慧资源，能及时、便利地获取大量所需的信息，并参与信息的反馈和再创造，最大限度地满足获取知识和进行自我教育的需要，获得解决现实问题的建议和思路；通过电子邮件、微信、QQ或手机短信加强交流，解决学习和生活上的难题和困惑。

（二）体验自主性

与传统社会人们的文化意识相比较，网络文化呈现一种更少依赖性、更多自主性的特点，并为人们文化主体意识的觉醒、文化主体地位的确立创造条件。在学校中，教育信息化已走过以硬件投入、网络接入为主的基础设施建设阶段到信息技术应用于辅助教育教学管理阶段，再到当前已发展到技术与教育深度融合的阶段。互联网技术正逐渐改变学校的“教、学、评”工具，改变课程的结构与形态。学校以学生需求为导向，开设在线教育平台，视频化的“云课堂”“教育淘宝”在线对接，实现个性化教育。学生通过对网络文化资源的主动吸收和体验感悟，使其得到心灵的滋润。为此，教师要从学生道德发展的特点入手，引导并帮助学生树立正确的网络信息观念，形成健康向上的主体性道德人格。

（三）浏览任意性

网络文化使青少年学生没有时空限制地接受影响。例如，据调查 99% 的学生配有手机，其中 87% 的是智能手机。上学放学或课间十分钟，可以看到学生拿着手机埋头找看东西或上网玩游戏。新媒体能满足青少年的个性化需要，通过网上论坛、个人网页、手机短信以及新媒体作品制作等可以自由、平等、互动地表达和交流自己的主张，展现自我个性，从而强化个人价值，拓展心灵空间。新媒体消除了时空距离、社会地位、文化背景、种族、宗教信仰、风俗习惯等方面的差异，提供“无障碍”的人际交往环境。

（四）影响双重性

互联网媒体对青少年成长环境的影响越来越明显，青少年是接受和使用新媒体的主要群体，对新媒体的热爱、掌握和应用超乎人们的想象，在学校教学和日常生活中，其影响力也是人们所始料未及的。一方面，高品位的网络文化是学生思想道德生长的“土壤”，养育人文精神的课堂，使得网络文化所蕴含的道德观念内化为个体的道德思维和道德情操，构建自己的道德品质，塑造美好心灵；积极向上的网络文化感染和影响学生，发挥着积极作用。另一方面，互联网世界本身的新奇与诱惑、新异与多元及其开放性击中了人性的某些弱点，使其可能成为人类根本恶的展示平台，例如散布各种违反法律的错误言论、出售个人信息、贩卖伪劣产品、进行电信诈骗等，甚至网络成为涉黄、赌博与贩毒等违法犯罪的新技术平台，这些又发挥着消极作用。另外，还有人在互联网上结交新朋友，通过浏览信息打发时间，一旦离开互联网，内心的孤独感和空虚感就会增加，创造出与现实社会完全不同的另一个自己，并坚信这才是“真我”。可见，网络文化中悬着一把“达摩克利斯之剑”，因为其成分良莠不齐，特别是其中的不良文化会产生人们所说的“蝴蝶效应”，导致那些世界观与人生观尚未成熟的青少年学生，因缺乏自制力与辨别力，极易受侵害，成为信息社会的“迷途羔羊”。

二、应对网络文化，凸显道德教育主体

显而易见，“互联网+”的时代改变着人们的思想观念、思维方式、生活工作的样式，给学校德育带来机遇和挑战。当前，德育管理难度最大的可以说是网络对学生的影响，因为学生是网络文化的最大受众群体。凸显道德教育主体，就是强调学生道德主体的自为与自觉，即主体具有自身意义和社会意义的所言所语、所作所为。因此，基于网络文化环境下的道德教育，应强调道德主体的责任意识和自律能力①。

首先，在网络信息化社会，做一个勇担责任的人。面对网络文化的挑战，学生鉴别能力差、抵制诱惑意志薄弱，混淆了虚拟世界与真实世界的区别，缺少自主约束力和社会责任感，很难驾驭自己的所作所为，也容易受网络恶俗语言和虚假广告，特别是色情、暴力等诱导而误入歧途，导致道德意志的消解，这些对学

① 韩传信．基于网络文化中的学生道德教育[J]．教育与现代化，2009，(3)：76.

生价值观、个人成长和人格发展会产生负面效应。在互联网环境下，每个学生既是道德学习者，也是自我道德教育者。学校德育的目的是使学生在道德方面的主体素质得到全面发展，让他们有承担道德责任的勇气。由于上网缺少“他人在场”的压力，快乐原则支配着个人的欲望，日常生活中被压抑的人性中恶的一面会在这种无约束的状态下得到宣泄。网络的隐蔽性与匿名性又导致青少年道德责任的弱化。虚拟世界无羞耻感，网络世界无忧虑，这些都影响着学生的现实态度。因此，在网络信息化社会中，德育要培养学生对己、对他人、对社会、对国家，甚至对全球的责任意识。自觉、自律、正直、诚实是基于网络环境下学生道德教育的核心内容。网络世界中人的道德责任和社会角色都与现实物理空间有着很大的不同。可见，为了责任，处于现实可能的道德主体，是他律性的；而出于责任，处于自为的道德主体，是自律性的。网络责任心是一种与道德责任相适应的个体意识，它是推动人们在运用互联网时自觉地履行道德责任，对自身执行道德责任的行为进行调控和自我评价，并对行为后果负责。对青少年学生来说，网络责任教育是在生命视野中对教育本质一种重新的理解和呼唤，强调的就是自主和自觉。

其次，在网络信息化社会，做一个道德自律的人。处于数字时代的“原住民”，新媒体加速了儿童的社会化进程，拓宽了学习的渠道领域，增加了学生交往的范围，提供了更多的娱乐方式。所以，今天的学生有可能比之前的学生心理更成熟，自主学习能力更强，信息知识更丰富，交往更积极主动。网络行为是一种特殊的社会行为，也是在无监控情境下的自觉行为，需要依靠良知与责任来调控，这是信息时代对学生提出新的挑战。网络文化在信息传播方面具有不可控制性，它不可避免地存在一些负面效应，这就需要加强自律能力教育。孔子曾主张："为仁由己。"自律是道德修养的一种境界，我国古代讲的"慎独"，即是以内心信念坚守和意志训练来完善道德自我监控与教育能力的。一个人在任何情况下都能自尊、自爱，才能真正成为有道德的人，并在自律基础上彰显自由的精神。在网络文化环境中，青少年在价值观方面，容易产生技术崇拜、自我中心，缺乏对他人的关爱；在政治观方面，各种意识形态可在网上找到立足之地，对于好奇心强的学生来说，容易导致亲西方国家的意识形态和政治制度，从而动摇我国社会主义核心价值体系及其信仰教育。网络文化是一种主体性文化，需要个体道德不断建构与重构，由他律走向自律。具有自律能力的人，无论何时何地遇到何种问题，首先想到的是依靠自己的道德思维和判断标准，而非外部力量去解决。虽然我们强调法律、技术等外在力量和管理制度，但是更重要的是突出主体性道德教育的方式与策略，尤其是网络道德自律精神的必要性。因此，在新媒体条件下，德育应培养青少年学生成为适应信息化社会要求的"网络自律人"。

三、学校德育需加强网络文化的价值引领

从文化发展来看，网络文化不仅推动道德进步，而且改变某些传统的生活习惯和行为方式，催生出新的道德观念和行为，如网络道德。所谓网络道德是指人们在信息时代中所体现的道德文明，是调节信息创造者、服务者与使用者之间相互关系的行为规范的总和，它是科技道德的一部分。即是说，网络道德是指人们运用互联网时对于媒体信息的选择、解读、传播、制作过程中表现出来的一种信息素养。重视学生网络道德和信息素养教育是时代的必然诉求。学校德育对学生网络文化的引领作用表现在观念导向、平台建设、管理调控等方面。

（一）确立与网络文化相适应的德育观念

互联网时代，在数字化环境下学生获取知识往往呈现碎片化、快速化的特点，学生们最需要学习的是有积极价值导向和批判问题意识的独立思考能力，而不仅仅是获取所谓“客观知识”。作为一种新的文化形态，网络文化（非主流文化）所表现出的开放性、互动性、平等性，赋予每个人充分的话语权。作为网络文化主体的学生，对自由与平等的过度追求掩盖了网络文化中主与次的关系，甚至把主流文化看作是对人性的压抑，往往迫使自己走向事物的极端面，产生对网络文化的特别偏爱，这就需要教育者加以引导。要净化和提升网络文化的精神品位，让主流文化参与到网络文化互动中去，在网络文化中保持育人功能，让德育占领虚拟空间，丰富网络文化环境，增强德育的魅力。以网络作为信息传播的主体，产生新的语言、新的观念、新的需要和新的交往方式变化，需要以责任认知为核心的个人道德复归，注重对学生进行网络安全问题、信任问题、意识问题的教育。技术时代引发诸如“消费至上”和“娱乐蔓延”等多种态势，产生的“索取心理”“惰性思想”等思想情绪对学生的价值观造成不良影响，期待学校给予学生新的价值观教育，培养学生良好的网络道德素养。网络道德学习的有效性可以从认知控制、动机控制、情绪控制和环境控制方面来进行。如在环境控制策略中，拒绝不良网站的诱惑、创建网络法规和道德环境等。同时，数字技术和网络技术让信息传递和知识分享的成本在大大降低，大数据技术使个性化教育进一步成为现实。借助大数据技术，并做出实时跟踪和反馈，为学生提供有效的教育方式。尽管互联网技术、信息时代的发展，为我们创造了不同的教育生态环境，改变了学校的生活和师生关系，但是，未来的教育不管时代如何变革，立德树人、培养高尚的人格是不会变的；培养学生的批判性思维、创新性思维、创造的意识和能力，也不可能发生改变。因此，学校应确立开放德育理念、人本德育理念和个性化德育理念。

（二）构建与网络文化相适应的德育平台

全国中小学校互联网接入率达87%，优质数字教育资源日益丰富、信息化教学普及，迫切需要建设德育信息平台。新型的学校网络平台可以传播文字、声音、图像，为青少年道德学习提供多样化、互动性的立体途径，为学校德育提供更好的条件和更广阔的空间，拓宽教育内容，丰富教育形式，达到资源共享。网络文化具有新颖性、生动性、趣味性等特点，内容生动直观，容易吸引学生注意力，提高其学习的兴趣，调动其参与的积极性和创造性。因此，学校要重视网络媒体在校园文化建设中的作用，比如，建立学校网站与班级主页，在网上以喜闻乐见的方式对学生进行教育。开设服务于道德课程的“学习讨论”栏与“知识信息”栏，使道德学习既依托教材，又超越教材。登录某校网页，校情介绍总是最精彩又最精心制作的部分，办学理念与特色让人一目了然。许多学校主页界面设立德育网站，构筑道德学习共同体或“学习社区”，在风格上更加美观大气、在内容上更具特色、在功能上逐步完善，以推进学生品德教育。全国中小学德育网提供了学生德育活动方案设计、德育课例实录，设置了“心理问题分析”“心理热线”“专业教师在线辅导”等栏目，学校可借助于这些网络手段对学生进行思想道德教育，增强德育的吸引力和感染力。网络德育还可从开发软件入手，德育软件开发遵循育德性、系统性、交互性、生动性、仿真性原则。因此，教师要具有网络资源的利用能力，了解网络时代学生思想品德影响因素的复杂性和多样性，有针对性地开展德育。此外，德育工作者借助QQ、微信等方式可以真实、及时地了解学生的道德心理和思想动态，从而更好地开展道德教育。可见，网上育德，天地更宽，这将成为学校德育的一个重要路径，有利于改善德育的手段和方法。正如诺贝尔奖获得者罗伯特·索洛（Robert Solow）所说，数字时代就是一场科技与教育的赛跑。需要指出的是，网络平台教育需要一定的“温度”，而并非冰冷的界面。

（三）构建与网络文化相适应的德育管理

网络给德育工作带来许多有利条件，它使人的视野开阔、观念更新、德育内容丰富、德育方法和途径更加多样化与科学化，品德考评也因计算机的广泛运用而更具有精确性和可操作性。但是，新媒体对学生的负面影响也日益凸现。首先，表现在学生对新媒体的不当使用上，由于学生自我控制能力相对较差，网上对话让“低头族”学生沉溺于虚拟空间，而一些网迷每日数小时玩弄手机或留守电脑前，使这些人因而患上“手机依恋症”并导致上课注意力不集中、易激怒、离群索居等。其次，有些学生利用新媒体的开放性、隐匿性和虚拟性的特点，或发表不负责任的言论，制造垃圾信息，污染媒介环境；或侵犯他人名誉权，对他人进行侮辱、诽谤和骚扰；或盗用私人信息，进行黑客攻击，制造网络病毒，侵犯知识产权，进行网络诈骗等，这些不仅是媒介行为的失范，更是道德行为的失范，有的甚至还冲破了法律的底线。再次，信息时代媒介所提供的信息丰富多彩，但同时也鱼龙混杂。由于某些商业利益的驱使和媒介素养的缺失，网上或手机短信传播一些虚假、淫秽的不良信息和流言蜚语，误导学生，导致形成错误的人生观和价值观；由于学生互联网识别能力不足、信息保护意识缺乏和生活阅历有限，可能遭受电信诈骗、个人信息泄露等问题。学校是引领、培育和传播网络文化的阵地，因此，应加强网络伦理、法制教育和安全管理，将网络安全和媒体素养教育列入学校教育课程。建设具有广泛影响力的思想文化传播平台，弘扬社会正气，形成向上向善的健康舆论。同时，政府应出台保障学生网络信息安全和个人隐私保护的政策法规，加强事先、事中、事后监管，建立清朗的网络空间。

总之，基于网络文化下的学校德育是以价值建构和意义阐明为目的的教育活动，其目的是要为现代学生的心灵寻找一个“家”，点燃他们心中的“烛光”。通过网络文化来进行道德教育是新颖的、日常的、有趣的。学校德育需加强对网络文化的价值引领，着力培养学生的信息素养和网络道德品质。网络德育应以维护崇高、坚持日常、力求有趣为旨归。

第三节　基于地域文化中的学校德育

中国学生要成长为“有文化的”现代中国人，至少要受到民族文化、地域文化（社区）和学校文化三种文化性格的影响。当中，学校文化吸取了民族文化和地域文化的营养，形影相随，潜移默化，对学生影响最大、最深。地域文化具有适切性、地方性和特色性特征，它与青少年生活、学习方式的关系十分密切，成为一种教育“原生态”。我们把德育放入地域文化现象中加以审视和剖析，将更好地发挥文化的育人功能。教育者要把握道德教育的这种文化根基和时代品格（“脉象”），确立德育的文化指向和路径选择，培养学生族群认同、地域认同和国家认同的和谐统一。

一、社区及社区文化

（一）社区

“社区”一词源于拉丁语，意思是共同的东西和亲密伙伴的关系。在社会学意义上，社区一般是指聚集在一定地域范围内的社会个体、社会群体和社会组织，根据一套规范和制度结合而成的关系密切、出入相友、守望相助的社会生活共同体。德国社会学家斐迪南·腾尼斯（Ferdinand Tönnies）认为，“社区是同质人口组成的关系亲密、守望相助、疾病相扶、富有人情味的社会群体”，他把社区看成是建立在情感一致、紧密联系、具有排他性基础上的共同生活方式。美国社会学家弗兰克·法林顿把社区解释为：社区是居住在一个社区里进行共同生活的人群，也即在相联系的经济和政治活动中形成一个具有一定程度上相同的价值观念和相应的实体单位，含有四个要素，即人口、地域、相联系的有组织的社会经济活动及与之相适应的管理机构、维持集体生活所必需的共同行为规范及其制裁制度。美国桑德斯（lrwin · T · Sandes）在《社区论》中提出，社区是社区成员社会行动与互动的场域空间，所有的社会成员都在社区这个场域中发生互动影响，在持续变迁状态中人们企望社区能满足各自的需求，实现各自的理想和社会抱负①。由此可见，社区往往是由聚居在特定区域内，具有某种互动关系、共同文化特质和心理归属感的人群所组成的社会生活共同体。1933 年，费孝通等人第一次将英文 Community 译成“社区”，社区这一名称在我国逐步得以通用。厉以贤认为：社区是一定的具有某种互动关系和共同地缘文化的、有秩序有感情的人群，进行一定的社会活动的地域空间，它是介于社会和团体之间的社会实体②。近年来，随着我国社区建设不断完善，社区文化对学生思想品德的影响尤为重要。

（二）社区文化

美国文化人类学家克罗伯（Kroeber）和科拉克洪（Kluckhohn）

---

① ［美］桑德斯．社区论[M]．徐震译．台北：黎明文化有限公司，1982.

② 厉以贤．社区教育原理[M]．成都：四川教育出版社，2003：5.

认为：文化存在于各种内隐和外显的模式之中，借助于符号的运用得以学习和传播，并构成人类群体的特殊成就，这些成就包括他们制造物品的各种具体式样。德国文化哲学创始人卡西尔（Emst Cassirer）也认为，在人类世界中“除了在一切动物种属中都可看到的感受器系统和效应器系统以外，在人那里还可看到可称之为符号系统的第三环节，它存在于这两个系统之间。这个新的获得物改变了整个的人类生活”，由于具备这个特殊条件，“人不再生活在一个单纯的物理宇宙之中，而是生活在一个符号宇宙之中”①。在人类学家泰勒看来，文化包括知识、信仰、艺术、法律、道德、风俗以及作为一个社会成员所获得的能力和习惯的复合整体。它是弥漫浸透无处不在却无明显行迹可寻的隐性存在。在我国《辞源》中，对文化的解释为“文治和教化”，人必须经过陶冶、修养，才能不流于粗俗。可见，文化本来是“以文化成”之意，即通过人发挥其精神力量转化这个世界，使之合乎人性的要求。人作为一种“文化体”，是要通过教化才得以成为人的。在社会学中，“文化”是一个社会所有成员共同享有的价值观念、传统和信仰。文化提供一种生活方式、生活意义、评价尺度和自我实现的渠道。文化发展因生态环境的不同而相异，不同地区有不同的“生态”条件，其文化发生、发展道路、状况、趋势就可能大相径庭。因此，社区在其历史发展长河中，逐渐形成其特有的文化，可称为社区文化。所谓社区文化是指聚集在一定区域内因其自然条件、人文条件、历史条件或其他条件而形成的区别于其他地域的物质文化、精神文化、制度文化，它反映了该社区独特的生活状况及生存条件，包括政治特色、民风习俗、人才资源等。社区文化表达的是其组织成员所共享的价值观或

① ［德］恩斯特·卡西尔．人性论［M］．上海：上海译文出版社，2003：40-41.

群体信念，以及成员结合起来的凝聚力，这种凝聚力可能是社会性的，也可能是规范性的。社区作为一个道德“场景”，对学校德育具有制约作用，对生活其中的学生来说，他们无时无处不受到社区教育“春风化雨，润物无声”的熏陶感染。

二、社区文化对学校德育的作用

构建学社一体、以校为本的中小学德育模式，要将社会规约遵守与主体自觉参与融为一体，融通和澄明家庭、学校、社区生活中的关系，开启实践德性智慧，逐步臻于真美善的诗意境界。学校与社区在相互关联、相互作用中获得并协互进、扬优补缺、谐美融合，共同促进育人机制的生成。

（一）社区文化制约学校德育的课程设置

“环境即课程”讲的是对环境资源的利用和转化。社区文化的多样性，为学校德育多样性的发展提供依据，同时也推动学校德育课程内容的多样性。为此，学校要融入社区，了解社区文化，与社区相互融通，在社区文化的基础上结合学校实际来创造性地开展德育活动。学校地处社区内，社区独特的文化资源对学校德育有着重要的影响力和渗透力。苏联教育家苏霍姆林斯基在谈到社区对青少年影响时指出：“单单在儿童上学或回家的路上，他们受到的思想教育，就比在学校里待几个小时受到的教育都强烈、鲜明得多。”其原因“在于这些思想是包含在形象里，包含在生活的各种画面和现实中”①。不论是显性资源还是隐性资源，社区文化都必然深深影响与制约着青少年的成长过程和人格形成。人不仅是一种生物性的

① 苏霍姆林斯基．公民的诞生[M]．北京：教育科学出版社，2002：168.

存在也是一种文化性的存在。文化作为一种“德育磁场”，学生生活于其中都会带有这种文化的痕迹或缩影，正如荀子所说“蓬生麻中，不扶而直”。所以，学校需要广泛汲取社区的教育资源，创生校本德育课程，寻求促进学生个体社会化的教育途径。

（二）社区文化影响学校德育的内容选择

德国学者伊里亚斯在《文明的进程》中提出，“文化”是使民族之间表现出差异性的东西，它时时表现着一个民族的自我和特色。社区是社会的组成单位，在一定程度上反映社会发展的趋势与特征。在办学过程中，为了使社区文化得以传承和创新，学校总会向学生传递社区文化所宣扬的一种地域价值观。学校作为社区文化传播的依托，通过社区场所设施、文化习俗、实践活动等途径来营造道德教育氛围，强化学生品德教育，形成正确的道德情感和行为。例如，合肥市庐阳区一些小学和其他乡村学校举办的“手拉手”活动，除建立学校之间的友好合作关系外，还重在培养学生助人为乐、艰苦奋斗、珍惜生活的精神。再如，广东省汕头市设立的存心善堂，组织学生献爱心捐赠活动，不仅体现了学校自身德育的传统和特色，也体现了学校所在社区的人文精神。

（三）社区文化推动学校德育的特色发展

社区文化为学校德育提供了更广泛的类型、更丰富的形式、更有效的活力。

社区文化融入学校德育后，为学校德育注入了新鲜“血液”，打造学校文化、学校特色和学校内涵“三位一体”的学校品质，从而使学生有更多的社区认同感。学校利用社区文化的优势，丰富学校德育的内容与形式，使德育变得更加具体和可行、更具有生活性和实践性。社区对学生品德发展的影响主要是通过社区服务学习、德育资源享用等策略来实现的。学校通过对社区文化的研究、挖掘、传承、创新，为青少年的德育实践搭建更广阔的平台，使德育理论与实践能很好地融合，提高青少年道德实践能力，也促进学校德育特色的创建发展。学校与社区相结合开展活动，既促进青少年的社会化进程，又使社区充满生命活力；既充实学校德育的内容，又丰富社区的文化活动；既拓宽学校发展的途径，又提升社区的精神文明建设水平。如涂尔干所说的那样，教育与社会化是相同的历程，社会只有在其成员充分同质性时才能生存，教育可以延续和加强这种同质性，使社会成员具有共同的观念、态度和行为。

三、利用社区文化资源，彰显学校德育特色

社区文化资源指社区内一切可为居民和学校组织开展教育活动所利用的物质文化和精神文化方面的总和。社区文化资源存在或弥散在一定场所、人群、制度和活动中，这些都可能成为学生潜在或间接德育的影响源。学校结合社区文化资源，应着力加强德育特色或品牌建设，如开展中小学生社会课堂和志愿服务活动等。一般地说，社区文化资源主要包括以下几方面：

（一）场境设施资源

首先，社区往往具有其独特的自然景观，包括公共活动场所、自然风光、社区环境（绿化、美化、净化）和建筑新貌（城市、乡村建设），这些不仅可以陶冶性情、激发美感、培养乡土观念、提高审美情趣，又能培养青少年学生热爱自然、热爱家乡的情怀。其次，社区中的人文景观，通常都有美好的故事和历史渊源，包括名胜古迹、祠堂祠塾、文化设施、公益宣传、图书馆、博物馆、影剧院、体育馆、科技馆、青少年教育基地等。学校组织学生参观这些社区文化场所，让青少年在活动中、在兴趣中学到知识、得到成

长。例如，安徽怀远县一中沿山修建“楼宇文化”“长廊文化”景观——“听竹轩”“迎曦楼”“悦杏斋”“致远楼”“淮西楼”“知辛坊”，这些建筑物的命名彰显出深厚的历史文化以及独特的育人理念，不仅体现了社区文化的多样性，也彰显了该校的德育特色。再如，乌鲁木齐市的红山文化公园体现了红山文化的不懈努力与奋斗精神等。因此，社区场境资源应做到“文以景成，景以文传”，借物喻理，托古言志，发挥德育资源的育人价值。之所以我们强调社区道德生态性的情境，是因为它可以促成德性发展。同时，不断改进社区内活动场所的教育功能，提高教育服务水平。

（二）各种活动资源

在一些节日庆典活动中，社区活动往往是丰富多彩的。社区可以与学校共同制订德育计划，实施一些具体的方案，开展与节日相关的主题教育活动。春节、端午节、元宵节等可进行传统节日的传承与创新活动，例如，宁波市高河塘社区组织开展的“手绘元宵乐”活动，在活动现场，学生们充分发挥自己的想象力，用色彩斑斓的画笔绘下自己心目中的元宵节，增加他们对元宵佳节的认知和感受，积淀文化底蕴。国庆节、建军节、建党节可开展爱国主义教育活动，培养学生爱国爱党爱社会主义的情怀。社区中所举办的科技文化展览活动，让青少年有机会去亲身体验科技带来的新生活，亲身体验更能发掘个人的潜力，发现自己的兴趣点，促进他们投身于科技的行列，为提升生活品质而努力学习。再如，新加坡的锦泰小学充分利用社区资源，在学校附近的绿化地、公园里，组织学生领养并种植自己的树苗，从旁观到参与，从栽培到呵护，不仅让他们懂得植物的培养与维护，也使他们懂得尊重别人的劳动，爱护自然环境。这不仅美化了社区环境，也培养了学生的环保意识、劳动观念和责任心。此外，上海晋元高级中学 18 岁成人仪式暨志愿加入中华骨髓库活动的办学特色，既是德育活动，也推动了学校各项工作的开展；泰州中学倡导负责任教育的办学理念，开展学生“十星”评选、“泰中六节”活动。由此可见，学生在参与社会活动的过程中，既锻炼了适应社会的能力，也培养了他们的社会责任感。对学生来说，社区服务学习是有德育生命力的一种教育影响，是提供有意义的实习岗位的一种实践方略。

（三）社区课堂资源

社区是学生了解社会情景的主要场所，依托传统诗意文化母体，建构与积极人格和谐发展相匹配的、富有民族特色、有魅力的德育实践课堂。例如，有些地方定期聘请专家开展文化类通识课程公益讲座；用中华优秀传统文化的智慧和思想解读社会主义核心价值观，通过开展周末戏苑、国学知识竞赛、古典诗词吟诵会等形式新颖、富有时代气息的传统文化活动课程，提高学生的参与度。有些地方将京剧、越剧、楚剧等传统高雅艺术送进校园，为学生体验传统文化搭建平台。同时，加强社区德育课程开发与管理，利用微博、微信、手机 APP 客户端等，策划优秀传统文化微话题讨论。社区课堂对学生是免费开放的，学生在那里可以听讲座、查阅资料、动手做实验、参与网络互动等。

（四）优秀人物资源

社区人物资源，既有历史人物，也有现实中的人物，其中不乏德高望重、经验丰富的人才，通过他们对亲历故事的讲述来传递对国家、党的认识与热爱。社区中榜样人物（好人）的教育作用更加具有感染力和说服力，它是体现社区成员趋近的一种思想意识、道德价值、行为意向，易为学生感知和接受。例如，广东中山市以孙中山为榜样教育青少年一代，安徽合肥市以包公为榜样教育广大中小学生廉洁奉公、铁面无私、执法如山的精神，黑龙江省牡丹江市以冷云为首的八女投江的抗日英雄事迹激励当地中小学生的爱国热情，等等。

（五）民风民俗资源

德育是建立在传统文化基础上的，不同民族有不同的语言和文化，从而决定不同的学校德育特色。即使在广大的汉族地区也呈现着“十里不同风”的地域文化多样性。从我国东、中、西部区域发展来看，各地结合当地历史、人文资源和经济发展状况，因地制宜、因势利导开展社区教育活动。例如，安徽亳州让学生在社区文化的熏陶以及亲身体验下，感受老子文化、庄子文化的博大、厚重、包容、开放与豁达。此外，还有四川巴蜀文化、山东齐鲁文化、闽粤海港区的妈祖文化等。不同社区都有其所特有的民风民俗，如街坊节、音乐节、运动会、庙会、龙舟赛等。特别是我国少数民族的庆典节日和浓郁的民族风情，比如，藏族的藏历新年、沐浴节、雪顿节和望果节；蒙古族民间传统节日有“白节”、祭敖包、那达慕；满族颁金节是满族诞生的日子，意为诞生、生长；乌孜别克族的肉孜节、纳吾鲁孜节；傣族泼水节（傣族新年），展示傣族的音乐、舞蹈、饮食、服饰等文化，也是民族团结的表现和纽带；维吾尔族的古尔邦节；俄罗斯族的巴斯克节等。中国各地民歌彰显着民族的性格，如侗族唱歌不准一个人独唱，合唱时考虑与其他歌声的和谐，这是共同约定。为此，学校结合社区的民风民俗开展活动，培养了学生爱家乡、爱祖国、爱民族的良好品质。

学校德育特色并不是一味地去要追求个性而忽略共性，而是在办学趋同中形成或保持自己独有的德育优势和经验。基于社区文化，打造和彰显学校德育特色是指在整个社区文化生态环境的背景下，学校和社区共建育人体系，通过对社区文化资源的利用、活动的参与以及管理的协调等措施，结合学校教育需要，创建走向校本的学校德育实践策略。挖掘社区德育资源与学校德育资源各自的优势，实现二者的整合，以需要促协同、以协同促创新，从而达到融合互补的效果。例如，青岛嘉峪关学校围绕“四个善待”开发主题实践活动课程，即善待自己，绽放精彩；善待他人，互助共赢；善待自然，永续发展；善待社会，共建和谐，使“善”的教育在学校开展得有声有色。浙江省采取“生活化+活动化”的德育课程教学模式，结合音乐、美术与传统经典文化相通之处开发特色课程，编写校本德育教材，制作音像制品及其他相关资料，同时制定评价办法，将社会主义核心价值观教育贯穿于学生综合素质发展评价之中，有效增强课程育人效果。

四、基于社区文化创建学校德育特色的实践价值

近年来，我国社区教育蓬勃发展，以提高国民思想道德素质、科学文化素质、健康素质和职业技能为宗旨，以建立健全社区教育制度为着力点，统筹发展学校与社区教育资源。学校德育坚持社区为根、特色发展，探索出具有中国特色的社区教育方式和路径。以学校与社区联动作为切入视角，促进青少年具有社会亲和力，使学校德育既服务社会，又使青少年品德培养得到社区支持。其价值表现在以下几个方面。

（一）社会价值

1. 有助于改善社会风气

社区是社会的基本单位，是社会的简缩。社区的良好风气是社会风气的一部分，大大小小的社区风气搞好了，自然会带动整个社会良好风气的建立。社区与学校通过形成教育合力来实施社会主义核心价值观教育，自觉践行道德行为规范，以社区人的改变去促进社会的

变化，营造良好的社区道德氛围，从而提升社区居民的整体素质以及进行青少年社会性道德人格的培养，为构筑和谐社会打下根基。

2. 丰富社区居民生活

在社区，广泛开展公民素养、诚信教育、人文艺术、科学技术、职业技能、早期教育、运动健身、生活休闲等教育活动，以转变人们生活方式，提升居民生活品质。学校师生根据当地风俗民情、社区发展和当地居民的实际需要，通过提供场所设施和开展各种服务活动，带动社区发展。发挥学校师生在社区中的作用，组织师生走出校园，参与社区精神文明建设。这不仅为社区居民的日常生活注入新鲜“血液”，更丰富了社区居民的精神生活，提高了社区居民的幸福感和满意度。

（二）学校价值

随着城镇、乡村社区的发展，社区文化与青少年生活、学习方式的关系越来越密切。为此，需要开展社区文化资源与学校德育特色培育的研究，创新德育形式，丰富德育内容，不断提高德育工作吸引力和感染力，整体推进学校德育工作。

1. 拓宽学校德育途径

学校充分挖掘并整合社区文化资源，构建学社一体、以校为本的中小学德育模式，通过学校与社区共同参与来培养学生公民德性，拓宽学校德育途径，克服了学校德育工作的单一渠道、脱离实际、内容狭窄等状况。

2. 丰富学校德育形式

学校与社区共建的全方位、全过程、全员育人模式，从封闭到开放、从受体到主体、从平面到立体，改变了传统的只在课堂上灌输式的道德教育，开始走出课堂，走入实践，这种与社区结合的学校德育特色，适应现代社会生活和个体生活对道德的需要，能不断提高学生是非、善恶、真假的分辨能力，也能不断提高学校德育科学化水平。

3. 推动学校特色建设

学校利用社区文化资源优势，结合本校校情来创新学校德育形式，创造出适合本学校发展的德育特色，促进学校教育自身品质发展。例如，有些地方推行的“小学开展养成教育，初中开展体验教育，高中开展实践教育”特色实践活动。再如，有些地方在文化特色建设方面，学校打造“生本化”的管理文化，教师打造“做最好的自己”的教师文化，学生打造“大家不同、大家都好”的学生文化，家长委员会打造“与孩子共成长”的家长文化，后勤保障中心打造“有学生的地方就有教育”的服务文化，国际交流中心打造“中国魂、世界眼”的国际文化。

（三）个体价值

构建学、社有效衔接的德育模式，通过实景体验场来整体推进青少年道德认知、情感和行为教育。可以说，这是最直接最完整地触及人的思想情感、行为方式的教育。它既标识着个体生命存在的意义，也构筑着社会和谐发展的根基。同时，青少年道德教育与创新人才培养也是紧密结合的。

1. 引导个体逐步实现社会化

个体是不可能脱离“社区生态群落”而生存的，“社区生态群落”中的道德情境、道德活动、文化习俗等塑造着学生思想品德。学校德育与社区文化的有机融合，让社区文化的优势在学校德育特色培育体系中得到彰显。通过社区与学校间的活动，有效地促进学生德、智、体、美、劳全面发展，同时促进个体品德社会化和社会道德个体化，有利于学生品德健康成长和培养社会性道德人格。因此，社会参与是促使个体适应社会和实现个人价值的重要前提与根本保证。

2. 提升个体存在的幸福感

学校根据中小学生的身心特点，以活动为载体，因地制宜，开展社区德育活动。青少年在公共生活领域中表现出来的与人类共善价值相符的道德品质，是达致幸福人生的一种品质，标志着个体生命存在的真正意义。教育的使命不是改变命运，而是使人不被命运所摆布。工作虽然不是最成功，但一定是更加幸福，因为在今天这个网络时代，没有一个人看到自己是最成功的。蔡元培曾说过："教育是帮助被教育的人，给他能发展自己的能力，完成他的人格，于人类文化上能尽一分子的责任；不是把被教育的人造成一种特别器具。"①

3. 增强学生社会实践能力

在开放敞亮互动的社区文化环境中，在真实体验的社区生活中，开展教育活动，这有利于培养青少年学生的道德选择和判断能力，以及增强他们参与社会的实践能力。例如，青岛市第十七中学坚持以"促进学生的多样化成长成才"为目标，探索高中学生生涯规划教育的新途径。生涯规划课程概括为：一条主线（高中生成长发展轨迹）；两大板块（学业指导，职业生涯指导）；三个层次（高一成长觉察，高二成长探索与规划，高三成长决策）；四种途径（学科渗透、信息收集、实践体验、自我反思）。学生生涯规划教育逐渐成为学校开展创新德育模式的重要途径之一。

① 蔡元培．蔡元培教育论著选[M]．北京：人民教育出版社，1991：88.

第二章　协同推进学校和谐德育

我国道德教育在诸多方面存在“失衡”现象，在学校德育的理论与实践中，我们面临种种选择的困惑、抵牾与冲突。要解决这一问题，需要协调德育各种关系，既要考虑继承与创新的衔接，又要考虑本土与外域的融通，做到优势互补、内外兼修、和谐共进，以实现德育的可持续发展。教育者应确立全面的德育资源意识，从学校“点、面、体”维度拓展德育活动，协同营造学生精神“家园”，构建道德教育的共同体。

第一节　学校道德教育的关系

一、道德教育社会性和个体性的关系

（一）道德教育的社会性

马克思主义认为人的本质在于社会性，良好的社会环境和制度为个体品德成长提供了良好的条件，它犹如“空气”、“土壤”；另一方面，个人对崇高道德理想的追求，也在不断改变着不合理、落后的社会制度。在教育目的论上，历史上存在着社会本位和个体本位之争。所谓道德教育的社会性，就是从预设的社会理想来规劝人

的道德行为，强调人对社会应尽的责任和义务。通过社会环境、社会活动和社会关系来影响和发展学生的道德认知、情感、行为，使其成为合格的公民（“社会我”）。我国传统道德价值取向侧重整体利益，即强调家国利益高于个人利益，以抛弃、牺牲个人利益而献身家、国为美德。在西方，以涂尔干为代表的社会本位论者认为：道德既不是为自己也不是为别人的行为，道德生活的目的只能是社会利益。另外，法国哲学家雅克·拉康认为，“他”的存在有“小他者”与“大他者”的同时存在，“小他者”是个人的存在，“大他者”是与“我”共存的外部文化积淀环境、语言环境和政治经济环境等意识形态。这个“大他者”的存在对于单个的“我”而言都是侵犯性的，但也是共在性的存在①。

（二）道德教育的个体性

道德教育的个体性是从人的本性和需要出发，强调个人本位，注重的是个性发展、自我实现和自我完善，否认道德的客观标准，其目的在于提升个体的生存价值和生活质量，使之成为自主、自由的道德主体（“个体我”）。以卢梭、裴斯泰洛齐等人为代表的个人本位论者，强调从人的需要、个人价值、行动自由出发，摆脱社会各种制度和规范对人的限制和束缚。可见，完整的德性应是自我价值和社会价值的整合。道德教育要求既有社会性的一面，也有个体性的一面。实现两者的整合，是道德教育的发展路径。在多元化、民主化社会中，道德教育更应凸显人的主体，关注教育对象的生命性、能动性、差异性和创造性，从而调动主体参与道德教育的积极性。

① 吴琼．阅读你的症状[M]．北京：中国人民大学出版社，2011：203.

道德教育的社会性和个体性两者是相互制约、渗透、耦合的，统一于历史的现实社会之中。从社会和个体关系来看，社会由众多个体组成，个体都是社会个体，互为前提，相互间决非排斥、对立的关系。社会道德个体化和个体品德社会化是齐头并进、相得益彰的。

二、科学精神和人文精神的关系

（一）科学精神

科学精神是人类在长期的科学发展过程中形成积淀并与科学特征相结合的思想、态度、理想、兴趣、情感和意志等心理特征的总和。其内容包括探索求真的理性精神、实验取证的求实精神、开拓创新的进取精神、竞争协作的包容精神和执着敬业的献身精神等。科学精神是一种在实践和认识中崇尚科学、坚持真理的尺度，自觉按客观规律办事，反对任何形式的主观主义和迷信愚昧，对认识和改造世界充满自信的精神。首先，科学精神是理性的产物。它是使用事实、规律、要素、原因等概念揭示客观现象的内在联系、本质特征，并通过客观语言的概括显示其有目的活动和意向性。技术理性一个很重要的问题其实涉及技术伦理。当技术真正致力于人的生存、作用于人的存在的时候，它是特别美丽的。技术的理性其实就要归结到人的意义，人的意义的具体体现则是人的存在。试想：搞技术的人如果关注人的存在，所研发的技术或产品能够让客户有很好的存在感，这样的技术或产品一定是特别受欢迎的。其次，科学精神本质是创新。整个人类科技史就是一部创新史，从简单的结绳记事到复杂的电脑，从钻木取火到原子能发电，从粗笨的石器工具到精密的机器人，从野居山林洞穴到一百多层的摩天大楼等等，其间经历过无数的创造发明。唯有创新，才能追求新知，不断揭示新矛盾、解决新问题，推动社会不断前进。现代人才观的标准可以说是社会型、智能型、创造型合而为一体的。国际上讲科学素养，包括科学知识、科学精神和科学方法，把“科学精神”改为“科学素养”、“信息素养”或“数字素养”，已成为各个国家未来公民必须具备的基本素养。

（二）人文精神

“人文”一词泛指人类社会各种文化现象。《易·贲》中说：“观乎天文，以察时变；观乎人文，以化成天下。”这里的人文是指那些优秀的能够升华的精神和提高人的价值的文化。所谓人文精神是以人民、人类和社会进步为出发点，对他人和社会负有高度责任感，尊重人、关心人、爱护人的一种精神，在本质上是人们在实践中坚持价值尺度这一要求在意识上的反映。也有人认为，人文精神是人类在对自身的认识、自身的发展、自身的完善过程中形成的，并规范和指导、约束人类自身的各项活动。人文精神既是人实现自身价值的精神，也是一种高尚的精神境界。还有人认为，人文精神是整个人类文化所体现的最根本精神，是以追求真善美等崇高的价值理想为核心，以人的自由和全面发展为终极目的，通过人文学科领域特有的精神产品来塑造人们的灵魂。可见，人文精神是对人的一种理性认识，主要指情感体验、生命追求、理论阐释、价值观念、实践准则和评价体系。弘扬人文精神，就要追求人类高尚的、善良的、健康的精神。爱因斯坦曾说：“从艺术中获得的想象力比知识更重要，因为知识是有限的，而想象力概括着世界上的一切，推动着进步……”① 可以说，一个过于功利、没有梦想、没有激情、

① 爱因斯坦．爱因斯坦文选[M]．北京：商务印书馆，2010.

没有思维的学生是可怕的，一个不关心人类发展命运、不了解自己民族历史的学生是可悲的。那么，人文素质教育的目的就是引导学生如何做人，包括如何处理人与自然、人与社会、人与人的关系以及自身的理性、情感、意志等方面的问题，它担负着人的尊严、人的地位、人的命运和生存价值的重任。唯有把人文精神深深根植于学生内心世界，才能把个人发展融于国家和事业发展之中。

对于今天的学生来说，如何成为一个完整的人？就是既要有科学精神，又要有人文精神。只重“理工”或只重“人文”，曾被梁思成称作“半个人”的教育。科学技术如果脱离人文精神，将失去正确的方向，今天的环境污染、生态失衡、网络犯罪，莫不如此。科学精神和人文精神在人类发展史上是不断融合、发展、完善的过程。尽管人文精神不如科学精神那样可以完全数字化、公式化、定量化、精确化，保持价值的中立，但是在以事实为依据、以规律为对象、以实践为标准来体现其客观性和科学性这一点上，与科学精神是相同的。英国历史学家阿诺德·汤因比在《人类文明的困境》一文中指出：“人类物质文明愈发展，对正义、善良和美德的需要也愈迫切，这样物质文明才能有益于人类社会。”然而，一方面，科技发明及其应用，极大改变了生产生活方式，激发了人的积极性，创造了巨大社会财富；另一方面，唯科学主义倾向正在淡化或削弱价值导向、伦理准则，由此产生真理与德行、事实与价值、人文与科技的分离，也就导致科学精神与人文精神相分离。特别是，高科技与高情感的失衡导致现代人精神家园迷失、理想信仰淡薄、网络犯罪增多等。在科学技术突飞猛进的现时代，人们越来越感觉到单靠科技不能解决社会和人类的一切问题，甚至可能造成完全相反的后果。随着科技的发展，人们要寻找一种能够驾驭科学技术的力量，那就是“善”的价值追求。因此，重建价值理性，呼唤人文关怀已成为德育的必然。只有先进的科学技术是不够的，还必须有体现先进文化理念和价值取向的人文精神作为科学技术的依托。这样，科学技术的创造发明才能为人类带来福音，而不至于给人类带来灾难。科学与人文精神是不能分离的，共同构成人类文化发展的“车之两轮、鸟之双翼”。离开人文精神的科学精神并不是真正意义上的科学精神；而离开科学精神的人文精神也是一种残缺的人文精神。当下是“科技时代”“电子世纪”，更是“人的时代”“人的世界”，学校既要重视学生科技素质的教育，同时更要重视学生人文素质的教育。学校培养的社会人才既有科学精神的底蕴，又有深厚的人文内涵；引导学生在科技知识的学习中自觉养成对人生存和生命意义的关注。

三、外在规约和内在需要的关系

人的内在需要强调的是道德目的本身，外在规约强调的是道德形式和结果，两者是实质与形式的目的论分野。这就需要处理好道德教育与法律教育关系，一方面，道德是法律的基础，道德对法律有支撑的作用，在德育中强调规则、法制要求；另一方面，法律是道德的保障，用法律、法制教育来解决失德问题，强调规则意识、道德自觉。我国古代德育方法有“外铄论”和“内发论”，“外铄论”强调以语言或行动方式来支持符合道德的规范，其方法有提醒、规劝、警告、疏远、拒绝交往、单独批评、集体公开谴责等；“内发论”强调个体道德自觉自愿行为，其方法有自省、自觉、自查等。孔子说：“以约失之者鲜矣。”意思是经常能约束自己的人犯错误时候就少了。

（一）外在规约

外在规约是根据社会或组织需要提出的，用以调节个体成员社会行为的规则、规定、规矩、规范、礼仪，是约定俗成或明文规定的标准，体现的是德育的规制。规则、规矩是中国文化的组成部分，俗话说，没有六律，难成五音。规训化教育，是对共享价值和共同规范的维护，要求人无批判地接受外在力量为他设计好的道路。荀子说："习俗移志，安久移质。"法国社会学家爱弥儿·涂尔干（Emile Durkheim）认为自由是规定的结果，在一个社会共同体中生活的每个人，需要遵守社会为维护共同生活的福祉而建立的规范。这种规范虽然是强制的，但是出自人性的，是人实现自我的方式，而不是贬低人性或破坏人性的方式；没有这种规范的控制，人类社会就不可能获得为了全体人福祉的更好治理。规约（规则）更多地倾向于法律规定方面的禁止性要求，起到道德约束的作用，是道德要求的一种普遍形式。《辞海》中解释规则：（1）仪范，规范，如李群玉《湘中别成阁黎》诗："至哉彼上人，冰霜凛规则"；（2）规章制度，如交通规则、借书规则；（3）法则、规律，如按照自然规则，人总是要死的；（4）合乎一定的方式、整齐，如规则四边形①。康德曾说："世界上唯有两样东西能够长久地震撼我们心灵，一个是我们头顶上的灿烂星空，一个是我们内心中崇高的道德法则②。"心缺敬畏，言行必随便。尊重规则是人与人关系和谐相处之道，遵守规则是要避免因违反规则带来的不良后果。规则意识是道德基础，学校是个纪律"容器"，是制定和维护纪律的地方。我国颁布的《中小学生守则》（2015 年版）共 9 条内容，即"三爱"（爱祖国、爱学习、爱劳动），"三讲"（讲文明、讲诚信、讲法治），"三护"（护安全、护健康、护家园）。这既有原则性要求，

---

① 辞海[M]．上海：上海辞书出版社，2005：1358.

② 康德．纯粹理性批判[M]．蓝公武译．北京：商务印书馆，1960：93.

如爱党爱国爱人民、明礼守法讲美德、诚实守信有担当等；又有具体的便于学生操作的行为规范要求，如了解党史国情、上课专心听讲、主动分担家务、自觉礼让排队、虚心接受批评、节粮节水节电等。我国历来是礼仪之邦，甚至是礼法社会，古代专门有教授儿童做人做事、立身为学的行为规范，如《论语》中“入则孝，出则悌，谨而信，泛爱众，而亲仁，行有余力，则以学文”，侧重于对学生做人、处事、为学等方面的要求，强调文质彬彬，然后君子。除《论语》外，还有《弟子职》《弟子规》《太公家教》、南宋家塾规训“训蒙八诫”等，《弟子规》中强调从日常生活中的伦理做起，从个体道德教育出发，培养君子的品格①。再如，朱熹《白鹿洞教条》中的学规有：“居处必恭”“步立必正”“视听必端”“言语必谨”“容貌必庄”“衣冠必整”“饮食必节”“出入必省”“读书必专”。陶行知办育才学校时，提出“育才十二要”，即要诚实无欺，要谦和有礼，要自觉纪律，要手脑并用，要整洁卫生，要正确敏捷，要力求进步，要负责做事，要自助助人，要勇于为公，要坚韧沉着，要有始有终。从历史上看，人类的规则意识是经由绝对遵守（无条件）、不遵守（破坏）、自觉遵守（主体）的演变过程。那么，当孩子犯错或失范该怎么办？怎么让孩子吸取教训或纠偏？如何给孩子立规矩，做到“心有敬畏、行有所止”？对此，丹尼尔·J·西格尔（Daniel J. Siegel）教授通过大量的临床实验发现，自我控制与大脑结构之间存在着普遍关联。将大脑结构想象成一所复式房子，有楼上和楼下两层。“楼下大脑”掌控先天反应，比如战斗、逃跑或僵持、愤怒和恐惧的情绪、身体本能；“楼上大脑”则掌管合理的决策和计划、控制情绪和身体、自我认知、同理心、道德品

① 钱文忠．弟子规解读[M]．北京：中国青年出版社，2010.

格。如果"楼上大脑"运作良好，学生们就会非常善于平衡"楼下大脑"带来的情绪和身体上的强烈反应与冲动，很好地调控自己的情绪、预见后果、在行动之前深思熟虑并且善于体谅他人的感受。"立规矩"的本质是教导孩子正确的行为以及训练他们有足够的理性和自控力保持正确的行为，同时"立规矩"必须设定合理的期待值，符合儿童心理、认知特征。加强学生规则意识教育，可以大大降低德育管理的成本，因为道德维系需要多部门、多人员的参与。事实证明，教育学生遵守规则会产生系列的"价值链"，既降低德育管理的成本，又能增强德育管理的效益。

案例导读

"二战"期间，同盟军里的一个士兵，非常不善于长跑，在一次部队的越野赛中很快就被大部队远远地抛下而落单，当他一个人坚持跑着，经过几个弯路之后，遇到了一个分岔路口，两条路一条平坦的大道标明是军官跑的；另一条崎岖的小路标明是士兵跑的小径。他犹豫了一下，虽然有些不满，想着做军官可真舒服，不仅薪资高，就连个小小的越野赛都能捡到便宜，但他还是坚持军队纪律，朝着标明士兵的小径跑去。意外的是，当他又跑了半个小时到达终点后，却获得比赛的第一名。又过了几个小时，参加比赛的其他人陆续到了，他们一个个跑得上气不接下气，当他们发现第一名是跑得最慢的士兵，这才恍然大悟，正是因为这名士兵在岔路口遵守规则，而其他士兵选择了"捡便宜"，反而将自己置于失败的境地。

（二）内在需要

品德发展内在需要是学生对一定社会道德要求的主观反映，也就是学生在自身成长中对品德产生的一定愿望和意向。我国《淮南子》中指出，道德教育调节主体的正常需求，而不是与之相悖。然而，传统德育把学生当作“美德袋”，采用“灌输—接受”教学模式，学生往往处于被动静听状态。建构主义学习论强调，学生是道德学习的主体，任何外来影响都只有经过思想内部的矛盾斗争才能发挥作用。从品德形成过程来看，受教育者在教育者的引导下，将外在社会规范内化为个体内部的品德认识和情感，并在行为中表现出来。这种内化的基本动因是人的道德需要和主观能动性。即是说，个体在接受德育内容时不是如数照搬的，而是经过一个过滤、筛选和吸纳过程；只有调动内在需要，外界影响通过个体主动参与，道德内化过程才能实现。如果个体做出一个合乎社会和他人的道德行为，并同时体验到崇高情感、内心愉悦，那么他就是能用智慧和心灵去认识道德观念，就是一个有道德敏感性的人。实践证明，道德行为的形成主要取决于学生自我教育的意识。离开人道德生活的内在目的和品德基础，道德就会成为纯外在的规范约束，这类似于法律的规则体系，使道德规范失去了应有的价值。因为道德就其本质来说，不仅是客观规范，也是人类的一种内在需要；不仅具有社会价值，也是个体自我实现、自我完善、自我超越的一种形式。但是，在很多情况下，学校德育主要是一种他律教育，既定的道德规范成了强加于学生的不得不接受的外在要求而非自我发展和自我完善的内在需要，忽略学生内在主体精神和在教育过程中主体能动性的激发。因此，教师要了解和分析当代学生的思想道德状况和需要，激发学生追求道德的欲望，确定德育起点，把握德育分寸，这是解决德育入耳、入脑、见效的关键。

德育既有规范性一面，规范性强调的是“底线论”，不能违背；又有倡导性一面，倡导性强调的是“高标论”，始于人的信仰追求。

外在要求如果没有考虑学生的品德基础和实际需要，就不可能很好地转化为学生的自觉行动，执行起来就比较困难。德育仅靠灌输说教难以奏效，原因在于它要求对受教育者的全面了解和充分尊重。为此，我们有时候不是把德育作为外在规范来约束人的行为，而是必须尊重受教育者的道德意愿和差异；由外在规约走向内在诉求，将社会规约遵守与主体自觉参与融为一体，培育青少年品德的生命样态。

四、道德教育民族性和世界性的关系

我国道德教育秉承“贯通古今、融汇中西、继承借鉴、发展创新”的原则。东西方德育注重各自民族性、传统性的同时，也表现出放眼全球、相互借鉴的基本走向，即发扬人类共同形成的价值观、道德观。伴随“一带一路”建设，面对全球命运共同体，需世界各国求同化异，思人类共思之题，创人类未创之业，解人类未解之谜。中国德育越发展，对世界教育贡献就越大。

（一）道德教育的民族性

人类社会发展到今天，是以民族的形态存在和发展的。民族是人们在历史上形成的共同地域、共同经济生活，以及表现在文化上的心理素质的稳定的共同体，诸如民族的精神、气质、心理、感情、性格、语言、风俗、习惯、理想等等。民族性是一个民族文化的个性和灵魂。道德的民族性是指不同的民族在道德习俗、道德意识、道德行为等方面表现出来的不同特性。只要民族性差异存在，道德的差异就不可避免，道德教育所带有的民族印记也就不会消失。文化是一个民族的“血脉”，每个民族对自身文化都有认同感。中国德育是在民族历史文化背景下产生和发展起来的，具有鲜明的中国本土特性和民族风格。对民族国家而言，一方面，要注重展现不同民族之间的差异和族群特征；另一方面，要借助不同民族文化和价值观念的差异，在新的形势下重构道德基准。

那么，德育要弘扬和培育民族精神，弘扬和培育民族精神是学校德育的一个重要任务。民族精神是一个民族赖以生存发展的主要精神支柱，是一个民族道德素养和精神状态的集中体现。我国在漫长的历史发展中，积淀的中华民族精神，如“自强不息，厚德载物”的积极进取精神和包容胸怀；“勤劳俭朴，诚实守信”的求实精神；“先天下之忧而忧，后天下之乐而乐”的先人后己精神；还有井冈山精神、长征精神、延安精神、西柏坡精神、“两弹一星”精神、载人航天精神和抗洪抢险精神等。唯有把这些民族精神根植于学生的内心世界，激发学生为民族事业发展而奋斗，才能在现代多元文化中永葆道德教育的民族性。民族和国家认同教育可以在多个领域展开，如通过思想品德教育增强政治认同，通过传统文化教育增强文化认同，通过历史教育增强历史认同，通过母语教育增强语言认同等。

（二）道德教育的世界性

世界性是指世界各民族能普遍接受的一些价值观教育，如生态环境保护、消费观念、珍爱生命、科技道德、平等交往、信仰教育等普适价值。未来人类面临的挑战已远超出个人、地区和国家范围，尤其需要道德力量将人类凝聚在一起，共求发展。关注世界性道德教育问题，是各国学校德育所面临的共同任务。古人主张“修文德以来之并安之”，以“胜残去杀”“宽猛相济”实现政通人和，妥善处理国与国争端。随着世界经济一体化、全球信息化发展，面对人类命运共同体，世界各国德育必须达成思想共识、经验共享、合作共赢的局面。在这样的一个地球村时代，既要有本土情怀，又要有国际视野，确立互助宽容的国家民族生存观念。教育可看成是全球的“共同利益”，共享交流各地的价值观、公民美德和正义感教育经验。我国“一带一路”开放的新格局，要求进一步提升我国教育的全球化和国际化水平。如果教育不能帮助学生更好地理解世界相互依存的这种性质，共同担负起保护环境、珍惜能源、拯救人类的责任，那么我们的生存就是十分危险的。

道德教育的民族性和世界性是统一的，统一的基点是其先进性。可以说，中国“敬德”“崇善”与西方“爱智”“求真”的文化传统各有千秋，在一种互补的基础上向前发展。中国文化走向世界，与当地文化结合，从而被普遍认同，体现文化的包容，和而不同。鲁迅先生在展望中国现代文艺走向时作过警醒的论断：“越是民族的，越是世界的。”2008 年北京奥运会的主题——同一个世界，同一个梦想。面对后现代化出现的种种问题，西方国家掀起学习我国儒学文化的热潮，例如当今世界各国创办的孔子学院，试图用我国传统道德规范解决社会危机；而我国在迈向现代化和建立市场经济体制过程中，也迫切需要守法、诚信、公正、民主等道德观念，西方的个性精神、科学精神、民主法制精神融入我国民族精神之中，为我国民族文化发展注入新的内涵。这种结合表现为引进、碰撞、渗透、适应、融合的过程。

五、人和自然环境的关系

在人与自然关系的问题上，我国古代主张天人合一，对自然之物采取悦纳态度和增强保护意识。近代梁启超曾指出：“人类对于自然，一面应顺应它，一面应驾驭它。非顺应不能自存，非驾驭不能创造。”自然是人与万物之源，人本身也是由自然界分化出来的，是自然界的一个特殊部分，或称谓“自然存在物”。人作为“自然存在物”，而且作为有生命的“自然存在物”，一方面是能动的自然存在物；另一方面又是受动的、受制约和受限制的存在物。

然而，人类为了改善生活质量，借助于科技手段提高了自己的生存能力和经济增长速度，不断改变着地球的面貌，野蛮地掠夺自然（滥砍、滥挖、滥捕），在享受自身发明创造成果的同时，也承受着生存的灾难与威胁，导致资源匮乏、环境污染、生态失衡，人类赖以生存的自然环境已经走向崩溃的边缘，平均每小时就有一种物种灭绝，便是例证。过于砍伐森林，破坏自然，无限度追求物质欲望，严重导致生存环境恶化，出现新的令人担忧的问题，如汽车尾气、酸雨、沙尘暴、重金属污染、雾霾、温室效应、水污染、暖冬、艾滋病、埃博拉病毒、厄尔尼诺现象、能源短缺、中东呼吸综合征（MERS）等。可想而知，当我们仰望苍穹却两眼茫然，再也找不到那令人沉醉的幽幽星空时；当这个世界只剩下人类自身以及少数几种用以维持生计的物种时，我们生存的境界是何等凄惨。为此，人类有必要保持一颗对大自然的敬畏和保护之心，以及对大自然奥妙和美丽的欣赏感激之情。时下，“人类只有一个地球”，“不要让最后一滴水成为我们自己的眼泪”的呼声响彻寰宇，环境保护教育或生态道德教育正成为学校德育内容之一。2003 年，日内瓦世界卫生大会的主题是：“让儿童拥有健康的环境。”那么，如何进行环境保护教育或生态道德（生态文明）教育呢？

首先，生态道德观念教育。从人与自然的关系来看，物种是相互联系的，形成彼此依赖的食物链，如果一个特定物种失去了它的栖息地或不能再找到它常吃的食物就会灭绝，导致整个食物网（不仅食物链）破碎，而修补是一件很困难甚至是不可能的事。当我们在生命之网中灭掉一种物种，整个网就变得摇摇欲坠；灭掉足够物种就会撼动整个生态系统，包括地球上任何一种生命，对生物多样性的损害最终将会损害我们人类自己。孔子曾提出“惠而不费、宁俭勿奢、钓而不纲、弋不射宿”[1] 的自然保护意识，反对无节制掠取自然资源和毁灭生物物种。可以看出，人与自然和谐是社会和谐的基础。只有人与自然的和谐，才能使人“诗意地栖居”在地球上。绿色发展理念成为当今社会的共识，即所谓“青山绿山就是金山银山”。

其次，生态道德情感教育。生态道德情感是人们对山川湖海、各种动物、植物乃至整个地球“母亲”发自内心的尊重、热爱、赞美的情感体验。生态道德情感的萌生主要根源于两个方面，一是由于自然物能够满足人的审美需要，人们在审美过程中会油然而生萌发对自然的敬重和爱惜之情；二是因为自然界是满足人的生存需要和提高生活质量的基础，所以，人们会对自然界产生出一种类似于儿女对母亲的认同、依恋、感恩和爱护之情。现代人不要陶醉于对自然的胜利之中，需要加强环保教育，过低碳生活。

再次，生态道德规范教育。根据教育部 2003 年《中小学生环境教育专题教育大纲》和《中小学环境教育实施指南》有关规定，培养青少年生态道德观、绿色消费观和绿色行为素养，要求尊重、顺应、保护自然。自 1979 年联合国在日内瓦召开第一次世界气候大会以来，2009 年 12 月在丹麦首都哥本哈根又召开世界气候大会，再次强调减少碳排放量，必须停止增加温室气体排放，倡导节约能源，如骑行、熄灯 1 小时等。2016 年 11 月正式生效的世界气候变化《巴黎协定》，要求有序发展水电，积极发展核电，鼓励支持农村、边远地区和条件适宜地区大力发展太阳能、地热、风能等新型可再生能源，将全球气温上升幅度控制在 2 摄氏度以内，以避免出现“更灾难性的气候变化”。减缓生态掠夺的步伐，建立东亚超级

① 论语·述而[M]. 北京：燕山出版社，2000.

电力网，从石化燃料转到高效的可再生能源，同时征收生态消费税。根据1994年《中国21世纪议程——中国21世纪人口、环境与发展白皮书》的规定，公民的生态道德规范教育可概括为三条：第一，所有的人享有生态环境不受污染和破坏，从而能够拥有过上健康和健全生活的权利，并承担有保护子孙后代满足其生存需要的“责任共担”；第二，地球上所有生物物种享有其栖息地不受污染和破坏，从而能够持续生存的权利，人类承担有保护生态环境的责任；第三，每个人都有义务关心他人和其他生命，破坏、侵犯他人和生物物种生存权利的行为是违背人类责任的行为，要禁止这种不道德的行为。

第二节　学校道德教育资源的统整

学校是青少年道德养成的主要场所，凡是有利于青少年学生德性成长的一切要素都可视为德育资源，其在空间上可分为课内与课外德育资源，在途径上可分为直接与间接德育资源，在形式上可分为显性与隐性德育资源，在时间上可分为历时（我国传统文化）与实时（世界先进文化）德育资源。统整是指教学、管理、文化建设的整体性，教师教书与育人的整体性，德育目标、内容、途径、方法、评价的整体性，学生成长中的知识、品德、能力的整体性。

一、校园文化资源

文化是人类在长期的社会实践中创造的精神成果。在一定意义上说，创办优质学校就是提升学校文化品位。文化的价值能涵养人的精神世界。古罗马思想家西塞罗（Marcus Tullius Cicero）将“文化”一词的拉丁文本义“耕耘”或“掘种土地”，演化、引申为耕耘智慧，具有改造、完善人心，陶冶、修养之意。在德国学者赫尔德尔那里，“文化乃是一个社会向善论的概念，它意味着人的完善”。著名宗教学家查德·尼布尔认为，文化是人加于自然环境的、人为的、再造的环境，包括语言、习惯、观念、风俗、社会组织、继承的人类成果、技术过程以及价值等。那么，所谓校园文化是指学校师生在教育教学活动中所创造、形成的精神财富、文化氛围以及承载这些精神财富的活动形式和物质形态。学校文化建设要让学校营造充满自由精神的氛围，这里的自由精神意味着对法律的敬重、对必然的认识、对权利的维护。一般来说，校园文化内容包括：(1) 精神文化资源，如办学思想、价值观念、文化传统、校训校歌等。有的学校在校门两边墙上写上校规、校训、教育方针、学生守则、日常行为规范，在教室墙壁、走廊上悬挂名人名言，还有学校橱窗、黑板报内容等。其中既有学校教育教学业绩，又有感动中国的人物、学生身边的先进典型；既有国际、国内新闻报道，学校每月教育主题，又有优秀班级、学生优异成绩表扬等。张贴学生书画或创新作品，不仅张扬学生的个性特长，增强学生的自信，而且让学生享受到成功的快乐。再如，有的学校开展中国传统文化进校园活动，让学生感受民族文化的浸染。(2) 制度文化资源，如管理制度、考勤制度、生活制度、学习制度以及行为规范等。制度是刚性要求，每个人在制度和规则面前是平等的，没有超越制度之上的人。有了制度环境，再有制度和规则的制约力量和自我实践，又能塑造学生良好品德素质，这是德育的顺序。(3) 场境文化资源，如校园自然景观、人文景观等，例如，有的学校在教学场所、活动场所、生活场所、休息场所的墙壁、庭廊、路旁张贴古代二十四孝、励志故事、中国最美少年等体现社会主义核心价值观的内容，随处可见图文并茂的以“自信”为主题的校园文化展示内容，厚植道德沃土，这些充分体现了与圣贤为友、与经典同行的文化底蕴。

校园文化作为一种德育资源，可以充实学生精神生活，丰富学生心灵世界。为此，加强校园文化建设，从办学理念到校风、教风、学风，从校园美化、绿化、净化到墙壁橱窗等都要体现文化德育的魅力，使德育目标落实到悄然无声之中。校园文化提供一种生活方式和情趣。校园里建有绿地和休闲场所，提供学生学习、休息、游戏、交流的地方。校舍建设、校园环境、教室布局以学生需要、教学需要为最高标准，并把重心放在营造和谐的师生关系之上。文化如同一个自然存在的生态群落，生活在其中的人们各美其美、各乐其乐。这种美乐文化的背后渗透着的就是诗意的存在，让学生在诗意文化阅读中思考，在思考中茁壮成长。

二、师生资源

师生关系是教师和学生在教育教学过程中结成的相互关系。建立良好师生、生生交往关系，发挥师生关系、同学关系在德育中的作用，这将有利于学生良好品德的形成。

（一）教师方面

教师是学生一直模仿和学习的榜样，教师可以以自身人格培养学生人格，以自身素质培养学生素质，在教学中能真实使学生感受到师魂的温馨关爱，进而根据其期望发生自觉的改变。育人需要教师的德育意识和智慧。例如，有些教师积累了丰富德育经验，善于用人格魅力来打动学生，从思想观念、治学态度和道德品质诸方面对学生进行教育，寓知识性、思想性、情趣性于一体，收到良好的教育效果。古者学子从师受业，谓之从游。孟子曰：“游于圣人之门者难为言”，间尝思之，游之时义大矣哉。清华大学前任校长梅贻琦曾说过，学校犹水也，师生犹鱼也，其行动犹游泳也，大鱼前导，小鱼尾随，是从游也。从游既久，其濡染观摩之效，不求而至，不为而成[①]。20世纪末，美国塞利格曼、谢尔顿等积极心理学家强调良好人格特质以及影响人格形成的积极因素，特别是积极情绪、积极人格和积极社会环境与美德形成之间的关系。所以，任课教师要教书育人、以身作则，结合知识传授，寻找影响学生最佳德育的结合点，入情入理，使学生亲其师而信其道。同时，加强考风、学风教育，以考风带学风，以学风促教风。一般认为，评价师生关系往往从满意性、亲密性、依赖性、支持性和冲突性几个维度来考察。满意性是学生对师生关系的总体认识；亲密性是指师生之间存在的温暖感和交流的程度；依赖性是学生对教师的信任和黏着程度；支持性是教师在学习和生活上给予学生的激励和自由；冲突性是教师和学生之间的矛盾和对抗。据一项调查，91.9%的学生同意或非常同意“我与大部分老师的关系融洽”；83.2%的学生同意或非常同意“老师对我个人的影响非常大”。女生对师生关系的满意性略高于男生，城区学生对老师的评价高于郊区和乡村学生。74.1%的学生同意或非常同意“在我需要帮助的时候，我会求助于老师”。57.6%的学生同意或非常同意“可以和老师分享我的快乐，倾诉我的痛苦”。56.7%的学生不同意或非常不同意“老师总是给我们一种居高临下的感觉”[②]。学生对师生关系依赖性评价的均值大体上随着年级和年龄的升高而下降。

（二）学生方面

除教师之外，朋辈或同伴学习不应忽视。一个学生的发展取决

① 梅贻琦．中国人的教育[M]．北京：中国工人出版社，2013.

② 资料来源：中国教育科研网（http：//www.cnjyky.com）

于与他直接或间接接触交往的其他同伴（同学）的发展，如果高年级学生能对低年级学生指导与帮助，低年级的学生就能从中学会尊重他人、友爱互助、平等合作等品质。通常情况下，中学生最信赖的人往往是同学，而不是家长和老师，因为学生知心话最可能与同伴交流，与父母或教师往往有一定的“代沟”，或迫于某种压力不愿意交谈。因此，教育者指导学生交友择友显得十分重要。学校要经常树立学生道德榜样、彰显学生人格风采，开展“德能双优”学生及中小学生“文明风采”“争做美德少年”评选展示活动。从榜样作用中帮助学生见贤思齐，协调好人际交往的关系，体验人生的美好。

三、课程资源

教育部在《关于全面深化课程改革落实立德树人根本任务的意见》（2014 年）中提出：“学生应具备的适应终身发展和社会发展需要的必备品格和关键能力，突出强调个人修养、社会关爱、家国情怀，更加注重自主发展、合作参与、创新实践。”在这一文本中首次提出“核心素养”概念。可见，学校课程建设的目标是培养学生的核心素养。2006 年，欧洲联盟（Eunion）将核心素养界定为：是一系列可移植的具有多种功能的知识、技能和态度，是个体获得个人发展成就和自我发展、融入社会胜任工作的必备素养。终身学习的八大核心素养包括：母语交往、外语交往、数学素养、基本科学技术素养、信息素养、学会学习、社会和公民素养、主动和创新意识、文化意识和表达。所谓德育课程资源，是具有育德性质和功能并对受教育者思想品德发展有影响作用的教育因素，是学校教育的有机组成部分。首先，专门开设的“思想品德”课（“思想政治”课）是学校德育的直接途径。在教育史上，尽管各学段德育课程名称不同，但它们都承担着培养学生正确人生观、价值观的任务。例如，2001 年起，小学按照“自我—家庭—学校—社区（家乡）—国家—世界”的顺序，由近及远地设计我的健康成长、我的家庭生活、我们的学校生活、我们的社区与公共生活、我们的国家生活、我们共同的世界等领域，内容贴近学生生活经验。从2016 年秋季起，我国中小学起始年级将原来的《品德与生活》（1 ~2 年级）《思想品德》（7 年级），统一换成《道德与法制》，除道德品质教育外，还加强学生法制教育内容。其次，除思想品德外，学校开设的其他课程诸如语文、数学等蕴含的德育资源，称之为学科德育课程，学科德育课程是学校德育的间接途径。各学科中都蕴含着态度情感价值观教育的因素，使品德生长建立在知识学习中，在知识学习中生成德性，这将有助于道德智慧的形成和处理道德困惑的行为能力的生成。学识和品德可看作“一体两面”，同属一理。教师要将教学内容中的道德成分联系社会生活和学生实际，通过课程内容设计、教学环节组织和教学方法选择，潜移默化地影响学生。具体来说，如社会科学可通过诗歌、美文欣赏、历史文化等加强学生核心素养的培养；自然科学可通过对自然规律的认识、科学家的成才之路对学生进行坚持真理、追求真理精神的教育；艺术被认为是拯救人灵魂的一副“良药”，可通过书法、音乐、美术、戏剧、相声等课程教学陶冶学生的情操，培养欣赏美创造美的能力，以艺术方式进行道德教育，不仅是理性与感性的碰撞，更是教育美趣。各地纷纷探索出学科德育经验，例如，上海实施《中小学学科德育绩效评估体系》办法，通过《德育课程评价记录表》发放，收集学生反馈信息，表中设计有“突出优点、存在缺点、你的建议”栏目；福建厦门编写了各学段《社会主义核心价值观学科教育指导纲要》等。

课程教学不仅要关注学生在课堂上获得的知识和能力，而且要使他们得到精神上的满足和上进。课程教学中的德育要求应与青少年心智发育及知识结构层次相符合。道德教育离开学科知识，就如同离开水的鱼儿或断了根的花儿，就会死会枯。如果失去了真，善、美就不复存在，学科德育也就无从把握。全国教书育人的楷模于漪老师说：课堂是活的教育学，语文课老师责任之一，就是通过语文教学，让作家的文字和人格深深扎进于学生精神世界之中，从此与他生活同在或者成为他生命成长的源泉。文学是生命的学问，生活本身的诗性存乎人的生命内部。比如说，有篇课文中讲："秋天来了，天气凉了，树叶变黄了。一群大雁往南飞。一会儿排成个'人'字，一会儿排成个'一'字。"这篇课文中所写的情景，就需要教师引领学生去体会自然的美。

四、活动资源

在词典中，"活动"一词的概念非常广泛，指肢体运动、为某种目的而行动、不稳定等。活动在拉丁文中是"act"，在英文中是"activity"，源自词根"agere"。在哲学视角中，活动是指个体或群体为满足某种需要去改造环境或自身的过程，其基本要素包括目的、手段、对象、结果。可见，活动是以人为主体，以客观世界为对象，以目的为中介而采取行为的总和。活动具有创新性、多样性、自主性、趣味性、实践性的特点。学校所有活动设计都应以学生的发展为基础。学校德育活动类型一般有以下几种。

经典阅读活动。阅读活动成为学生生命的基本方式，朱永新在《我的阅读观》一书中谈道，对人类，阅读是一种生命本体的互相映照；对教育，阅读是一种最为基础的教学手段；对社会，阅读是一种消弭不公的改良工具；对学生，阅读是一条通向幸福的重要通道。经典代表人类优秀传统文化遗产，具有人格的品质、学问的品质、智慧的品质和地位的品质，充满仁爱的情怀，既具有普遍的适应性，可以培养学生责任感、道义感；又具有崇高的理想性，可以观照现实的黑暗，对社会是一副“清醒剂”。经典阅读分为“文学与艺术”“历史与文明”“哲学与宗教”“经济与社会”“自然与生命”等知识模块。例如，以“一起去看图画书”为主题的读书节活动，开展小金龙啃书、教师故事大赛、师生图画书创作大赛、选书晒书传递感动、图画书与游戏表演活动。组织开展“少年传承中华传统美德”之“小小百家讲坛”“墨香书法展示”“寻访红色足迹”“歌唱祖国活动”“国学大师进校园”等系列教育活动。通过经典阅读，让校园处处充满书香气息，养成学生良好的阅读习惯和阅读能力。当然，经典阅读中的国学教育不要停留在记忆、背诵、唐装、汉服、作揖、鞠躬等上，需要站位高、落点实。

社团活动。学校组织开展以共青团、少先队、学生会为主体类型多样的社团活动，如科技社团开展机器人大赛、科技创意活动或游戏，培养学生创新精神和能力；文体社团开展体育游戏、歌咏、猜灯谜、球赛、大合唱等活动，举办“中小学生电影周”活动，培养学生兴趣爱好和个性特长；公益社团开展力所能及的社区服务性、公益性、体验性实践活动，以获取直接经验、发展实践能力、增强社会责任感，通过扮演各类志愿者岗位角色，体验不同岗位的职责，形成未来职业规划；环保社团在家庭、社区中开展环保宣传，在活动中成为“环保达人”“健康达人”；心理社团开展心理健康教育活动，等等。

闲暇活动。随着假期时间的增多，学生自由活动的时间也随之增多，但是“德育无假期”。闲暇的第一要义是身心自然，这构成个体成长的基础性状态。闲暇活动具有一定深刻的教育意蕴。陶行知说：“有关于消闲之生活，即有关于消闲之教育；有关于社交之生活，即有关于社交之教育。”[①] 例如，有的学校设立游戏日活动，将中国传统文化与游戏活动相结合，把皮影艺术引进校园，游戏道具大多来源于生活中的废旧物资，如旧报纸、旧马桶盖、旧轮胎、纸箱、木板、肥皂等；有的学校开展游学旅行活动，带领学生参观名胜古迹、秀丽山川，让学生增长见识，丰富人生阅历，研学旅行作为一种实践德育模式，是理想信念教育、爱国主义教育、革命传统教育、国情教育的重要载体，活动课程类型有自然、历史、地理、科技、人文、体验等。例如组织“诗画江南，文脉千年”研学旅行文化考察，让学生在实践中建立历史视角，拓宽文化视野，加深对中华传统文化的理解；感受祖国山河之美和丰富的民俗文化，增强国家认同和民族自信；引导学生学会分享、尊重与合作，锻炼沟通能力，培养团队精神；提高学生自主学习、独立探索的能力，增强综合素养；加强师生交流沟通，培养和谐的师生关系。此外，研学旅行课程是某些中学实践活动课程的重要组成部分，开设春季修学游、工业科技游、农业体验游、励志夏令营、欧美夏令营以及与结对学校暑期“手拉手”夏令营等。通过研学旅行，学生在身体、心理、情操、品德等各方面均得到发展，让学生在与自然和文化的近距离接触中加深对课本知识的学习理解，增强学生知行结合、学以致用、参与集体生活的实践能力，提高学生创新品质，真正地达到育人的目的。

节庆活动。一般来说，节庆活动中的仪式内涵深邃，具有仪制、仪教作用，它是一种德育资源。礼仪是人类达到美好生活状态而要求共同遵守的基本道德规范，它是在人们长期共同生活和互相交往中逐渐形成，并且通过风俗、习惯和传统等方式确定下

① 方明．陶行知全集[M]．成都：四川教育出版社，1991：103.

来的。仪式是学校成员企求达到特定目的的方式，是学校严肃生活的组成部分。仪式场合是独特的公共生活和事件，代表学校精神和价值态度。仪式有日常化、经典化、周期化三种途径。日常化仪式指学校每日进行的常规仪式，如上下课的教学仪式、见面问好仪式等，其特点是有规章制度约束、简单易行、常规化运作。经典化仪式，例如，每年开学典礼讲话，收看教育部制作的宣传片《开学第一课》，对培养学生美好的人生理想、价值观和志向具有重要影响。周期化仪式，例如，"六一"儿童节，让孩子通过游戏获得丰富的体验，在创意、社交、体能、智能、情绪管理多方面获得发展，让孩子们通过游戏度过一个真正快乐的儿童节；母亲节开展感恩母爱教育活动，激发青少年表达对母亲的爱；国庆节开展观看新中国建设成就图片展览、优秀影片等加强爱国主义教育活动；重阳节带领青少年去养老院给老人们讲故事，开展送温暖、献爱心活动，培养尊老敬长的美德；劳动节组织学生深入社区打扫卫生，参与社区的精神文明建设，开展家务或社区服务劳动；端午节、元宵节、春节进行民族传统文化教育活动；清明节开展祭祖纪念英烈活动，带领学生去烈士陵园扫墓，讲述中国革命战士和抗日烈士的英勇事迹，激发青少年为报效祖国奋斗的精神；等等。此外，开展一些节日专题教育活动，如"世界环境日"，开展节粮爱粮、环境保护活动；"12. 4"全国法制宣传日，组织开展各种普法书画摄影、青少年法律知识竞赛等系列活动。还可利用纪念"3. 25"全国中小学安全教育日、"6. 26"国际禁毒日等活动来体现德育基本内容和要求。

总之，中小学德育资源丰富，可以通过价值树德、文化润德、课程育德、行为养德等途径来进行，编织校园内外"立体"德育网络，实现全方位、全程、全员育人体系。

案例导读

一位不自信学生的茫然与困惑

我看别的同学都勇敢地参加各种班级和学校活动，我一直没有什么过人之处，所以也不敢轻易尝试。平时我感觉自己很普通，长得也不好看，成绩一般，体育、音乐、美术也就是普普通通，有时候对自己不太满意，但是也不知道怎么改变。我的胆子很小，容易脸红，平时一旦有一些需要上台演讲的机会，我都很紧张，都能感觉自己的腿在发抖。这让我很苦恼，老师，你觉得怎么才能让自己变得很自信呢？我真羡慕那些在舞台上从容不迫的人，感觉自己一辈子都做不到。

对此，老师想说的是，别轻易给自己下定义“我是一个不自信的人”“我是一个不乐观的人”，人生的路还很长，我们的个性还会发展变化，给自己多一点发展的可能性，不要给自己苛刻的评价，这可能是你需要做的第一步。就是在心里接纳自己，我不是不自信，只是比较内敛。接下来自我分析，比如只是因为缺乏舞台经验，才会在演讲时很紧张，多试几次也许会表现得很好。或许没有机会去学一些特长，才没发现自己的过人之处，一旦有机会尝试，也许就能发现自己擅长的某一领域。慢慢累积，相信你会变得越来越自信。

（资料来源：安徽省蚌埠八中）

第三节　建立和谐互动的学校德育机制

学校依托校外教育机构、社区、家庭等进行德育，并把学校德育和社区德育、家庭德育有机整合起来，互学、互鉴教育经验，这是目前德育的重点、难点，甚至是学校德育协同创新工作的关键点。从学校与社区互动方面来看，由于认识不统一、沟通不理想、管理不协调，因而存在着校内外教育分割等问题。一方面，学校德育主要是单面的知性教育，没有充分挖掘和整合社区中的德育资源，德育内容不免有些脱离生活实际，缺乏丰富多彩的社区实践活动，又难以对学生产生足够的吸引力；另一方面，政府各部门在德育中责任意识不强或职责不明，对德育管理不到位，社区文化为学校德育服务意识不够显现。因此，要架设一座学、社德育和谐互动的“桥梁”，在相互关联、相互作用中获得并协互进、扬优补缺、谐美融合，共促育人机制的生成[①]。

一、学校与家庭、社区之间德育目标一致

任何一种德育活动都具有促进个体发展的内在目的和促进社会发展的外在目的。虽然学校、家庭与社区德育扮演的角色殊异，但总的指向和价值定位是一致的，即都旨在培养具有社会性角色的道德主体人，承担着培养青少年公民道德教育任务，以使其能够担当个体、家庭、社会和国家的责任。在家庭、社会德育还没有承担起

① 韩传信，詹万生．试论学校与社区和谐德育模式的建立[J]．教育研究，2008，(8)：108.

应有的责任时，学校德育往往处于孤立无援的尴尬境地。德育目标一致是“学校—家庭—社区”和谐互动德育机制建立的始基。现代教育是一个开放的系统，教育应该与儿童生活、与社会相通。就学校来讲，德育从一开始就与社会存在无法割断的渊源，因为道德源于社会生活，并服务于社会生活。但是，学校教育所遇到的现实问题，根本的原因在于“走不出校园”，脱离了社会实践、家庭生活和自然万物。很多学生在校读书时品行纯洁、志趣高尚，是很有希望的青年，但出了学校，入了社会，“马上就变成一个胸中无主的人，在社会混久了，会变成一个毫无希望的人”。这是社会与教育分离的恶果①。同时也应看到，在不同环境中，学校、家庭与社区德育的具体要求和做法也有所不同、各有侧重。社区围绕精神文明建设，其德育目标涵盖了社区规章公约、邻里关系、诚实守信、正义公道等中华传统美德和社会公德。学校德育目标是以社会对人的需要以及人如何适应社会为基准，通过教育活动所达到的受教育者品德素质方面的质量规格和预期结果。但无论学校德育还是社区德育，都应培养青少年个体道德的同一性。道德同一性建构是个体的社会经历与选择的自我觉知过程。学校与社区德育和谐互动是全程全员协同育德的过程。一般地说，社区中任何一个组织或群体都有各自的工作目标、活动方式以及影响特征，在德育中扮演各自的重要角色。例如，杭州市青少年活动中心在实践体验中提升学生社会责任感，让少年儿童在这个小社会中通过角色扮演，体验应聘、打工、纳税、消费、社会管理等多种社会生活环节，了解各行各业的职业道德规范，如“我是小社工”活动就是让孩子到社区参加各区

① 陈独秀．陈独秀文章选编（中册）[M]．北京：生活·读书·新知三联书店，1984：78.

管理工作，如做引导员、图书管理员。但是，有些家长教育孩子与学校要求不一致，多数家长太纠结分数，学校贯彻教育方针，全面实施素质教育，而家长要求学校加班加点补课，给学校施压，似乎学校被绑架了，教育思想不一致，重智轻德，出现家长和学校“抢”孩子现象，挤压了孩子的成长空间。通常情况下，家庭教育误区表现在：第一，有些父母打骂孩子扭曲孩子的性格。例如，2013 年 12 月，一段“10 岁女孩在电梯内虐打 1 岁半男婴”的视频在网上引起强烈反响，女孩父亲接受媒体采访时承认，自己和妻子平常打骂女儿，对其性格有影响，伤害这个男婴只是女儿表达感情的方式。第二，有些家长总是担心自己的孩子吃亏，就经常给孩子灌输“谁要是敢欺负你，你就打他”的歪理，结果把自己的孩子引向了暴力解决问题的邪路。第三，有些家长不善于处理孩子与同学之间的矛盾，遇到孩子之间吵架打架，首先想到的不是如何正确地批评教育自己的孩子，而是带上孩子去找对方的家长评理，如果遭到对方的慢待，就亲自动手教训。因此，为达成目标一致，学校、社区、家庭教育应体现整体性、协同性。

案例导读

有这样一位妈妈

第一次参加家长会，幼儿园的老师说：“你的儿子有多动症，在板凳上连三分钟都坐不了，你最好带他去医院看一看。”

回家的路上，儿子问她老师都说了些什么，她鼻子一酸，差点流下泪来。因为全班 30 位小朋友，唯有他表现最差；唯有对他，老师表现出不屑。

然而，她还是告诉她的儿子："老师表扬你了，说宝宝原来在板凳上坐不了一分钟，现在能坐三分钟。其他妈妈都非常羡慕妈妈，因为全班只有宝宝进步了。"那天晚上，她儿子破天荒吃了两碗米饭，并且没让她喂。

儿子上小学了。家长会上，老师说："这次数学考试，全班50名同学，你儿子排第40名，我们怀疑他智力上有些障碍，您最好能带他去医院查一查。"

回去的路上，她流下了泪。然而，当她回到家里，却对坐在桌前的儿子说："老师对你充满信心。他说了，你并不是个笨孩子，只要能细心些，会超过你的同桌，这次你的同桌排在第21名。"

说这话时，她发现儿子黯淡的眼神一下子充满了光，沮丧的脸也一下子舒展开来。她甚至发现，儿子温顺得让她吃惊，好像长大了许多。第二天上学，去得比平时都要早。

孩子上了初中，又一次家长会。她坐在儿子的座位上，等着老师点她儿子的名字，因为每次家长会，她儿子的名字在差生的行列中总是被点到。然而，这次却出乎她的预料——直到结束，都没有听到。

她有些不习惯，临别去问老师，老师告诉她："按你儿子现在的成绩，考重点高中有点危险。"

她怀着惊喜的心情走出校门，此时她发现儿子在等她。路上她扶着儿子的肩膀，心里有一种说不出的甜蜜，她告诉儿子："班主任对你非常满意，他说了，只要你努力，很有希望考上重点高中。"

高中毕业了。第一批大学录取通知书下达时，学校打电话让她儿子到学校去一趟。她有一种预感，她儿子被清华大学录取了，因为在报考时，她给儿子说过，相信他能考取这所大学。

她儿子从学校回来，把一封印有清华大学招生办公室的特快专递交到她的手里，突然转身跑到自己的房间里大哭起来，边哭边说：“妈妈，我知道我不是个聪明的孩子，可是，这个世界上只有您能欣赏我……”

这时，她悲喜交加，再也按捺不住十几年来凝聚在心中的泪水。

（资料来源：中国德育网）

二、学校与家庭、社区之间德育管理协调

管者，为制度、为约束、为惩戒；理者，为提领、为疏通、为熏染。德育管理是指通过一定的规则和程序对在德育过程中出现相互冲突和相互竞争的利益各方进行调节的一种过程。现代德育管理不是居高临下式、灌输式或管控式的管理，而是强调参与治理的各方平等合作、理解尊重、协调互动。它是一种柔性管理、自觉管理和“感动”管理。健全的德育管理体制和运行机制，包括组织机构、工作计划、目标责任、德育制度、管理方法等内容。所谓协调，是指配合得当，能充分调动各方面作用，做到人尽其才，物尽其用，处理好各种矛盾和关系。即是说，学校德育管理需要处理好课堂教学与社会实践的关系，成人与成才的关系，管理、教学与服务的关系，课程、活动与文化的关系，等等。当我们看到或听到某学生打架、不诚信、考试作弊等问题，不能简单地埋怨学校德育没有做好，否则，学校德育将会不堪重负。因此，要建立以学校为主体、以家庭为基础、以社区为依托的“三位一体”德育体系，形成共享、共商、共管、共创的德育管理机制。

（一）建立完善的组织机构

努力形成党委领导、政府统筹、教育部门主管、相关部门配

合、社会积极支持、社区自主活动、市场有效介入、群众广泛参与的社区教育协同治理的体制和运行机制。教育行政部门负责规划、指导社区教育与学校教育有效衔接和良性互动，制定考核标准。社区政府机构（如文化管理部门）开展校外教育及社会实践活动，为青少年健康成长提供良好的社区环境和资源，实现由“开展活动”向“管理活动”、由“组织活动”向“服务活动”、由“有偿”向“公益”转变。加强社区网吧监控，限制学生课余时间进网吧，避免网络环境对学生产生不良的影响。媒体和社会公众要充分认识到舆论氛围和社会支持对于培养孩子健康人格和造就未来合格社会主义建设者和接班人的重要性。学校结合所在社区，每学期制订不同的德育活动计划，与社区的德育活动计划协调一致，根据节假日、纪念日、社会重要活动等开展具体的德育活动。计划协调可通过“社区会议”来统筹兼顾，围绕学生道德教育问题，把教师和家长的要求、政府决策、社区单位意见汇聚起来，寻求合理有效的解决方法。事实上，社区可建立德育管理协调机构，通过社区教育委员会，将当地政府、教育行政部门、社区企事业单位、村居委会与学校联系起来，一方面，调动社会各界参与教育积极性；另一方面，沟通学校、社会、家庭的联系，发挥德育的主渠道、辅助性渠道和隐性渠道的作用，建立起一个齐抓共管、纵横交错的全方位、立体式的大德育格局。

（二）建立正确的规章制度

一般说来，“行为由制度决定”，德育活动需要完善合理的制度去规范保障。德育制度由社区、学校、家长三方共商共建，确保学校德育在社区活动中的顺利开展。建立依法办学、自主管理、民主监督、社会参与的现代学校制度。现代学校制度建立在新型政校关系以及教育发展与人的身心和谐发展的基础上，关注政府与学校、学校与家庭及社区有机统一，渗透着教育质量与效率、公平与民主的和谐发展。健全的学校德育制度包括学生日常行为管理制度、有共同价值愿景的教师集体生活制度、奖惩制度、档案制度、活动制度、品德评价制度、校园文化建设制度等。德育制度要体现以人为本，通过建立民主、规范、有活力、有广泛参与基础的学校德育管理制度，把德育活动落实到实处。2016 年 6 月，中央组织部、教育部党组印发《关于加强中小学校党的建设工作的意见》强调，把抓好德育和思想政治工作作为中小学校党组织重要任务，抓好学生德育工作，建立党组织主导、校长负责、群团组织参与、家庭社会联动的德育工作机制。党建工作与教育教学业务同部署、同落实、同考评。确立社区教育制度，建立政府统筹、社区各单位积极支持、社区成员广泛参与的德育长效、沟通、民主监督机制，使社会实践、社区服务成为学校德育的工作常态。比如，武汉市蔡家田社区与学校共同协商制定青少年教育职责，争取社区居民的支持和帮助，收到了良好的效果。

（三）建立有效的评价机制

评价是德育管理的一种手段，也是保证德育目标实现的必要措施。建立学校与社区发展性评价模式，拟定评价指标，采用协商性办法，对于督查学校德育水平和学生品德状况具有积极作用。由校长、教导主任、少先队辅导员、班主任及学科教师代表组成学校德育评价小组，定期对评价结果进行分析、反馈、指导，同时要增强可操作性。构建以青少年道德内化为着力点的道德教育激励机制、评价机制和管理机制，一方面，突出学生主体参与道德教育的积极性、主动性，把学生社区道德实践作为综合素质考核的一个要素，通过有效评价来帮助学生认识自我、建立自信、完善自身；另一方面，科学制定社区教育评价标准，把德育贯穿于社区教育之中，整合共育。加强对社区教育发展状况基本信息的收集和分析，通过学校与社区共同参与来培养青少年道德选择和判断能力。例如，成都市青羊区打造“父母成长·孩子成人·家庭幸福·社会和谐”的教育民生工程，将家庭教育纳入学校绩效考核评估体系，全域统筹推进家校合作，愿景是创设全员、全面、全程育人的良好环境，让教育改善家庭，让家庭助力教育，构建校内外心心相印的有温度的教育共生体。

三、学校与家庭、社区之间德育资源共享

随着我国社区建设的不断完善，社区对青少年思想品德形成的重要性日益凸显。当代社会是一个全球化和信息化的时代，德育不是孤立存在于学校教育中，而是广泛存贮于社会生活中。在我国城乡社区化进程中，学校与社区共同推进学生道德教育，能更好地促进学生品德发展和人格完善。学校应与家长委员会、社区委员会以及其他有关部门建立密切联系。家庭、社区德育对于学校来说，起到相辅相成的作用。

德育不仅要关注学生在校的教育，更要关注学生走出校门走向社区进入家庭以后的教育。我国家庭德育、学校德育和社区德育资源各有优势，互为补充、相得益彰，且同一内容在侧重点、呈现方式、实施途径方面也可以在互补中扬优补缺。只要加以充分利用和整合，建立一种长期合作的联携机制，就能使学校教育得以拓展和延伸，并取得良好的结果。一般来说，社区对学生品德发展的影响主要是通过社区服务学习、德育资源享用等实践策略来实现的，社区德育资源包括精神文化资源、制度资源、物质资源（地标性建筑）、创建活动、人员资源，如爱国主义教育基地、社会实践活动基地资源，农村学校的自然景观、生产劳动；城市学校的科技文化

场馆；少数民族地区的民俗文化等。学校德育资源包括校园文化建设、师生交往、活动中的德育资源、学科中的德育资源等，学校需要在整合社区各种德育资源中彰显学校德育特色。家庭德育资源包括家风家训、家长素质、教育态度、亲属关系、文化氛围、亲子交往等，家风家教凝结着中华传统文化的卓越智慧，构成中华优秀文化精神的核心价值和精华。和睦、彼此信任和理解的亲子关系会给孩子的同伴关系带来有益的影响，和睦家庭本身也是孩子建立良好同伴关系的一个榜样。研究发现，具有信任、沟通、高情感反应性的家庭中的孩子，在社会技能、生活满意度和与他人相处方面都有较好的表现。相反，如果家庭关系不良，比如离异家庭、父母长期不和的家庭等，往往会把孩子推向不良同伴关系，甚至是不良同伴群体。因此，培树家风，不仅有利于学生发展健康的同伴关系，也能够帮助他们拓展交往范围，完善社会性发展。

一方面，开放共享学校资源，鼓励学校充分利用场地设施、课程资源、师资、教学实训设备等筹办和参与社区教育。根据国家有关规定，在不影响正常教学情况下，学校图书馆、体育场馆向社会开放，让居民享用，提高设施设备的利用率。有条件的中小学、幼儿园可派教师到社区教育机构提供志愿服务，发挥共青团、少先队组织在社区教育中的作用，让青少年走进社区，了解社会，增强生存能力和社会知识，培养奉献社会的“社会性道德人格”。另一方面，社区教育是我国教育事业的重要组成部分，是社区建设的重要内容。统筹共享社区资源，利用社区文化、科学普及、体育娱乐等各类资源，组织开展社区教育活动，提高图书馆、科技馆、文化馆、博物馆和体育场馆等各类公共设施开放水平。充分发挥社区教育在弘扬社会主义核心价值观、推动社会治理体系建设、传承中华优秀传统文化、形成科学文明生活消费方式、服务人的全面发展等方面的作用。学校结合社区资源开展德育活动，增设与劳动生活、社会实践密切相关的地方课程和校本课程。有些学校制定家长义工制度，成立家长志愿团，让家长参与学校教育管理活动。

学校和社区德育资源的共享是指共同享有，互相利用，发挥各自优势，构建“家校社互联、校内外教育互通、优质教育资源共享、多元主体共治”的“育人共同体”教育生态，“共同体”小到班级、社区、学校，大到民族、国家。组织与协调各种社会教育力量，统整校内外各种教育资源，发挥全方位育人功效，使学校德育向家庭辐射，向社会延伸，共同促进学生发展。学校要吸收社区中潜移默化的教育元素，社区则要吸收学校教育中自觉理性的精神。大家知道，道德渗透于社会生活的一切领域，每个人在生活中都会碰到人与人、人与社会、人与自然的种种关系，所有的关系都会表现出道德教育的问题。如果学生在学习、生活中，遇到这些道德问题时老师能及时去教育引导，就会收到良好的教育效果。因此，应挖掘和整合校园内外的各种德育资源，协调各种关系，为学生德性成长创设最适宜的“土壤”，使之成为一个健康的可持续发展的“德育生态系统”。

四、学校与家庭、社区之间德育作用互补

学校德育具有目的性的特点。在道德教育价值取向方面，学校秩序和纪律的维持成为德育管理内容。针对学生在校表现不好或行为问题，大部分班主任选择以“家长会”与“电访”两种形式与家长相互沟通。有些班主任邀请家长参加班级活动，或者在举办活动时争取家长的帮助，与家长建立网络沟通平台，通过家长更好地了解学生的思想动态、兴趣爱好以及在家表现等，有针对性地开展德育活动。学校通过家长开放周、家长会、亲子活动、给家长一封

信、邀请家长参与学校部分管理工作等活动，让家长对学生在学校的学习、生活、纪律等各方面情况有个整体了解，并提醒家长当下需要关注的问题。在实施校园文化创建中，各地彰显不同特色，例如，西藏地区建设“非物质文化遗产进校园示范基地”，教育引导学生自觉继承和弘扬中华民族优秀文化传统；山西朔州围绕中国传统节日，广泛开展中华经典诵读活动，将传统美德与诚信教育、师德建设相结合；云南将民族音乐、舞蹈、刺绣、传统手工艺等列入教学活动。内蒙古开展“德育储蓄银行”“道德手拉手”主题活动；贵州推进“道德讲堂，唱响国学”，做到“一校一总堂，一班一分堂”，对社会主义核心价值观和“明礼知耻，崇德向善”进行宣讲，等等。

家庭德育具有情感性的特点。家庭不仅是道理的地方，更是情感的地方。家庭的温暖给予孩子成长的动力，学校的教育赋予孩子成长的能量。家庭是孩子的第一所学校，古人说：“将教天下，必定其家，必正其身。”“心术不可得罪于天下，言行要留好样与儿孙。”孩子情感表达往往从父母那里习得，父母是孩子的家庭教师。在父母的赞美和批评中，孩子建立了最初的自尊。有些教育，老师是无能为力的。一个好老师，或许能够影响孩子 3 至 5 年，但家长的影响力却是一辈子。可见，父母是孩子最好的“范本”，是永不退休的班主任，更要与孩子一起成长。央视有一则感恩教育广告，妈妈用心表达孝道，给奶奶洗脚，孩子看后，也给下班回来的妈妈端上一盆洗脚水。其实在培养孩子学习道歉、同情心与责任担当方面，父母是最好的老师。时下，亲子阅读有利于促进儿童阅读和学习能力发展，有利于良好亲子关系的形成。中国阅读协会副主席伍新春阐释亲子阅读的情感价值时强调：“幼儿阅读的过程就像是一个与家长共同游戏的过程。既让幼儿享受到阅读乐趣，也让幼儿享受到父母的爱，而且这种享受是由父母和幼儿一起阅读创造的。”亲子关系是最重要的人际关系之一，但是，在控制型家庭中孩子通常想挣脱父母的约束。从一项家庭教育状况调查来看，初中生最不喜欢家长“对我的朋友评头论足”，大数据说明：87%家长存在焦虑情绪。父母可以替孩子选择，但不能替孩子活着。家长把孩子当作另一个预想中完美的自己看待，没有把孩子当作一个独立的个体看待。家长很容易犯一个错误，就是不承认也不允许孩子的平凡，好像一定要出人头地才是预期的完美。在完美主义倾向下，孩子很难达到他们的期望，因此常常受到指责，久而久之内化为对自己的怀疑和否定。可以看出，家长普遍存在着“重教而不会教”的现象，重分数轻品德，看重成绩、名次，忽略情感教育。学生与家长之间往往存在着诸多的纷争和意见分歧，如果不解决父母与子女纠纷问题，就很难教育好学生。例如，某学生在家不怎么与家人交流，加之家长忙于生意也无暇和他交流。久而久之就有了家长眼里“孩子在各个方面与他们反着来”的现象。孩子成长需要父母的陪伴、身心投入，不是花费了多少金钱，而是花了多少心血。对儿童要求不要贴上成人道德标签，每个孩子希望得到他人理解，在尊重中获得尊重。

社区德育具有广泛性的特点。由于社区利益主体多元化，因而导致人们思想的多样性和复杂性，这对学生的影响会产生“双重效应”。社区德育不可避免存在着公民道德水平的差异性、德育环境的不规范性、德育内容的两面性和德育方法的不可控制性等问题。为此，需要开展社区德育研究，改进社区服务功能。影响学生品德的形成因素是多种的，如果没有整个社会特别是家庭的教育配合，那么不管教师付出多大努力，都收不到完满的效果。所以，道德教育不是一个孤立的领域，它不仅仅与学校其他各个方面的教育密切相关，还与整个社会紧密相联，这就要求班主任能够纵横捭阖整合各种力量，善于挖掘德育资源，寻找有效德育的突破口。建立学校、家庭与社区和谐互动的德育机制，以探讨在新的社会条件下青少年德性教育规律为重点，激发青少年道德学习的主动性，实现道德教育的社会化、生活化、实践化。凝聚互动合力，夯实共赢基础。增强合力，减少分力。

整体推进学校德育，需要树立“大德育”观，变“独奏”为“合奏”，协同发力，建立责任共同体、育人共同体。实现学校最大空间的主导，家庭最大限度的配合，社会最大程度的支持。学校与家庭、社区德育各自发挥优势，学校德育不足，家庭可以补充；家庭德育不足，学校可以补充。例如，家庭开展亲情教育、感恩教育、孝敬教育远比在学校开展效果好；社区开展传统文化教育、公民道德教育、社会责任感教育、爱心教育可能也比在学校开展效果好；学校开展集体教育、规则意识教育、道德认知教育、心理健康教育要比在家庭、社区中开展效果好。

案例导读

多数家长难以应对“初二现象”

初二学生在身体上多数开始进入第二次生长发育高峰，心理上也处于发展的剧变期，充满成熟与幼稚、独立意向与生活经验不足等复杂的矛盾；学习上处于明显的分化期，学习负担加重，学习内容逐渐深化和抽象。这些变化要求家长在教育理念、教育态度和教育方式上做出相应的调整。

首先，同学、朋友成为倾诉心事的对象。初中生与父母的相处时间逐渐减少，转而与同伴交往密切。调查发现，向父亲或母亲倾诉心事的比例均在15.50%以下，跟朋友、同学交流心事的比例在48.07%以上。从家长的反映来看，当子女慢慢独立从而逐渐减弱对家长的依赖时，各年级家长选择“感到欣慰”的比例均在60.00%左右，但“感到欣慰”的家长在初二阶段比例最低，而感到“有点失落”的家长在初二阶段比例最高。18.50%的家长感到亲子关系“越来越疏远”（初一12.52%，初二18.50%，初三17.36%），6.33%的家长感到亲子关系“越来越紧张”。步入初二后，有些学生开始反驳、顶撞老师、家长，越不让做的事越要对着干；有些学生还会有不同程度的叛逆、对抗情绪，甚至有闹事等行为，自然影响到青春期的亲子关系。

其次，孩子需要精神支持，家长仍给物质鼓励。初二阶段是典型的学业成绩分化的时期。课程门类逐渐增加，各学科的综合性逐渐增强，难度逐渐加大，有的学生出现安于现状或懈怠的学习态度。对于学习不适应的原因，学生多选择“学习内容变难”“学习科目增多”，强调学习的客观原因。而家长认为子女学习问题是由“学习不用功”和“学习方法不当”所致，强调的是子女自身的主观原因。这种对学习问题的认知不一，自然容易引发诸多亲子矛盾。初二家长选择“给他买学习资料，报辅导班”和“搞好‘后勤’服务”的比例比初一明显增多。

再次，近半学生选择反抗家长的压力。在情感需求上，当问及最希望和爸爸一起做哪些事时，初二学生46.51%选择“受委屈或挫折时给我支持”，41.07%选择“拿不定主意时帮我分析”，32.68%选择“探讨为人处世的道理”。但是，子女的这种情感需求变化并未受到家长重视。初中生家长最关心子女的成长方面依次为“日常学习”“习惯养成”“健康安全”，而“情绪情感”的比例则排在倒数第二位。初二学生情绪释放方式的需求也与家长的引导方式有所偏差。当面对父母的压力时，初二学生选择“向父母反抗”的比例最高。

第四，比初一初三更沉迷网络。在初二学生的日常生活中，选择“玩手机、电脑”（初一 34.38%，初二 48.42%，初三 47.69%）、“看电视”（初一34.83%，初二40.42%，初三39.96%）的比例均高于其他年级。初二学生选择“聊 QQ”“玩游戏”的比例均高于其他年级。可以看出，初二学生上网的比例最高，而且偏重满足交往和休闲娱乐的需求。

（资料来源：中国教育科学研究院网站）

第三章　组织实施班级道德教育

在开展班级德育中，教师要目中有人、心中有爱、肚中有货、手中有招，要沿用好方法、变革老方法、创新新方法。守住一间教室，不浮躁、不抱怨、不跟风、不作秀，让每一个生命在教室里都绽开出一朵花来。班主任和教师让自己的职业生命不断增值，润泽每一个生命的自然绽放、构建自己班级的管理方式、打造一间有温度的品牌教室。

第一节　建构班级中的道德生活

一、班级道德生活含义及现实审视

生活是人的一种生存状态，是生命存在的一种体验。人就是在生活中称为人并展示为人的，这一切都是通过具体的生活事实来呈现的。学校活动通常以班级为单位，班级生活是学生在校生活的主要组成部分，它作为生活的一种特殊样态，对于学生道德生命成长具有重要价值。所谓“生活”，是指人类为生存和发展而进行的各种活动。班级道德生活是指让班级生活既要合乎道德的要求、体现道德的关怀，又要孕育道德的心灵、洋溢道德的光辉。换言之，班级道德生活是使班级生活具有道德性，让学生在具有道德的班级生活中发展品德。道德与生活是密不可分的，其源于生活又以生活为归宿。道德教育在本质上是生活的，其目的是为人类创造更美好的生活。从品德发展心理学角度来说，学生品德的形成源于他们对生活的认识、体验和感悟。只有源于实际生活的道德学习，才能使学生激发道德需要、提高道德认知、建构道德品质。班级生活中的一切要素——教师、学生、环境、活动、管理、课堂、教学方式等都蕴含丰富的道德价值和道德意蕴，影响着学生品德的发展。苏霍姆林斯基曾指出："孩子在他周围——在学校走廊的墙壁上、在教室里、在活动室里——经常看到的一切，对于精神面貌的形成具有重大的意义。"① 中小学课堂应立足于儿童完整的生命意义的塑造和健全人格的培养。因此，构建有道德生活意义的课室是十分重要的，有助于青少年学生思想道德教育。

"班级"一词是由埃拉斯莫斯提出，之后，夸美纽斯创建班级授课制。班级原本是一个被师生所共同拥有的生活世界，具有鲜活感、现场感的魅力，体现着生活意义和生命价值。课堂生活成为师生共同学习与探究知识、展示智慧与发展能力、交融情意与养育人性的"殿堂"，成为师生生命价值、人生意义得以实现与提升的场所。陶行知先生一再强调"为了生活而教育"，教育不通过生活是没有用的，需要生活的教育，用生活来教育，为生活而教育。生活教育的目的，是教人做到"工以养生，学以明生，团以保生"。重视班级生活，不仅是要重视班级中的理性生活、审美生活，而且更要重视班级中的道德生活。道德生活实质上是一种求善的活动，用真善美来雕琢学生的心灵世界，尽管道德生活离不开认识，但课室

① 苏霍姆林斯基．帕夫雷什中学[M]．赵玮译．北京：教育科学出版社，2005：135.

中的道德生活不是通过观念灌输来完成的。在一种常态的班级生活中，教育时刻滋润每一个学生的心灵，关注人的情感和需求。因此，让学生真正体验感悟到课室中的道德生活，这是道德教育所必须关注的问题。

但是，隐藏于班级与课堂生活之中的道德教育，常常为人所忽略。审视一些学校班级和课堂生活却发现："学校教育由于受'应试本位'教学观、'知识本位'课堂观以及'分数本位'评价观的影响，在相当多的课堂中自觉不自觉地出现了道德缺失，少数教师甚至在教学中不乏出现强制、压抑、言语暴力、人格不平等、体罚等现象，走上了'不道德'甚至'反道德'的误区，主要表现为课堂'灌'、作业'滥'、考试'多'、管理'死'。"① 课堂生活中的道德意蕴缺失，背离了教育的本真意义，究其原因在于以下方面：

第一，重知识教学而忽视学生道德成长。在追求分数至上和片面考虑升学的情况下，有些教师往往只管教书不育人。课堂成为学生的知识"学技场"，而不是精神成长的"家园"，这是一个不争的事实。除知识教学之外，教师很少俯下身来关心学生的内心世界和精神需求。有些教师甚至为了维护秩序、保持尊严，充当"警察"角色，简单地利用各种教学手段和方法控制学生。这种"控制性教学"使学生处于被动接受状态，失去自由表达思想和意志。去道德化、去生活化的应试教育，使得学生生活丧失审美的维度和理想的追求。如果教学只把文化艺术和科学技术的精华，异化为一个一个标准答案镶嵌在学生脑子里，那么这些知识之外的价值世界就不会再引起学生关注的兴趣。道德教育从学科教学中剥离出来的错误做

① 韩传信．论课堂道德生活的建构[J]．中国教育学刊，2007，(8)：39.

法，使学生的道德成长失去源泉。有时，学生并不知道某些知识和现实生活以及社会发展有什么联系。当知识沦为升学或竞争的工具，知识学习也就与精神成长出现分离，工具价值凌驾于生命价值之上，失去生命价值又是对伦理秩序和道德追求的毁灭性颠覆。因此，在知识传授过程中，知识需要转化为学生精神成长的引导力量。由此造成的一个后果是，德育在学科中的地位未被重视，学科视野中德育的现状很难令人满意，教师教学停留在学科知识层面上，没有充分挖掘教材中丰富的德育内涵，没有在传授学科知识的同时把诸如公正、友爱等这些人间终极价值内容传授给学生，或者说教学没有在学生心田里播下道德智慧的种子。

第二，品德评价不到位。由于受传统狭隘的应试教育观念的影响，造成学校教育内容存在片面性，无论教师还是学生对品德教学都重视不够，没有把学生的道德发展纳入课堂评价当中。例如，升学依据就是学科分数累加总分，出现“唯分数”论，导致分分必争、过度竞争的局面。升学压力压抑一部分学生的兴趣，结果危害是掌握知识多了，所学课程多了，考试分数高了，但对于人的生命成长极为宝贵的品质却被消磨殆尽。教师不能像抓教学一样抓学生的品德培养，使学生对道德学习产生不正确认识，甚至错误地认为品德学习与自己成长无关，是一种额外的“负担”。学生只是被动地接受学校德育的影响，应付教师的安排或检查。课堂被窄化为“特殊认识活动”，这种缺乏学生主体参与的道德学习，不能真正促进学生的道德成长。学生在课室中的道德生活主体的自主与自责意识，对其道德上的成熟是至关重要的，而学生道德上的成熟又是通过其活动来完成的。需要强调的是，农村学校儿童班级活动较少，课堂文化生活不丰富，这些都给学生的品德生活带来不利影响。此外，师德素养和育德能力与现代教师专业发展要求还存在一定的差距，有关激励教师承担德育责任的机制建立也还有待完善，教师对德育的热情不高。

二、班级中道德生活的建构

班级是由教师与学生共同组成的共同体，在这个共同体中，教师在教育方面起到主导作用，学生在学习中居于主体地位。品德教育必须借助日常生活与课堂管理融合才能实现，需要在班级中开展关于道德问题的讨论，诸如关心、公正和宽容等内容。学科教学、课堂环境、师生交往等都是班级生活的要素，班主任和教师必须充分挖掘这些要素中的道德意蕴，发挥它们的德育功能，让班级充满着道德生活的气息。英国教育哲学家约翰·怀特认为，教育要让学生去过一种不仅有意义而且同时非常充实的生活（fulfilling life），不仅能够获得个人幸福，并且能尽到公民的社会责任。

（一）发挥教学的育人功能

教育的灵魂在于对人的价值观的塑造，培育和践行社会主义核心价值观是学校教育的根本任务，也是学生成长成才最重要的环节。学校根据国家教育方针和课程标准的要求，在教学过程中加强对学生的思想道德教育，激发学生的道德情感，使之生成道德智慧，形成正确的价值观念。学科教师承担一种德育的使命，这就是通过教学来确立学生的人生观、世界观、价值观。“唤醒人的课堂”，关心的是学生尊严、情趣、心灵的敏感和活泼、精神世界的建构和成长。中小学教材中蕴含着丰富的道德教育内容，教师要将这些道德内容通过教学等途径传递给学生。例如，2016 年版 1 和 7 年级语文课本，中国传统文化内容约占 40% 篇幅，通过精美华章和经典著作的阅读，不仅可以让学生感受到语言的优美豪放，而且能够形成人文素养、丰富文化底蕴。历史课通过我国上下五千年辉煌成就，可增强学生的民族自豪感和自信心，历史上的优秀人物可给学生树立效仿的榜样。理科类课程对学生进行辩证唯物主义世界观、方法论以及求真务实的科学精神、尊重知识的态度和不断探索的勇气的教育。艺术课可陶冶学生之情操，激发他们热爱生活、美化生活的情感，以美育德。体育课能够培养学生的团队合作、规则意识和集体荣誉感等品质。信息技术课，应该突出网络道德教育，提高学生遵守信息道德、识别和抵制不良信息的能力。地理课通过祖国大好河山和各地风土人情，培养学生的爱国主义思想，通过人与自然的关系，培养学生热爱自然、保护环境、珍惜能源的意识。由此想到，陶行知先生早在20世纪30年代就指出：教科书应是“活的、真的、动的、用的”，而不是“死的、浮的、静的、读的”。各科知识如何把道德价值的社会标准加诸学校所使用的教材上面，这是十分重要的。在教学中，教师的教学行为应符合伦理要求，以儿童的心理变化和认知基础为依据，使德育方法具有针对性、感染性，要以道德的方式培养有道德的学生；要根据学科特点，采用交流讨论、案例分析、角色扮演等方式，发挥学生主体参与性；要对学生学习的目的、态度等提出明确而合理的要求，使学生养成良好的行为习惯。因此，教师要使每一个教学环节都成为德育的切入点，追求细节的完美，营造和谐的课堂心理气氛和德育环境，使学生过一种对自身满意和对社会有益的道德生活。

（二）创设班级的道德情境

道德境遇或处境，是道德主体在一定道德场所面临的道德选择形势和情境。道德情境是指具有准确道德定位和目标导向能诱发人们的道德体验而进行个人品德建设的具体的精神氛围与物质条件的统一体。而情境德育强调的是教育者根据教育目的和受教育者的身心发展特点，有意识地创设贴近受教育者生活实际的情境，引导他们融入其中，激励受教育者自主选择道德行为方式，并在情境中加以训练与体验，以促进受教育者道德内化和道德习惯形成。无论心理学领域中的弗洛伊德的精神分析理论、行为学习理论和人本主义理论，还是社会学领域中的结构功能主义、符号互动论、社会交换理论，都说明人类行为与社会环境的关系。那么，德育其实不存在“虚无化”问题，它是无处不在的无时不有的。无论在网络空间里，还是在街谈巷议中，所见所闻、所思所想都关乎人的道德意义的生成。通常情况下，班级道德情境主要包括教室布置、心理氛围、校规班约、人际关系、舆论导向、学习风气等。境为人所设，教师有责任设计有助于学生建构道德知识的班级情境，引导他们融入其中，激发智慧，体验道德行为，促进道德内化。让学生在情境中习德，其“境教”效果犹如“春风潜入夜、润物细无声”。环境体现的是一种暗示性教育，个体在暗示状态下往往表现出一些接近本能的行为，儿童的自然倾向与天赋潜能在快乐的环境中得以自然流露，其影响就越深刻越有效。一个和睦的班集体会让学生产生团结合作的情感体验，如果课堂生活是民主的，那么学生就会过民主的生活；如果在一个友爱的环境里，他就能学会关心他人。因此，教师要营造属于学生自己的健康、安全、有创意的情境，力求做到班级所呈现的生活是快乐的、有意义的，在愉悦中形成学生积极的道德体验。苏霍姆林斯基在帕夫雷什中学的显要处所，展有“伟大母亲”的众多画像，这样做的意图就是让“墙壁也说话”。班级中的道德环境是一种“道德场域”，这种“道德场域”会让学生身临其境、潜移默化，即所谓静悄悄的“无痕教育”。每个教师都应该努力选择、利用课堂中有教育意义的情境，创建一个充满生活气息的课堂道德生态环境，引领学生形成积极的道德体验和态度。值得注意的是，班级文化、课堂文化作为一种情境德育，要走出狭义的考试文化“怪圈”。

（三）建立和谐的师生关系

在班级各种人际关系中，师生关系是一种主导性的。师生关系是课堂教学和班级管理中影响学生道德生活最重要的起决定作用的人际关系。学生大多时间是在学校度过的，班主任是与学生相处时间最多的人，其每一句话、每一个眼神、一个微笑都影响学生成长，教师一言一行都会映入学生心田。班主任在与学生交往时，应善于观察和分析学生的性格、爱好和习惯，及时感知学生思想品德问题，根据不同的教育对象、不同性质的问题采用不同的教育方法。个性化教育的前提在于建立新型的师生关系，要让学生在与教师的相互尊重、合作、信任中全面发展自我，获得成功和生命价值的体验，并感受到人格的自主与尊严。从现实来看，学生与班主任关系往往易出现两极分化——依恋或敌对。可以说，一次教育失当，无论是成长性的损失，还是创伤性的损失，对学生成长来说，就是永远的遗憾，因为教育是不可逆性的。学生不喜欢某位教师就不喜欢这门学科，对于学生来说，这是拿教师的错误来惩罚自己。师生交往对学生而言，是一种亲验的学习过程。尽管教育空间要拓宽，但是老师和学生的心理距离要缩短。尤其，班主任老师在孩子心目中是权威，如果没有情感投入，就会陷于琐碎事务中，也很难想出创新的教育举措；如果以情感为纽带来做班主任工作，就会觉得其乐无穷，工作不会太累和烦琐。人是在活动关系中生成的，活动关系是学生道德发展的根本动力。生活意义中的课堂坚持活动关系生成观，强调活动关系是学生道德生命发展的主要方式。特别是，师爱会使学生感受到生活中的真善美和人世间理解、真诚的可贵，产生积极的情感体验，并内化为自己的道德品质。教师在任何时候都不应以居高临下的说教者身份与学生相处，而是要处处让学生感到亲切可信，使师生之间的沟通交流能落到实处，教师要通过自己的工作解开学生心灵的桎梏，使学生不仅在学业上获得进步，更在人格上受到熏陶。

沟通是人际交往的“润滑剂”，有效沟通能直接建立和谐的师生关系。陶行知曾说：“教育是心心相印的活动，唯独从心里发出来的，才能打动心的深处。”做老师的要像陶先生所说的那样，敏于发现机会，善于抓住机会，勇于创造机会，在构建和谐师生关系中起好示范、带动作用。班主任在学生面前“权威”的概念已经瓦解，师生矛盾和冲突常常是由于双方不理解甚至误解所致，从这个意义上说，班主任不要成为学生“最熟悉的陌生人”。班主任在与学生谈话、讨论问题或开设留言信箱时，只有用心倾听、巧妙引导、分享感受，才能有助于构建和谐师生关系。谈话要做到以诚待人，选好切入点，选准共同点，寻找共鸣点，抓住兴奋点，捕捉闪光点。谈话要学会换位思考，设身处地地从学生所处的角度、位置、环境去看待、理解和处理事情，领悟学生的所思所感所为。班主任对学生要一视同仁，不要怀有偏见。当学生在学习、工作和生活上需要帮助的时候，教师要及时地不厌其烦地向学生伸出帮助之手。例如，有的学校开展导师制、同伴互助、学生“问学”活动，不仅给学生发展“把脉”，而且给学生发展“开方”，关注学生健康成长。每个学生更希望班主任以朋友的方式与自己相处，做他们的良师益友。班主任在德育过程中尊重学生的主体地位，走近学生，以学生的思维去想，以学生的眼睛去观察，走进学生的心灵，拉近与学生的距离，让学生体会到彼此的关系是平等的、有益的，以此加强师生的真诚交流。班主任要追求一种师生亲和平等、充满情感但又蕴含着理性规范的境界，心与学生相通、情与学生相联。例如，某校梅老师曾经和一名学生发生过冲突，任性而叛逆的学生有许多过激的言行，在深深伤害老师的同时，自己的学习状态也急速下滑。梅老师经过痛苦而理性的思考，决定邀请该生及其父母吃饭，在饭桌上真诚地向学生道歉。这一举动使该生及其父母大为感动，学生也用面貌一新的改变给予了回应①。

第二节　着力营造优良的班风

班风是一个班级的精神面貌，它是通过全体学生的思想、言行、风格、习惯等诸方面表现出来的，也是经过长期教育和严格训练形成的。我们知道，建设良好的班风，能促进优良班集体的形成和发展，对班级每一个成员都产生积极的潜移默化的作用。如果说一个班级是一个鲜活的生命，那么，班风就是这个生命的灵魂；如果说一个班级是一个完整的圆，那么班风就是这个圆的圆心；如果一个班级是一支整装待发的队伍，那么班风就是这支队伍勇往直前的一面旗帜。魏书生在《班主任工作漫谈》一书中写道：班级像一个大家庭，同学们如兄弟姐妹般互相关心着、帮助着；互相鼓舞着、照顾着，一起长大了，成熟了，便离开了这个家庭，走向了社会。因此，要营造优良班风，建设温暖班级，让学校教育更有温度。

一、班主任身教重于言教

最好的教育莫过于感染，最好的管理莫过于示范。教师是一个班级规则、课堂规则的模范执行者，孟子说："挟泰山以超北海，

① 梅洪建．做一个不再瞎忙的班主任[M]．福州：福建教育出版社，1982：3.

非不为也，是不能也；为老人折枝，非不能也，是不为也。”教育有榜样，行为有遵循。现实中，感动学生的往往是道义的力量、情感力量、美的力量。班主任是班级的直接教育者和管理者，也是学生可信赖的人，是距离学生最近、是在校期间与学生接触时间最多、对学生影响最大的教师，是学生人生道路上的引路人；不仅需要关注每个学生的学业成绩，更需要关心学生在思想品德、人格、情感、心理、身体等方面的发展。社会心理学调查表明：一个班的学生在某些方面的风格往往与某一班主任教师具有很大程度的相似性，这种相似性是欣赏、学习和模仿的结果。班主任是班风建设的关键，在组织实施教育活动以及与学生交往中，班主任必须以“班级一员”的身份出现，率先垂范，以身作则。注重道德的感染力和榜样作用，因为观察学习和社会模仿是青少年获得关心人和体谅人品质的重要方式。为此，班主任要勤奋务实，做到腿勤、眼尖、脑活、言宜，让学生愿意与你交“朋友”，乐意与你讲知心话。班主任只有不断地提高自身修养，提高育人能力，才能把班级建设成一个朝气蓬勃、团结向上、有较强的凝聚力和荣誉感的优秀集体。行事先律己，从自身做起，要求学生做到的，班主任自己首先必须做到。比如要求学生要遵守纪律，不迟到、不早退，班主任在上课时，决不迟到；在集体性的活动中如周会、集会，决不和其他教师闲聊；规定学生校内不得骑车，老师一进校门就先下车，不管学生看到与否，要身体力行地做到这些。无数事实证明，教师的道德水准和人格魅力对学生的健康成长影响巨大。例如，陶行知先生是践行师德的楷模，他大力倡导“千教万教教人求真，千学万学学做真人”；他的一生成为“捧着一颗心来，不带半根草去”的完美写照。这为今天的教师树立了崇高的榜样。通常说，教师真诚的微笑是校园里一缕灿烂的阳光，然而有些班主任动辄就对学生发火，如言语辱骂、瞪眼睛、拍桌子等，这会给学生造成不好的影响。一个整天板着脸孔的教师，是不受学生欢迎的。教师鼓励赏识的语言能拉近师生间的距离，加深师生间的情感。一个期待的目光，一个友善的微笑，一个亲切的抚摸，一句鼓励赏识的话语，都会把教师的真爱传递给学生。除了班主任个人的道德修养、人格风采和知识水平直接影响每一位学生的思想道德和人格的健康发展之外，班主任德育能力对学生的道德品质发展也起着非常重要的作用。可以看到，班主任德育专业化能使得学生更好地成长与进步。

案例导读

记得初一学生刚入学不久，因为班额较大，学校领导决定重新分出两个班，我们班就是其中的一个，这些来自各个班的学生不理解学校领导的意图，认为他们自己肯定不好，才被分了出来，这两个班肯定是差班，所以，很多学生都是抹着眼泪走进这个班的。其中有一个学生第二天就自行把自己的桌凳搬出了教室，说什么也不进班，哭着苦苦地哀求我："老师，你让我回原来的班吧，原来的老师跟我可好着呢。"面对这种情况，我心里很难过，看着同学们那不情愿的样子，我就暗下决心，一定要尽我的所能，把这个班带好，我要让这些学生哭着进来、笑着出去。为了稳定学生的情绪，我首先以一种积极向上、不怕困难的姿态出现在学生面前，然后用我满腔的热情、勤奋的工作态度给学生树立信心，让他们看到希望。一段时间后，学生们开始信任我了，情绪逐渐稳定下来，各方面的工作顺利展开。我用我的实际行动赢得了学生的信任。

（摘自一位班主任老师的心得体会）

二、发挥学生集体的教育作用

班集体是学生最基本的组织，班主任的工作成效不仅与班主任个人的工作态度、能力和水平有关，还取决于教师群体与班主任的配合程度。马卡连柯曾说："哪里教师没有结合成一个统一的集体，哪里也就不可能有统一的教育过程。"集体对个人的影响是一种非常细致的教育方法，可以毫不夸张地说，这是一种存在于人们互相精神关系中的最为娇嫩与脆弱的东西。只有当一个精神最脆弱的人从自己绝大多数同伴的眼神里看到了一种对道德理想的向往，看到了他们一定要攀登美德顶峰的强烈愿望时，集体才能成为一种真正使人上进的力量。班集体中的人际关系是指集体成员在班级生活和交往中所产生的人与人之间的各种关系的总和。班集体人际关系既是一种涵融道德、责任、价值、规范的社会关系，又是一种体现集体成员之间感情、认识、态度、行为的心理关系。对于集体成员而言，这种关系是一种真实的、完全可以感觉到的文化心理环境，是班级生活中不可缺少的有机组成部分。班集体人际关系是一个有机系统，它不等于各个成员之间人际关系的简单相加，而具有与个体之间关系不同的性质、特点与功能。班主任除了做好协调与任课教师之间的关系，协调任课教师与学生之间的关系，还要开展协调学生与家长的关系。班主任应从走进学生的心灵切入，让班集体成为产生美好故事的地方。一个奋发向上团结友爱的班级，势必对学生产生很强的集体荣誉感；而一个纪律松散歪风盛行的班级，是学生易犯错误的温床。为此，班主任要构建一个有活力、有激情、有朝气的先进班集体，创造浓厚的学习气氛，以集体主义精神凝聚人，以正确集体舆论引导人，强化学生集体主义荣誉感，通过组织班级活动使班里成员意识到自身价值，增强主人翁责任感。

良好班集体为学生提供了成长的条件，其重要性在学校教育中不言而喻。班集体是一个平台，班主任的任务就是搭建、运营这个平台。要制定班集体相关规约，班规是班主任管理班级的依据，是形成良好班风的保障，是保证学习、克服不良习惯、促其全面发展的有效手段。叶圣陶说过："教育是什么？往简单地说，只需要一句话，就是培养良好习惯。"良好习惯需要一个合理的规范，班主任要掌握规范教育的艺术，制定适宜班规，灵活执行班规。班规是激励学生奋发向上的推动力，是约束学生行为的规章制度。同时，在集体教育中要注重发挥学生的主体作用。学生成长的真理是自我教育，一切学习本质上都是自学，一切教育本质上都是自我教育。要根据学生实际，引导、支持学生自主制定规则，逐步培养学生参与群体生活、自主管理、民主协商的能力，养成按规则办事的习惯，引导学生在学校生活的实践中感受集体力量，培养民主法治观念。班主任要真正地走到学生中间，把学生看作班级的主人，自己仅是一个组织者、一个参与者、一个鼓励者、一个关爱者，积极引导学生以适当方式讨论班级问题、参与团体实践。从现实来看，教师管理方式有两种弊端，一是"警察式管理"，一是"保姆式管理"。前者讲究纪律、安全、规范和服从；行为规范教育往往以"不准"为表达方式，以服从为条件，没有引发道德学习的需要。后者注重的是无微不至、包揽替代。

三、营造良好的班级文化

班级是学校进行教育教学的基本单位，是学生在校学习和活动的主要场所。班级文化是班级生活中的规范、价值、信仰和表意象征符号的复合体，具有内隐性特征。班级文化和舆论环境是对学生的认知、情感、态度、价值观等方面产生潜移默化的积极影响因素。美国教育社会学家杰克逊1968年在《班级生活》一书中首次提出隐性课程的概念，所谓隐性课程是以非强制性的教育内容，以间接的、内隐的方式呈现非正式学习过程的各要素，如师生关系、舆论氛围、学习情绪、课堂规则、校风、物质情境以及奖励方式等，是学生在显性课程以外所获得的教育经验。通常说，“久熏幽兰人自香”说明良好班级文化环境对学生成长的强化效应。班级文化建设要着眼于学生体验，着眼于班级活动的开展，做到“以制度为保障，以体验促情商，以活动促发展”，让每一个学生在班级中都感受到归属感和满意感。

班主任开发班级德育特色栏目，采用喜闻乐见的方式和内容，增强班级文化吸引力。例如，有些班级利用教室黑板报、公开墙，开辟心理健康教育、卫生教育、安全教育、法制教育、学生风采、班级之星、优秀笔记等专栏；有些班级的墙上贴着孝道礼仪宣传图片、警句、箴言、座右铭；开设留言信箱，让学生直接参与到班级德育工作中来，增强其主人翁意识；开设热点追踪，及时传递国内外最新消息，进行形势政策教育和咨询讲座；开设网上影视，进行生动的爱国主义、集体主义、社会主义教育。班主任精心设计班级标语，如“拼搏每一天、充实每一天、快乐每一天”等，班级里有激发上进的标语使得学生感觉到班级的温馨，也乐于学习，拼搏上进。李镇西老师在《教育呼唤民主、科学与个性》中写道：引导学生自我教育，也包括利用学生集体的健康舆论对集体中某个或某些“后进学生”施予积极的影响。在这种情况下，教师要善于巧妙地把表扬或批评转化为集体舆论的褒贬，让集体的每一个成员都意识到：自己有了进步，是全班的光荣；自己犯了错误，是全班的耻辱。他还多次在新学期开始第一天，让几个“后进学生”进行“看谁进步大”的比赛，期中语文考试时，让全班学生以《××进步大》的作文进行投票。由于学生们的作文只能写一位同学，这就使参加“后进学生”的比赛具有了竞争性，而且这种竞争随时是在学生集体的监督之中。由于学生的“选票”是考试作文，他们自然会认真对待，而这种“认真”必须体现为平时对那几个“后进学生”的细心关注。针对打扫完班级卫生后乱丢工具、放学后窗户没关就走、大晴天灯管开着却不以为然等情况，他组织开展了“勿以善小而不为，勿以恶小而为之”的主题班会，会上组织学生对小事该不该管进行辩论，还列举同学身边发生的小事造成的危害，最后得出结论：“一屋不扫何以扫天下”。有了正确的舆论，就会无形地支配集体成员的行为和集体生活，它是一种潜移默化的教育力量，这就是“破窗效应”。即是说，一幢有少许破窗的房子，没有及时得到修补，会出现更多破窗子；一个很干净地方，人们不好意义丢垃圾，但是如果地上有垃圾，人们就会毫不犹豫往地上丢①。心理学家温勒把个人所处的空间称为“场”，同一个人在不同环境里，可能出现不同思想和行为。环境仿佛是一只无形的手，改变人的思想和扭转人的行为。

第三节　开展班级活动和管理

班主任是学校管理的具体执行者，是班级管理的重要人物。凡是与学生有关的大大小小事情都要找班主任，可谓“上面千条线，

① 赵荣容，张静．润物细无声——品鉴国外德育智慧[M]．重庆：西南师范大学出版社，2015.

下面一根针”，事无巨细，千头万绪。据调查，目前班主任遇到的主要问题是：学生心理情感问题，如压抑、焦虑、偏激、封闭、叛逆；学生学习目标不明确，如缺乏学习动力和理想追求；学生缺乏责任感，如以自我为中心、漠视他人和集体；出现网瘾、早恋、厌学、与父母沟通困难；行为不规范和自我约束能力差等。

一、开展班级活动

生命在于运动，班级在于活动。班级活动是普遍的和有价值的集体教育方式。班主任应有目的有计划地组织和创新班级活动，让学生在活动中认识和处理自我与他人、与集体的关系，在活动中接受教育，在活动中释放学习压力，培养集体责任感和荣誉感，从而学会自我管理。除课堂教学活动以外，班级活动是一种以学生为主体和以满足学生的多种成长需要为核心而开展的活动，包括班会活动、团队活动、科技活动、社会实践活动、文化娱乐活动、参观旅游活动等。例如，某中学实行值日生、值日班长、值周班长、班干部轮换制。在高三阶段压力大的情况下，班主任必须寻找化解压力的方法，使压力变为前行的动力，比如开展班级主题活动——心理游戏《我》，在老师、家长、社会、同学等更多升学期待的压力下，有时若压力过大，无法承受，会因此产生极端行为。如果压力的作用方向一致，就会走向崩溃。老师、家长应想方设法，使压力变为动力，这样，学生进步得更快。再如，有些学生身陷网络世界之中，上课无精打采，作业不能按时完成等，班主任了解情况后，可开展一次角色扮演的活动，让沉迷网络的学生扮演老师，老师扮演沉迷网络的学生，看学生如何说服老师消除网瘾。通过角色互换的德育活动，给予针对性的帮助与指导，让学生自己认识到问题所在，提高自我教育能力，实现班级德育管理目标。这样的活动更贴近学生的生活实际，使班级德育更富有近距离、真实性和亲和力，让学生在活动中体验成长、感受进步。

案例导读

“为什么只有三票？”

一年级的小豪放学，见到来接自己回家的奶奶，眼泪就在眼眶里打转。奶奶问过以后才知道，原来是快过“六一”了，今天老师让同学们民主推选少先队员。因为自己没被选上，小豪很伤心，而且他只获得了三票。老师说，过半数的同学才能当选。回家的路上，一向活泼好动的他表现得很沉痛，他不断地找着“我为什么只有三票”的原因，于是猜想“是不是因为小朋友欺负人，我管了，他就恨我了？”“是不是小朋友喜欢我漂亮的铅笔，当时就应该送给他”……

回到家后，这个话题还没有结束。爸爸妈妈听说以后也很生气，因为之前班上已经选过一次了，有十名小朋友当选。小豪一向很听话，经常为班级服务，在学习上也很努力，家长对学校、班级工作也非常支持，他们百思不得其解。“为什么只有三票”成了一个困扰一家人很久的问题。

这个发生在身边的真实案例，正折射出班级民主选举的几个问题。

1. 民主选举的标准明确吗？

当民主选举越来越低龄化时，我们不禁要问：这些小选民具备选举的基本常识吗？他们知道自己的推选标准吗？具备客观评价他人的能力吗？如果标准不明确，孩子们举手表决的依据常常是在班级生活中，老师经常表扬和赞美的同学。如果班主任老师倾向于经常夸奖在学习上表现突出的孩子，那么在同学心目中选举的标准就是学习好。这意味着大部分在学习上暂时未表现出优势但其他方面优异的同学就失去了机会。显然这偏离了民主选举的初衷。案例中的小豪和他的家长，苦苦思索同学们不选他的原因，就是因为不知道评选少先队员的标准，也不知道自己哪里不够好。于是纠结于“为什么只有三个人选我”，有了很多想法。

2. 贿选问题怎么引导？

由于社会不良文化环境以及传统的官本位思想的影响，在班级民主选举的过程中，也融入了一些不和谐的音符。成人社会的不良贿选现象在班级选举中也有了儿童化的呈现。如：我选上了，你会有什么好处？选我就送你喜欢的文具或者好吃的东西等等。

案例中的小豪就是因为看到过同学送礼物、拉选票，所以才会把原因归结为“是不是小朋友喜欢我漂亮的铅笔，当时就应该送给他”。

在纪录片《请投我一票》中，记录了武汉某小学三年级民主选举班长一事。为了能帮助儿子赢得人心，候选人罗雷的爸爸妈妈请全班学生坐了一次轻轨，准备了中秋节礼物，让孩子们很开心，于是罗雷获得了大多数孩子的积极拥护。

3. 人情问题怎么理解？

重人情、讲关系是中国社会的一大特点。民主选举过程同样离不开人情因素的制约作用，所以选举结果往往会偏离我们的期望。在班级选举中，会出现能力平平的“好好先生”战胜有德有才而无人缘的候选人这样的结局。诚然，有着良好人际关系的班干部在班级管理工作中会获得更多的理解和支持，人情因素的存在有着一定的合理性，但是，如果纵容人情关系的泛滥，学生们的努力目标就会转向不得罪人，看见有人做错了也不敢管，听之任之，这样岂不是影响了班级的发展。

4. 没选上怎么办？

民主选举总是会制造出少数的失败者。对失败者来说，就得无条件地默默承受着民主给他们带来的强制性痛苦。选举后，老师一般只关注结果，忙于宣布“胜利者”名单，往往忽视了“失败者”的心理感受。

现在的班级管理中越来越渗透着民主的气息，学生们通过民主选举获得更多“我的事情我做主”的权利。不可否认，班级民主选举有着一定的积极意义，可以培养学生的民主意识，奠定他们民主品格的基础。但是，我们应该看到班级民主选举带来的不仅仅是积极影响，也带来一些迷失和思考。如案例中的小豪，面对落选是非常痛苦的，而且由于家长对选举结果的重视，无形中加大了孩子的压力，会让他在很长一段时间内处于苦恼和不自信的状态。为此，如何抚慰“失败者”的情绪，指导他们对失败进行正确的归因，学会正确评价自己，就显得尤为重要。

（资料来源：《中国德育》2016 年 8 月）

二、加强班级管理

从德育的角度来看，班级是以一个“德育场”的形式，在培养与发展学生思想、品德、情感、人格等方面发挥着系统整合式的教育作用。马卡连柯认为这种教育作用主要表现为个体之间的相互影响力、群体规范对个体的约束力、个性品质发展的内驱力以及班风等物质与精神环境对个体的感染力等。有效的管理班级，采取个人、小组、班级共生管理模式，班主任必须要在“严”“细”“实”三个方面下功夫，“严”就是要严格制度，严格执行；“细”就是要关注细节，精细化管理；“实”就是追求实效，落到实处。

（一）班级制度管理

“制度化”的班级管理，就是指在班级管理工作中共同遵守行为准则和制度要求，使得班级里各项工作有据可循、有章可循。班规是班主任管理班级的依据，是形成良好班风的保障；班规既是管理手段，也是教育力量。用班级制度和规范来约束学生的行为举止和学习活动，同时也能教育学生养成遵守纪律的良好习惯，对将来的工作、生活、学习都有帮助。良好习惯需要一个合理的制度。制定班级管理制度应做到：第一，职责要明确。把职责分工落实到每个学生，人人都有事做，事事都有人负责，共同管理，相互监督，保证班级工作有序进行，如建立班级事务管理公开栏，加强对班级卫生、纪律的监管力度，督促学生遵守学生日常行为规范。为此，班主任要勤快一点，多到教室和宿舍巡查，自习时间引导自主管理，帮助学生（特别是新生）养成良好的习惯。第二，赏罚要分明。在执行班级规章制度的时候，遵循公平原则。对于能够遵守规章制度的学生，班主任要给予奖励，这种奖励可以是物质的或者精神的，有的班主任赠送书作为奖励，有的班主任把优秀学生照片贴在教室风采专栏里，有的口头鼓励等。对于犯错误的学生，一定要处罚。班主任也要引导学生认识错误、改正错误，并且适时抓住教育契机，促进学生行为的改变和个人素质的发展。同时，减少校园欺凌和群体暴力现象。

（二）学生思想教育

教育是人的灵魂的教育，而非单纯的理智知识和认识的堆积。

这是教育宏大的终极旨趣。否则，你拥有的知识愈多，可能对人类、对生命的危害愈大。因此，班主任应结合学生思想的特点，利用丰富多彩的形式，精选贴近生活实际的内容，加强思想教育。其中，班会课是班主任开展思想教育的主要阵地，是班级最有魅力教育的最佳途径。一节成功的班会课融合了多种教育元素，是班主任德育能力的集中体现。从活动类型划分，班会可分为体验式、讨论式、表演式、叙事式和综合型；从主题类型划分，可分为日常主题、政治主题、阶段性主题、节目性主题、偶发性主体等。[①] 主题班会在统一学生思想、端正学生态度、规范学生行为、形成道德情操方面具有重要作用。因此，班主任在日常工作中，要深入到学生中，及时发现学生问题，挖掘班会主题素材和创意设计。例如，针对攀比心理（想要什么就有什么），开展健康心理教育；根据某些节日开展以“感恩”为主题的班会课，教育学生怀有感恩之心，譬如感谢父母、老师、社会以及大自然等。全国著名班主任张万祥认为：一个主题班会只是一次生命的感动，系列主题班会是一段精彩的生命旅程。在高考紧张情况下，他的班会课就是让学生笑，开怀大笑，既可以起到放松精神的作用，也可以达到缓解紧张学习气氛、融洽师生关系的目的，班会课的作用就像使机器得到良好运转的“润滑油”。全国著名班主任陈晓华认为：应抓住“八个一”教育，即寻找一个创意，经营一次活动，调适一种心态，假设一座桥梁，完美一次惩罚，练成一个同盟，打开一扇窗户，收获一份感动。例如，班主任可在班会课上用镜头把学生平时忽略的细节呈现出来，让学生自己感受。如用幻灯片先放映教室里整洁的画面，桌

① 教育部师范教育司．班级活动设计与组织[M]．北京：北京师范大学出版社，2008：36.

椅摆放得整齐，地面一尘不染，洁净光亮。然后，当画面转向学生的抽屉、凌乱的书籍、美味的零食、破旧的纸团时，简短的图片会让很多学生惭愧不已。经过一周教育活动后，学生的抽屉再也找不到一张废纸片了。这种班会课比起枯燥的说教，学生们更容易接受。

班主任应用真诚和鼓励来唤起学生的自信，少一些异样的眼光，多一些温暖的拥抱。问题生的“问题”总是反反复复，似乎难以根治，致使一些老师失去耐心。面对难管难教的学生，有的班主任感到没招了，接着随心所欲，出怪招，结果往往是教师憋着一肚子窝囊气，学生却很神气。学生进步和转化需要一定的时间和空间，穷追猛打和喋喋不休只会把事情弄糟，如果把学生逼到死角，还容易出事。通常来看，学生犯错，一味批评可能适得其反；居高临下的教育是没有用的，而硬碰硬的教育不但没有用，还会产生负效应。为此，班主任应努力寻找走进学生心灵的“钥匙”，一把钥匙开一把锁，实在不行滴点油，再不行就换个锁芯。如某一班主任给每位学生配备一个“心灵之约”本，用文字与学生进行心灵交会，给学生“心灵鸡汤”，借以矫正学生的偏激，纠正认识错误，完善学生人格。同时指导学生写“自强日记”，叙述生命中的故事，引导学生正确对待自己的生存际遇，不断生成新的人生境界。

案例导读

妙手回春

“我一看你修长的小拇指就知道，将来你一定会是纽约州的州长”，一句普通的话，改变了一个学生的人生。此话出自美国纽约一小学校长皮尔·保罗之口，话语中的“你”是指当时一名调皮捣蛋的学生罗尔斯。小罗尔斯出生于美国纽约声名狼藉的大沙头贫民窟，这里环境肮脏、充满暴力，是偷渡者和流浪汉的聚集地。因此，他从小就受到了不良影响，读小学时经常逃学、打架、偷窃。一天，当他从又窗台上跳下，伸着小手走向讲台时，校长皮尔·保罗将他逮个正着。出乎意料的是，校长不但没有批评他，反而诚恳地说了上面的那句话并给予语重心长的引导和鼓励。当时的罗尔斯大吃一惊，因为在他不长的人生经历中只有奶奶让他振奋过一次，说他可以成为五吨重小船的船长。

罗尔斯记下了校长的话并坚信这是真实的。从那天起，“纽约州州长”就像一面旗帜在他心里高高飘扬。罗尔斯的衣服不再沾满泥土、罗尔斯的语言不再肮脏难听、罗尔斯的行动不再拖沓和漫无目的。在此后的40多年间，他没有一天不按州长的身份要求自己。51岁那年，他终于成了纽约州的州长。

（三）班级组织建设

班集体不仅对学生具有管理职能，而且具有积极的自我教育作用。班干部是班级的“火车头”、是班集体的核心，班主任要选一些积极性高、有责任心、善于管理的学生来担任班干部。首先，欲要“善任”，须先“知人”。在接手新班时，要全面细致了解学生的学习成绩、思想品德、工作热情、组织能力等，进行“竞选演讲”，让愿意当班干部的同学给出“选民”信服的理由。其次，对班干部要进行培养。班干部无论在学习上还是纪律上都应当成为其他同学的表率，要严于律己、宽以待人，班主任要定期召开班委会议、了解情况、指导工作、布置任务、开展活动。再次，让学生成为班级的主人。班主任只充当顾问，班级各项活动如文体活动、公益活动、实践活动等让班干部来组织，班主任要预先了解活动方案，积极参加并进行引导，保证活动达到预期目标。活动后班主任要给予总结，对于出现的问题予以指出，对于优点要及时表扬、鼓励。这样既能让班干部认识自己能力，又能了解不足，逐渐培养班干部的独立工作能力。班级德育要体现民主化和个性化的特点，所谓民主化，即师生关系民主、学生集体民主，班级管理民主、课外活动民主；所谓个性化，即不要统得过多过死，要增强针对性、选择性。在班级管理中，班主任以“在场者”的姿态进入学生当中，提升自己的组织能力、观察力、感召力和艺术感染力。丁如许老师认为：成功的班级管理，是运用“晓之以理”的思想管理、“行之有规”的规范化和制度化管理、“动之以情”的情感管理、“贵在自主”的全员自我管理。

三、评价与指导学生

依据教育部制定的《学生综合素质评价方案》和“绿色评价”指标体系要求，班主任不仅要关注学生学业发展水平，更要发现并发展学生多方面的潜能，包括品德发展水平、身心发展水平、兴趣特长养成等。用科学评价引导班内小组竞争和合作，让评价服务学生成长与班级管理。学生们往往很在乎老师的评价，如果在不适当的场合以不适当的方式给学生不适当的评价，会伤害其感情、自尊，或会使之产生不公平感和不满，或会使之产生被忽视、被抛弃的印象，这些消极反应最终会发展为对德育的抗拒。这就需要班主任公正评价，用不同的“尺子”来衡量学生，用宽容的心态去接纳学生，用公正的胸怀去关心学生。《跟苏霍姆林斯基学当班主任》一书中有一段话：对教师来说，惩罚学生、批评学生需要非常慎重，这个道理是比较容易明白的。但是，可能许多教师并没有想过，表扬学生同样也是一门艺术。在很多时候，不恰当的表扬所产生的负面作用并不亚于惩罚。正确的评价可能会改变一个学生，如黑格尔在家庭影响下报考神学院，打算毕业后从事当时颇受人尊敬的牧师职业。可是，一位大学老师的评语改变了他的命运："你记忆力强，判断力健全，文字通顺，作风正派，神学成绩平平，但语言知识丰富，在哲学方面有天赋且十分努力。"后来，黑格尔真的转入哲学研究并获得巨大的成功。同时在评价中恰当运用语言的艺术，如诗句、格言、故事、笑话、寓言、小品甚至俏皮话、双关语等，如果能运用得当，那么不仅会改变思想教育生硬呆板的形象，增强教育的可接受性，还能让德育给人以美的享受。例如，对成绩好遭嫉妒而烦恼的学生，某一位班主任的评语是：被人嫉妒是幸福的，如果回头纠缠这种嫉妒，又是不幸的。又如，对学习无动力、态度不端正的学生评语是：知识成就人生，学习改变命运，细节决定成败，态度决定一切。

案例导读

威廉·詹姆斯说："人性中最深切的心理动机，是被人赏识的渴望。"十九世纪末，美国西部的密苏里有一个坏孩子，他经常偷偷地把石头扔向邻居家的窗户，还曾经把死兔子装进桶里放到学校的火炉里烧烤，弄得到处臭气熏天。他九岁那年，父亲娶了继母，父亲对继母说："你要好好注意他，他是全郡最坏的孩子，他可让我头疼死了，说不定会在明天早晨以前就向你扔石头，或者做出别的什么坏事，让你防不胜防。"继母好奇地走近了这个孩子。当她对孩子有了了解之后说："他不是全郡最坏的孩子，而是最聪明的孩子，只是还没有找到发挥他聪明的地方。"继母很欣赏这个孩子，在她的引导下，他的聪明找到了发挥的地方，后来成了美国著名的企业家和思想家。这个人就是戴尔·卡耐基。

学生在学习生活中不可避免会出现各种各样的问题，如学习落后、人际关系搞不好、早恋等，班主任不能横加干涉、粗暴指责，而应有效指导。首先，学习方面的指导。班主任工作应该在“全人”教育思想指导下，依据学生个人特点和发展需求，在心理辅导、家庭健康教育、教师团队发展中提高育人能力。例如，某女同学成绩差，非常困惑、茫然、焦虑、自卑，不知道自己为什么成绩上不去。通过班主任观察，走访其他老师、同学之后，了解到她一方面基础差，应付各科作业很吃力；另一方面白天时间利用不充分，晚上开夜车，导致白天学习时精神不振，上课玩手机，时常打瞌睡，陷入恶性循环当中。为此，指导她树立信心，养成良好学习习惯；确保学习精力，向课堂要效率。其次，心理健康方面的指导。班主任开设心理健康课和专题讲座，通过问题辨析、情境设计、角色扮演、知识讲座等，以活动和体验为主，帮助学生掌握一般的心理保健知识。矫正学生心理行为问题包括：学习适应问题，如考试焦虑、注意力不集中、厌学等；情绪问题，如抑郁、恐惧、紧张焦虑等；常见行为问题，如多动、说谎、打架、胆怯等。心理健康辅导活动的步骤包括：多引导、少教导，多心知、少认知，多交流、少记录，多理解、少判定，多升华、少概括。一项调查表明，在知识能力方面，学生均值高方差小；在价值观方面，学生均值低方差大。由此可见，教育不能培养成绩越来越好，情感越来越冷漠的人。目前，学生抗压能力普遍堪忧，一旦遭遇挫折，往往容易滋生心理问题。但相比挫折教育，多数家长更青睐“赞美教育”与“鼓励式教育”，更愿意给孩子“甜枣”。例如，结合“5.25”自爱日，开展心灵导航教育，有的学生遇到心情不好时，选择听音乐、打篮球、跟好朋友倾诉或选择唱歌等。再次，择友交友指导。幸福人生不是取决于金钱财富，而是取决于社会关系。朋友是很多社会关系中的一种，拥有朋友，快乐有人分享，悲伤有人分担，你就不会太悲伤。学生在自我认识过程中，往往需要借助于他人参照。应基于学生品德发展和个性方面差异，合理安排座位、关注其同伴交往。班主任应帮助学生寻找“重要他人”，“重要他人”对学生行为习惯、生活方式及价值观形成起重要影响作用。对于青春期学生来说，在异性交往方面，注重引导学生情感的控制。在交友中，加强学生自尊自爱教育。调查表明，80%以上学生有不同程度的孤独感，其中，人际交往能力差是降低他们自信水平的重要原因。在自媒体时代，多数人生活在自己的小圈子里，碎片式电子阅读，扮演小时代的主角，俨然成为“局外人”。特别要加强学生网络时代自律能力教育，正确对待网络社交圈。

第四节　善用“闲谈”中的德育价值

《词典》对“闲谈”的定义解释为：没有中心地谈无关重要的话。这里，所谓“闲谈”是指在自由轻松氛围中的一种平等、平常、平和的对话方式，具有“对话、谈话”之意。它没有很强的严肃和明确的主题，但它的优势在于“闲”，而“闲”的技巧又在于自然、适时、巧妙。“闲谈”作为一种德育方式或手段，蕴含着一定的道理、思想和情感因素，凸显交谈者双方的融洽性、对等性和合作性。相对于课堂正规教育来说，在学生自由时空中进行“闲谈”教育所获得的德育价值不可忽视。它能在师生互相信任和友好中完成某种德育任务。

一、“闲谈”教育的可能性和必要性

说话和讲理是人参与共同体生活的最重要、最基本方式。共同体生活方式是由成员共同认可的正义标准来治理和确定的。与动物相比，人类具有更大的自由变数和不可预测性，需要通过语言交流来互相理解。社会生活共同体首先是话语共同体。教师在课堂中常感叹：“直面说理越来越难奏效了”，那么，德育如何走向现代青少年学生心灵深处，让他们产生感动，并进而自觉行动？这是教育者应该不断思考和追问的问题。现实中，学生在应付各种作业、考试之余，乐于网上自由交谈，我们不妨把“闲谈”作为一种德育方式或手段，开展“闲谈”教育。

（一）“闲谈”教育中德育发生的可能性

“闲谈”往往是在自然状态之下进行的，学生易于接受，从而避免德育任务对于学生来说似乎总是“被接受”、“被灌输”的状态。相对于课堂教学来说，它是一种间接性德育和非强制性要求。毋庸置疑，道德认知不一定都是在课堂里被教会的，在闲谈中往往也能学到很多书本之外的知识。在自然状态下发生的道德教育，其影响具有随机性、浸染性、深远性、愉悦性特征。如历史上著名的“孔颜乐处”事例，就是在一种轻松自然的氛围中，孔子和学生们自由对话，学生获得道德知识和智慧。中国古代许多没有上过学的人主要是通过与父母、长辈谈话来获得知识和教养的，譬如在谈话中教你“必须做好人”等道理。亚里士多德说过：闲暇出智慧，闲暇是生命的自由空间。即是说，闲暇中是可以培养学生灵性的。“闲谈”与学生精神成长是有关联的，“闲谈”是教育主体之间以相互尊重、相互信任和相互理解为基础，以寻求真知、意义创造和建构个体完满的精神世界为目标而进行的一种平等交流、互相沟通的过程，从而达到教育主体之间以及个体与人类文化之间生命精神能量的转换，促进个体生命质量的不断提升。

客观而论，当前青少年学生有时不愿与教师或家长说真心话，鉴于此，作为教育者，可能不知道学生真实想法、情感困惑和价值观念等。然而，他们乐于在网上聊个没完，那种网上言说方式可能是更贴近学生心理需要的一种交谈。课堂上教师一本正经的训导，或家庭里父母苦口婆心的说教，对于这样的晓之以理，学生往往听之弃之，似乎缺少道德内化的心理基础。尽管学校教育活动可谓精心设计、耗力费时，但学生难感动、少感悟，甚至对过多的正面说教往往会有叛逆心理。在教育过程中，传统意义上的德育有时很难产生与学生心灵的“共鸣”，经常出现“刀枪不入”现象，致使有些学生着实让老师感到难教难管，甚至感到无赖。一般地说，教师和家长对青少年的要求往往是正面教育，教育者角色处于居高临下的地位，其实际效果与教育者的重视程度或期望值有时不成正相关。究其原因，可能缺少真正彼此之间信任的情感交流基础。如某学校周一晨会，开展国旗下讲话20分钟，学生听进去多少？他们急于要回教室。有人说，做老师失败的，就是课堂上既不允许学生插嘴，又希望学生有好的表现；做学生失败的，就是既不认同老师的观点，又怕得不到那想要的好评。因此，不妨换一种方式开展德育，“闲谈”也许是学生易于接受的一种教育。谈话中，教师可以发现学生思想品德存在的一些问题，及时帮助其改正。

日常生活中，教师与学生沟通可以是聊天式的，聊天可以聊到心坎上，让学生敞亮心胸、淬炼心智、开悟智慧。学生利用学校网站以及教师或班主任个人微博、微信等平台进行交流。当然，沟通前提是尊重和关爱学生，尤其是后进生、学弱生等特殊群体。确立育人为本的现代学生观，需要教师引导、关爱和宽容学生。大家知道，德育是要指向并关照人的精神世界，从而预防或规避一些错误行为。学生接受教育影响有直接和间接途径，或者说，有来自于显性课程资源和隐性课程资源。有些时候，间接教育途径或隐性课程资源能起到比直接途径或显性课程资源更好的育人效果。闲谈既可以在办公室或教室里与学生谈话，也可以在校园生活中进行，当学生最有兴趣的时候，也是能敞开心扉的时候，此时教育得以发生。之所以师生间闲谈能被学生接受，是因为老师放下架子，蹲下来与学生平等沟通交流。值得注意的是，闲谈不“闲”，寓教于谈，发挥引导教育作用，不是漫无目的。

（二）“闲谈”教育中德育发生的必要性

随着青少年学生年龄逐渐增长，自主性增强，自控时间越来越多，交往空间也越来越大。在学校生活中进行“闲谈”教育既是必不可少的，也是十分必要的。

首先，它对缓解学习压力、培养健康人格和形成良好品德会有重要作用。由于考试压力的存在，学校德育活动往往被挤占，德育方法没有贴近学生需要，致使学生的精神生活始终受到困扰，人格发展不健全，人生观价值观发生偏差，甚至走上邪路。通常说，青少年学生的成人比成才更重要。在考试压力下，学生学得很辛苦，但是通过与学生“闲谈”，引导他们对学习的兴趣，对人生态度和社会问题的关注，可以减少其心理负担，这是课堂教育往往不能产生的实际效果。现实生活中，老师和家长都希望孩子学业好，却忘记了孩子成长中的快乐和健康；加之，由于某种不当的溺爱、偏爱或失爱，导致有些学生缺少自律意识、包容性差、不能吃苦等问题。教师或家长对学生或孩子的期望值都很高，经常唠叨，致使他们产生厌烦心理。许多学生受到各种情绪障碍和行为问题困扰，有时对教师和家长的要求或规劝采取抵抗态度，如作业应付等。在这种情况下，闲谈可以调适情绪、放松心情，成为学生乐于接受的教育方式。此外，同伴或同学间的闲谈也同样存在一定的教育价值，因为人际交往是影响青少年人格发展的因素之一。由于隔代监护产生溺爱、寄养监护产生偏爱、无人监护产生失爱等问题，因而学校里会有些“特殊儿童”群体，主要问题是成绩落后、缺少自律意识、人格形成缺陷、行为容易出轨、网瘾大，上课睡觉、讲话、玩手机，表现出厌学、违纪、情感缺失等心理障碍。他们在校尊重师长，关心同学，在公交车上却往往抢占座位；在学校品学兼优，但在家里刁蛮任性。教师要特别重视在部分“特殊儿童”中闲谈的德育价值。

其次，增进师生情感和彼此信任。通常情况下，误解是因为不了解，隔阂是因为没有交流。传统观念中“师者易倨，徒者惯恭”，这一倨一恭的心理距离成为沟通的障碍，教师依靠地位的权威将某些观点强加于学生，去束缚学生思想和行为。现代学生渴望与老师像朋友一样真诚平等地交流，而不是高高在上，教育者要放下架子，多和他们闲谈，给他们一些温暖、自信，会说话，接地气，聚人气。一方面，面对面沟通，注意观察他们的表情和状态；另一方面，通过电话、QQ、短信等方式进行交谈，了解学生内心的世界和情感特征。在闲谈中，教师学会倾听、学会赏识、换位思考，需要用心去激励、真心去交流，发现学生“亮点”“闪光点”，然后用温馨而富有人情味的话语去叙说，使学生通过话语而感到老师的关怀。为了在话语中激发学生情感，对每个学生应抱以良好的期待与祝愿，让学生感受到谈话中真正的师爱，从而引起深刻的情感体验，产生自尊感，拉近师生之间的距离。在闲谈中，赋予学生“话语权”，鼓励他们积极表达自己的想法。深入性谈话策略有助于澄清道德问题，帮助学生做出理智的抉择。例如《论语》中最典型的记录是孔子曾两次与几个学生一起谈论“各自之志”，在与颜渊、季路讨论中，记录两人的所言处世之道，孔子也表达自己的志向“老者安之、朋友信之、少者怀之”，在与子路、曾皙、冉有、公西华讨论中，闲论治国之志，孔子听完各自的志向，不作是非评论，只是表达让大家各言其志而已。事实证明，教育的活力来自于教育过程中对人的尊重和关爱，通过创造性“闲谈”教育来激发学生们对道德学习的需要，做到释疑增信。

二、在学生中开展“闲谈”教育的方法

由于“闲谈”的“确定性”与“待定性”，这就体现教学目标中的预设与生成关系的处理。对师生来说，“闲谈”教育中的问题，不仅是内容的选择，同样也是方法的选择。教师在闲谈中要学会静谈细考，引领学生运用一定的价值标准评价自身或他人行为时所产生的情感体验。

（一）重视“闲谈”教育中的价值观教育

价值观是指对人生和世界的一种看法，一方面表现为价值取向、价值追求以及凝聚价值的目标；另一方面表现为价值评判的尺度和准则。如果价值观错了，那么对道德生活中许多是与非、好与坏，都会得出截然相反的结论。道德教育是素质教育的核心，知识和能力发展需要建立在品德基础上，品德显然比考试成绩和分数更重要。从终身教育和人的成长来看，有德的学生才会人生幸福，才会有所成就。正所谓“德本，才末”。诗人但丁也说过：“道德常常能填补智慧的缺陷，而智慧却永远添补不了道德的缺陷。”① 但是，

① 转引自张端然．给孩子最高的德商教育[M]．青岛：青岛出版社，2013：25.

长期以来，“学习好就什么都好”成为学校教育的唯一评价标准，于是，在产生“高分低能”之后，又产生了“高分低德”现象。现代青少年学生不是缺少聪明才智，而是缺少精神和信仰。因此，德育是补学生精神的“钙”，立德树人就是将我国社会主义核心价值观融入“闲谈”教育之中。在闲谈中应侧重学生诚信、孝敬、理想、公正、责任、仁爱、谦让等德育内容。例如，某数学老师和学生谈到家中的用水量，一个学生诚实地回答，家里几个月用水量都一样，水表不转，结果引来教师的嘲笑。教师只关注学科知识应用和考试成绩，却未尽到育人职责，这个学生很可能以后再也不讲真话了。“闲谈”教育中，教师需要用心教育、用情教育、用智教育，不仅要教给学生知识和技能，更要培养学生的健康人格和理想志趣。教师只有对学生思想进行摸底，寻找一些学生比较关心的话题进行讨论，让学生在有话敢说、有话可说的碰撞下，才能形成主导性观点，在体验与感悟中引导学生形成正确的人生观、价值观与行为规范。我们知道，道德叙事由来已久，按照孔多塞的话来说：“在最初的时代里，教育纯粹是家庭的。孩子们跟着自己的父亲受教育……孩子们从他那里接受的，既有关于形成本部落的历史和家族历史的少量传说，也有他们中间所流传下来的各种神话，以及构成他们粗糙的道德的那些民族习尚、原则或知识。”① 正是在这样的过程中，人类通过叙事逐渐学会了生存技能，建立了道德规范，长辈通过向子女、后代讲述那些故事来传递为社会所认可和推崇的价值与规则，传承了人类文明，并且将人类文明向前推进。

---

① ［法］孔多塞．人类精神进步史表纲要［M］．何兆武，何冰译．北京：三联书店，1998：25.

（二）善用警言故事明理导行

经典故事往往是以道德作为永恒的主题，是对社会所需要的道德观念的宣扬，如《三国演义》中关于刘备“仁慈宽厚”、“躬行仁义”的故事，诸葛亮“贤臣”的故事，关羽“忠义”的故事；还有汉代路温舒披蒲编、公孙弘削竹简等。音乐家用歌声和乐器“讲故事”，画家用色彩和线条“讲故事”，舞蹈家用自己的肢体语言和形体“讲故事”。故事越精彩，听的人就越有味，受到教育越深刻。每个人都是听着故事长大的，又都是故事的讲述者。学生们听故事如同在聆听一位智者细细阐述教育的真谛。一个个生动的教育实例，一段段精辟的理论分析，如同黑暗中的一盏盏灯，照耀学生前行的道路。故事很小，启迪很大，如德国的瓦尔特·本雅明（Walter Benjamin）在《说故事的人》中说到故事性的教育，提及小故事中蕴含大道理，小故事里有大智慧。可以说，有故事的教育是成功的教育。从现实或历史中，以唯美的眼光欣赏电影、小说、网络中的故事，讲好以道德榜样为主要内容的中国故事、以“哈佛家训”为主要内容的世界故事、以师生生活为主要内容的校园故事。例如，富兰克林年轻时特别高傲，走路总是趾高气扬。有一次他去拜访一位有名的教授，不料在进门时不小心被门框狠狠地撞了一下，额头出现一道红印。富兰克林狼狈不堪，一边搓揉撞痛的额头，一边非常生气地盯着比一般住所要矮很多的门框。这时教授从里面走出来，笑着对富兰克林说：“年轻人，撞痛了吗？如果你要懂得生活，你就必须学会在该低头时低头，这才是你今天到这里来的最大收获。”① 讲好励志故事，比如，为了培养学生有坚强的毅

① 潘静．哈佛家训[M]．汕头：汕头大学出版社，2008：70.

力，讲老虎为什么能称王的故事；为了说明学习的意义，讲大黄蜂能飞的故事。面对犯错的学生，有故事的教育者就会想到陶行知“四块糖果”的故事，面对一次失败就放弃的学生，想到发明家爱迪生的故事，面对一次次教育都无效的顽劣学生，想到国际巨星席维斯·史泰龙的故事，等等。美好的故事是通过雅斯贝尔斯（jaspers. k.）所说的“个体之间富有生命的交往”而产生的，这就是“心灵与心灵的沟通，灵魂与灵魂的交融，人格与人格的对话”。人文教育就是阅读伟大心灵留下的伟大著作，阅读经典就是把经典作家当作特殊的老师，这样的老师往往是学生“一辈子都没有机会遇到的，而是只能在伟大的著作中遇上”①。所谓经典通常指历史上流传下来的典范的、权威性的著作和典籍，如宗教、哲学、法律、史学、文学、艺术经典，绝大多数经历了漫长的历史洗礼，往往给人类提供了最基本的价值目标、制度设想、道德规范、审美标准，并由此型塑出人类的各种生活方式，从而构筑起人类文明。经典是文明的载体、历史的象征、人类的精华、灵魂的指引。向经典学习，不是老师独语，更不是老师向学生灌输的想法，而是学生们带着自己的问题意识在倾听老师，他们一方面向老师请教，一方面不断形成和提出自己的想法。有趣的故事让学生懂得做人的道理，例如，剧本《天下归心》提倡回归孝道，孝道的设立是为了对付人类身上“蛮性的残余”，蛮性的残余是文明人不道德的主因之一②。古今中外经典故事数不胜数，挑选适合的故事，通过故事来寓理，就能起到明理导行的育人作用。例如，诚信教育故事有季札挂剑、宋濂借书、李苦禅烧画、李嘉诚对乞丐的承诺、里根按期归还父亲的

---

① 徐贲．阅读经典[M]．北京：北京大学出版社，2015：15.

② 石破．孝道与蛮性[J]．南风窗，2014，(15)：30.

借款等。再看“谦让教育”的故事：有一天，在草地里，一个巨蟒和一个猎豹同时看见附近一只羚羊，于是各自都在想，要独占羚羊，就必须把对方消灭，瞬间展开了激烈的搏斗，双方死死地咬住对方，谁也不愿放弃，最后争霸成你死我活的场面，下场是极其悲惨的。羚羊发现后迅速离开了。如果当初一方离开，或双方协商共同分享，就不会有死伤的结局。这说明了不懂谦让的代价。再如，如何进行自主创业教育？这里，我们不妨看外国的故事：一位犹太人母亲带三个孩子去以色列谋生，跟孩子说，我们生活处境很困难，该怎么办？因为母亲的信任和求助，他们都不辞劳苦地加入当地卖春卷的生意，艰难度日。等孩子长大了，她把三个孩子叫到身边说：“现在承诺在几年后每人送一样东西给我，而且放在我手上”，于是，大儿子答应给房子钥匙，二儿子答应给车子钥匙，小女儿答应给首饰盒的钥匙。为了兑现承诺，他们努力工作。大儿子在钻石交易所工作，在上海浦东买了一套房子；二儿子开跨国公司，买了一辆豪华汽车；小女儿上大学打工为她买了一串首饰。更让母亲高兴的是成为千万富豪的孩子们都很节俭。因此，针对青少年学生心理特点来说，德育方法应从“知识”转向“故事”，从“灌输”转向“对话”，从“大道理”转向“小细节”，从“感悟”转向“践行”。用学生的语言、经常说的话，用中国故事、身边的事、学生明白的故事，使德育落细、落小、落实。这是解决学非所愿、学无所爱问题的根本。

（三）注重话语感染性和针对性

儿歌、童谣、谜语、童话故事、美文欣赏、儿童日记、儿童作品等，洋溢着浓厚的童趣和童真，充分体现出适合儿童和为了儿童设计的学习材料的特点，一改原来成人式、说教式、命令式叙述方式，采用对话表达方式，增强话语感染性。“闲谈”是自然地，把主流价值观融入日常的生活叙事和知识叙事之中。在“闲谈”中，需要教师以情感情、以情唤情，用和蔼可亲的语气与学生谈话，使学生产生信任，建立情感交流的基础。开展“闲谈”，需在品德迷失处、心灵忧郁处、质疑问难处、喜讯进步处，适时提出教育的要求，注重启发和引导学生，对争执的问题开诚布公地各抒己见，帮助他们正确地看待问题，调控情绪。教师话语要具有吸引力和说服力，切不可采用“告状式”“埋怨式”“训斥式”的谈话。有教师认为要做到“四说”和“四不”。“四说”，即说优点、说进步、说鼓励、说喜欢；“四不”，即不恶意告状、不批评、不一味指责、不盲目失望。在对话中用“倾听”去“拥抱他者”，特别是对调皮、内向或者叛逆的学生，更要老师多沟通、多耐心。有时候，过往的苦难经历不能成为说服现代学生的理由，如电视剧《家有儿女》里，爷爷为了忆苦思甜给孩子做野菜吃，孩子们觉得好吃，并且说以前太幸福了。教师不仅仅要关注学生学业的优秀，更要关注其心灵的成长，因为生命的本质是平凡的，让学生成长为内心充实、乐观向上的人，这是关系他们一辈子幸福的真谛。如果学生平时听到的都是训斥、挑剔、责备甚至挖苦，一个小小的过错就被教师抓住不放、没完没了地进行批评，他就会觉得自己很失败，就会否定自己的能力，产生自卑心理，进而失去对学习和生活的热情。此外，“闲谈”教育需要一定的条件和语境，需要彼此真诚的心态。只有产生和借助于某种信赖关系，才能在心胸开放的自我表述中展开心灵沟通，克服年龄和成熟程度等方面的差异。谈话中，教师应以自身教育素养引领和组织谈话活动，注意学生表情、举止，特别是某些异常表现或反应，适时开展德育。

“闲谈”作为一种非正式的谈话，不同于“闲聊”、“唠叨”，它是在自然的轻松的环境中进行的，达到真实真诚的思想情感交流。它可以作为现代德育方法的有益尝试，使德育真正走向一种“对话教育”。其德育意蕴在于引起学生精神共鸣，从而使心灵得到慰藉，增强亲和力，避免教师单向独白的说教和学生被动静听的局面。

第二篇 提升教师的德育素养

导语：教师是推动学校教育教学改革与发展的主体，承担教书育人的根本职责，教师又是“会说话的教科书”，是学生最直接最经常最深远的一种影响源。教师职业的特殊性表现在教师作为人类价值的载体，其本身就是道德教育的有力工具，教师自身的德育素养对德育效果有着直接影响。不同学科教师都承担道德教育的任务，只不过教育内容和方式不一样，比如历史课教师结合中华文明史讲解来进行爱国主义情感教育，体育课教师适时开展团队合作、拼搏精神和集体荣誉感教育等，再说，小学教师是全科型教师，应从孩子的整体发展出发来考虑教育教学内容，不应以单纯的学科为出发点来设计教学。育人先育师，要把立德树人作为学校根本任务，把思想品德作为学生首要素质，不断提升教师德育专业素养和人格魅力，使其成为培育和践行社会主义核心价值观的示范者和引领者，在贯穿融入上下功夫，在落细落小落实上见成效。教师专业伦理对德育素养提出规范化的要求，教师德育素养是由德育知识、德育观念、德育能力、德育智慧构成的，这四要素相互促进、共同生成。教师德育素养与德育效果有密切的关系，比如，德育知识决定一个教师的气质、趣味、眼界和价值观念，这自然会影响德育质量。提升教师德育素养主要通过教师人格塑造、师生交往、课堂教学、师德评价、实践研修等途径来进行。教师评价在肯定社会道德规约功能的同时，更强调教师道德人格提升的内在自觉。改进教师职业道德考核评价制度，激发教师创新热情，需要用有效的评价来保障。一般地说，教师对职业标准的认同感和义务感取决于他们在教育过程中承担多大责任、获得多少信任，教师会以自身高水平的专业知识和专业道德去实现这一承诺。针对不同教师的需求，可以确定不同德育素养提升的途径和方略。当然，选择提升教师德育素养不同途径，也应考虑不同的侧重点和不同维度。这些对于广大教师来说，可能会有不同效果。因此，抓学校德育工作，就一定要提升教师的德育素养，做到以德示教、以德立教。在师德教育中，走向实践、走向师本是当前提升教师德育素养的必然趋势。

第四章　教师德育素养的构成

一般地说，德育素养是指一个专业教师在教育教学中具有的丰富的德育知识、正确的德育思想、敏感的德育意识、有效的育人方法和自觉的德育能力。教师德育素养不仅是一种德育知识、能力、智慧，更是一种德育角色、责任和追求，它是学生健康成长的重要手段，是教育质量持续改进的关键因素，是教师专业伦理发展的必然诉求。针对不同专业或年龄阶段的教师，提升德育素养有不同要求，特别是要关注和提升新上岗教师和农村教师的德育素养，将道德教育、课堂教学、教师发展融为一体，全面提升道德教育能力。

第一节　德育知识

《辞海》中给“知识”的解释是：人类认识的成果或结晶，包括理论知识和经验知识等[①]。朗特里（Rowntree. D.）在《英汉双解教育辞典》中将“知识”定义为：个人通过生活经验与教育获得的信息与认识的总体[②]。可以看出，知识是一套系统的经验；是一种

① 辞海[M]．上海：上海辞书出版社，1990：1952.

② 朗特里．英汉双解教育辞典[M]．赵宝恒等译．北京：教育科学出版社，1992：239.

被社会选择或组织化了的经验，而不是纯粹个体的精神产品；是可以在主体间进行传播的经验，既可能是显性的，也可能是隐性的；知识是可以帮助人们提高行动效率、更好达成行动目的的经验①。《墨辩》中提出三种知识：一是亲知，二是闻知，三是说知。亲知是亲身得来的，就是从行动中得来的；闻知是从旁人或书本那儿得来的；说知是推想出来的知识。知识是多样的，不仅包括客观化、精确化、专门化的知识，还包括隐默化、意含化、体悟性的知识。有学者从知识观的角度对知识进行了分类：即事实性知识、方法性知识、价值性知识。苏格拉底曾把知识分为实利性知识（涉及实用和利益的知识）和德性的知识（关于道德的知识）。这两种知识有什么差别呢？简单地说，道德的知识不“实用”，俗话说，它不能当饭吃。但道德的知识也不是那么的不“实用”，因为道德的知识也是实践的知识——是关于人的行为自身的知识。有人批评现代部分教师存在着有知识没文化、有技能没常识、有专业没思想的问题。可见，仅有学科知识，没有通识知识是不够的。与其他知识相比较来说，德育知识更多地具有文化性、价值性和历史性特点。德育知识是对德育本质和青少年品德教育过程的认识以及学校德育经验的描述，它是以德育学科领域为研究对象，按照专门术语和方法建立起来的概念一致、逻辑严密、结论可靠的专门化知识体系。教师的德育知识是教师有价值目标的行动知识，是经过学习并亲身体验产生的，是对课堂教学环境“细脉”的把握。当然，知识不等于智慧，但智慧离不开知识，将知识转化为智慧，是教师在实践中体验并感悟的一种创造性过程。德育知识主要体现在两个方面内容：一是“德”的知识，一是“育”的知识。

① 石中英．教育哲学[M]．北京：北京师范大学出版社，2016：111.

“德”的知识主要是关于道德方面的知识，是对道德本源、意义、内容、特征、评价标准等的认识和叙说。汉语中德也称道德，“道”可以理解为道路、引导、生长，“德”有虚心、容纳、养育之意。德是指人对“道”的领会与理解，指人的德行、品德，是对合理的行为原则的具体体现。道德是一定社会——文化中价值体系的一个层次，旨在规范人们的道德行为。虽然出于善良意志的行为可算是道德行为，但德行反复练习达到一定程度后，才转化为个人的德性，成为“有道德的人”。道德具有先天性、可塑性、直觉性、多元性特征，人是社会基本元素，而道德是为人之本，处世之基。孔子认为德是由“仁、义、礼”三者构成。德是做人的极高境界，它不是与生俱来的，需要后天不断努力才能习得。《道德经》中说：“道生之，德蓄之。”在传统道德哲学中，“德”与“得”相通，《说文解字》中说：“外得于人，内得于己也。”强调的是个人为“道”具有主观色彩的理解和把握。就其意义来说，道德是与人类生活相携相生、紧密相连的，其旨趣在于发展人而不是规约人；就其内容来说，观点不一，有人认为知识是美德、有人认为实践是美德、有人认为和谐是美德，等等。基于我国传统文化，道德价值的核心内容是廉耻、宽容、仁爱、尊重、诚信、责任、孝敬、公正等，它承载着中华民族基本价值追求，是优良民族精神、崇高民族气节、高尚民族情感和良好民族礼仪的总和。在中国，“德”的概念除了道德知识外，还包括诸如思想、政治、法纪、心理健康方面的内容。道德知识的学习既是可能的，也是必要的。可能性是因为人具有向善的本能，带有先天道德文化的遗传“因子”，知善并能行善，如孟子认为：仁义礼智，非由外铄我也，我固有之，弗思耳矣。必要性在于人的品德主要是在后天环境影响和教育引导下产生的，个体的道德发生是基于体验而成长的，道德认知定势往往对道德判断标准和道德性格倾向有一定影响。毋庸置疑，作为一种生存智慧的道德知识必定有助于人德性的生成，当然，判定和实践道德行为还要诉诸情感和态度的因素。

“育”的知识是关于人的德性培养方面的知识，是建立在对道德哲学和德育心理学认识基础上的，是唤醒和培育人们对义务感和道德良知的追求。对学校来说，主要是指德育的存在形态，如直接德育、间接德育。苏格拉底发明出来的 Education，是三个词根的拼写，前面那个“E”是向外的意思，“duce”是引导，“tion”是名词，意指教育是引导人们对社会环境的适应。泰戈尔曾说：“教育的目的应当是向人传送生命的气息。”因此，教育之“育”应该从尊重生命开始，使人性向善，使人胸襟开阔，使人唤起自身身上美好的“善根”。所谓教育就是把一个人的内心真正引导出来，帮助他成长成自己的样子。教育应该是倾听孩子的声音，帮助他成为他自己，帮助他在未来生活中找到他要的幸福。教育是使人类本性得以满足的手段，人类获得幸福的能力既非依赖于谋略，亦非取决于侥幸，它蕴藏于人类自身，与人类的基本才能联系在一起；教育的宗旨在于：每个人，即便最低下的人，都应当获得最起码、最朴素的智慧。教育，无论对教师提升而言还是对学生成长来说，都应该是润物细无声的自然，而且需要一个不动声色、潜移默化的过程。作为教育者，我们要时时提醒自己守住一颗朴素的教育心。我国古代德育有“内求说”和“外铄说”，目前国外具有代表性的德育模式，如科尔伯格的道德认知发展模式、纽蔓的社会行动模式、麦克费尔的体谅模式，还有罗杰斯的人本主义思想、诺丁斯的关怀理论等。“育”的知识表达形式一般有两种：第一，理论的知识。涉及德育科学的概念、原理、方法、范畴、命题以及学科内在联系。理论知识是以青少年品德形成规律为基点，对我国学校德育问题做出系统的、多角度、多层次的剖析，为提高德育实效性服务，从授受知识、启迪智慧、润泽生命的过程中展示个体生命的意义，让学生在诗意般的德育中成长。尤其，在新媒体条件下青少年价值取向、交往方式、评价标准、道德行为等发生一系列变化，培养适应现代社会道德主体的人，促进道德内化机制生成应是德育的基本任务。处于不同年龄段的青少年具有不完全相同的身心特点，同一阶段的青少年，其身心发展状况和思维方式也不相同。为此，把握品德发展差异，开展有效德育研究，就可以取得事半功倍的效果。此外，针对品德结构的不同划分，人们提出了主知说、主情说、主行说、主意说等观点，采用晓之以理、动之以情、导之以行、持之以恒、绳之以纪等不同方法。第二，经验的知识。经验知识是一种行动策略知识，在某一时期内对德育典型案例的认识，具有实践借鉴意义。长期以来，中外教育家们在实践中积累的丰富德育经验，可以说是德育原理殿堂中的“瑰宝”，如孔子的仁爱教育目的论、榜样示范方法论、因材施教原则论，陶行知生活教育理论与实践，还有现代一些德育学者探究的德育模式和实践经验，如情感教育论、道德体验论、制度德育论、活动德育论、文化德育论、情境德育论等；在国外，亚里士多德提倡和谐德育思想，苏霍姆林斯基主张政治信仰与道德教育的统一，班杜拉提出社会学习论（人的道德行为是社会观察、模仿来的）等。

德育知识对于学校德育来说是十分必要的。具体地说：第一，任何德育活动都需要理论知识指导。理论代表着研究者的理想，而理想又是对现实的纠正或改造。德育知识的掌握具有对学校纷杂德育现象的解释力和德育实际改善的提升力。与此同时，德育知识也随着时代发展和文化差异有不同内容和价值取向，例如，文化变迁与学校德育改革、学生品德素质评价、新媒体环境下自律教育、学生公民道德教育、公平正义与责任教育等课题。只有提高德育研究的科学化水平，才能不断创新和发展具有中国特色中国气派的德育理论知识。第二，提高教师品德素养。教师比其他职业的人更要具有良好的品德素质，教师教育中道德教育远比知识、技能教育更重要。现代人可能都忧心“道德危机”的问题，即缺乏一套具有公共权威而又深入人心、引起共鸣的道德规范、道德理想。大家知道，在古代，多数人所受到的道德（政治）教育远比我们现代人要多得多。只不过这些人所受的道德（政治）教育的方式在古代并不称之为“教育”，而是称为“宗法”制度。在古代，法律与道德（宗教）乃至习俗没有分离，因而，宗法、宗教制度本身就起着如今所谓的“教育作用”。宗法（宗教）“教育”是通过制度来实施的，不是一种学堂式的教育。有人认为，道德的好处是阻止人堕落，道德保证人成仁，但不保证人成功。做好事不是一个人的义务，但做好人一定是一个人的义务。也有人说，德育不能安排人的生活，却能成就人的道德生活追求；德育不能左右生命，却能提高生命的质量；德育不能克隆美德，却能造就道德上成熟的人。应该看到，如果智商高德商低，那么高智商就可能成为犯罪率高的人群。

第二节　德育观念

观念是一种思想表达。只有观念更新才能引起方法的变革，带来理论与实践的创新。德育观念是德育知识积淀的结果，主要包括主体参与、实践体验、情境介入和协同育人等。德育是由一系列德育活动构成，其中，大量德育现象和问题都存在着价值问题，需要教师对其做出价值评判，形成一定的德育价值观念。不难看出，教师有没有德育观念，或者说，德育观念是否正确，是否能跟上时代发展的要求，这是一个事关整个德育过程全局性的问题。事实证明，教师具有了正确的德育观念，就会使德育产生良好的教育效果；相反，观念错误或落后了，就会使各种德育活动遭到扭曲，甚至产生不良效果。教师（德育工作者）作为德育过程的主体，只有对德育活动的性质、结构、内容始终有清醒的认识，才能根据德育目的需要不断地调节自己的活动，不致使德育影响停留在自发的盲目的水平上。这首先就要求教师具有师德观，即必须热爱教育事业，做好本职工作，严于律己、率先垂范、做学生表率。具体地说，师德规范应以爱岗敬业为核心，正确处理好教师与教育事业、学生发展、自身名利的关系，要具有德育责任心，这是教师职业责任感在德育活动中的表现，是对自己承担的德育任务的一种自觉承诺和信守。德育责任心不同于德育兴趣和热情，是教师在一定德育观念驱使下，用坚强意志力所调控的德育义务和权利的集中表现，是对德育工作的一种自我鞭策能力。只有具备德育责任心，德育任务和活动才能具体落实到位。

一切行为是在思想观念下发生的，现代德育应强调以下几方面的观念：

一、主体参与的观念

主体性可看作是个人在道德教育上的自我努力，是道德行为主体在其品德发展中自觉能动性的表现，具有自主性、能动性、创造性、发展性特征。道德在本质上是一种自主、自觉、自律的行为。林语堂先生曾说：“今日的教育根本以书为主体，非以人为主体，责之以不能养出社会上活泼有为的人格，岂非等于问和尚借木梳、问尼姑借篦栉一样无理的要求吗?”蒙台梭利认为：“教育就是激发生命，充实生命，协助孩子们用自己的力量生存下去，并帮助他们发展这种精神。”陶行知曾说，“接知如接枝”，从自己经验里发生出来的知识做根，然后别人的相类似的经验才能接得上去。德育效果通常是与受教育者参与程度呈正相关的，即是说，只有自我教育的教育，才是最好的教育。学生既是生命活动、社会文化、自主超越和完整个体的存在，更是以知识和经验学习为主的理性存在。教育不仅使受教育者接受某种道德知识，而且要激发其内心需要，让他们在主动体认道德过程中，焕发主体意识，担当道德责任，进而自我建构德性。如果我们不能尊重和发挥道德主体性，就不可能达到“入脑入心”的效果。在德育中，把尊重学生的道德主体作为基本理念，强调的是通过学生在教师指导下的自我教育来发展对道德问题的分析、判断、评价以及实践能力。自主参与道德教育意味着教师不但要鼓励学生自主自为的活动，而且要创设适合学生发展的德育活动情景。例如，曾有一位建筑设计师在设计由三幢大楼组合在一起的办公楼时，设计的三个出入口都没有表明连通的小道。大楼竣工后，他要求工人把大楼四周的空地上都种上草。夏天过后，草地上被进出大楼的人们踩出了三条小路，走得多的宽一些，走得少的窄一些。于是，建筑设计师就要求工人沿着人们踩出的路，铺就了通向大楼的人行道。这个故事告诉我们：教育，在有着明晰目标的同时，更是一个“顺性而为”的过程，在帮助学生“认识自己”的同时，“让他们快乐地成为他自己”。德育人本化趋势正是这一思想的体现，从而克服传统德育中“人学空场”现象的“痼疾”。同样，科尔伯格认为人的道德观念是通过与环境相互作用经由个体不断思考而自我构建出来的。可以说，具有道德主体人格的人，当道德规训与个体生活相冲突时，能够做出正确的选择；当面临道德困境时，具有践行道德的勇气和力量。

二、实践体验的观念

道德实践是道德知识的生长点。有人提出活动道德论，即是说，在活动中通过活动而且为了活动的道德教育，试图克服学校知性德育窄化问题，突出道德教育的实践性特征。德育的实践走向，就是对德育实践本性的重新确认，意味着德育具有鲜活性和现场感。在我国公民教育过程中，推行公民社会行动计划，就是通过学校与社区的联动，让学生参加社区活动，在实践活动、志愿者行动中实现自我认知、自我体验、自我建构，达到公民道德教育的目的。刘惊铎提出了体验是道德教育本体的哲学命题。所谓体验是心理活动的一种带有独特色调的觉知或意识，是心理的一种主观感受。道德体验要深入到学校、家庭、社区、自然之中，向生活世界、自然世界和体验者的心灵深处全面开放，引起人的生命感动，领悟到生态体验是一种臻于圆熟的道德境界。通过角色扮演或体验活动引导学生道德感悟，从而培养对道德的敏感性。对于中小学生而言，德育的吸引力在于活动，在丰富多彩的校园活动中育人，如校园文化艺术节、各种庆典活动等，活动还可以向校外延伸，在社区服务中、在创业指导中、在公民行动中育人。实践体验要引导受教育者不仅明确道德生活中的需要、价值、理想、信念，而且明确道德权利与责任，养成良好道德生活的智慧。对于教师来说，应德智并育，树立“没有爱就没有教育、没有兴趣就没有学习、教书育人在细微处、学生成长在活动中”的德育观念。例如，用游戏体悟习惯的力量，用视频感受坏习惯的危害，让学生畅谈好习惯的益处，引导学生培养好的习惯，让学生在体验感受中升华认知和情感。以美文、美图、音频、视频让学生明确学习的目的，让学生感受同伴优秀方法的引领，让学生理解永不放弃是最好的方法，给学生以心灵的震撼。

三、情境介入的观念

一般来说，文化情境具有陶冶心灵的作用，人类是文化情境中的生物，文化情境模塑和决定着人的品德生成的可能性。教师要创设贴近受教育者生活实际的情境，引导他们融入其中，以境育人，激励他们自主选择道德行为，并在情境中加以训练与体验。教师要强调德育过程的情境化，就必须创设课堂道德文化，体现德育人文关怀和人文意境。特别是，德育情境要具有审美性和艺术化，在欣赏中完成价值选择力和创造力的培养，这正如檀传宝教授所说的欣赏性德育，让道德学习在欣赏中完成。苏霍姆林斯基说过：对美的感受能在少年心灵中产生一种极其敏捷的力量，使之成为刚毅果敢、宽宏大量、心地善良而又十分热忱的人。如果一个人在他童年没有领悟到人的心灵美的话，他就不可能成为有教养的人。此外，还可通过人际或社会情境问题讨论，来促进学生道德思维能力发展。教育是一种有教师参与的以学生为主体的学习活动，教师与学生之间要形成一种同边促进的教育关系，引领、促进学生品德健康成长。例如，李吉林的情境教育论，通过以生活展现情境、以实物演示情境、以图画再现情境、以音乐渲染情境、以表演体会情境、以语言描绘情境，让学生在诗意课堂中求知、在情趣课堂中享乐，真正体现出德育的意蕴。譬如，在执教古诗《小池》一课时，让学生闭上眼睛，沉心静气，自己用优美的声音为学生描绘一个初夏池塘的美丽风光。老师娓娓道来：“在美丽的初夏，泉眼珍惜地流出一股清澈透明的泉水，倒映在水面上的浓密的树荫喜欢这晴天柔和的风光。嫩绿的荷叶刚刚露出尖尖的小角，一只只调皮可爱的蜻蜓就急忙落在上头。”这里，运用语言描述情境唤起学生的想象，引发学生体会夏日美景的情感，自然会收到很好的效果。

四、协同育人的观念

学生品德形成往往来自多方面因素影响，是立体辐射的结果，而绝非单一力量能完成的任务，需发挥多方参与、多员参与的共同作用。古人进行伦理道德教育，尤重在家庭中开展，这个做法至今仍具有合理性。这是因为，人从一出生开始，首先面对的就是家庭关系，正是在家庭教育之中，孩子从父母，特别是母亲身上，学会了如何处理好这些基本的伦理关系。因此，古语讲“闺阃乃圣贤所出之地，母教为天下太平之源”。如果一个孩子在家里接受了母亲言传身教的影响，知道如何去孝敬父母、友爱兄弟、与人和睦相处，形成了谦恭有礼、严谨诚信的态度，培养起孝悌忠信、礼义廉耻的品德，走上社会之后自然知道如何与领导、同事、朋友乃至与陌生人和谐交往。正是因为传统社会重视从家庭（族）开始就进行伦理道德教育，因此我国流传下来很多家规、家训，如《颜氏家训》《了凡四训》《朱子治家格言》等，“国有国法，家有家规”也就成为人们耳熟能详的俗语。现代学生品德发生发展变化比较复杂，来自不同方面的影响，教师只有潜心研究，探求规律，才能熟练运用多种德育途径和方法，形成课内课外、校内校外相结合的德育合力。因此，从横向上来说，应构建学校、家庭与社区和谐德育体系，做到目标一致、管理协调、内容互补、资源共享；从纵向上来说，应以幼、小、中、大各学段德育的实践形态为中心，依序分层构建各学段德育目标、内容、途径、方法、管理和评价体系。

当然，先进的德育观念具有恒久思想魅力或无限生机，需经由年代的“淘洗”。毋庸置疑，观念的形成需要一定社会的客观条件和个人主观磨炼，需要长期的学习和实践积累，是一个逐渐完善的过程。学校德育应把具有民族文化传统和体现时代精神的观念统一根植于教育者头脑之中。

第三节　德育能力

如果说德育知识和观念是提高德育效果的前提条件，那么德育能力则是实现德育目标的现实基础和中小学道德教育实践的客观需要。一般认为，能力是指人完成某一项活动的心理特征，包括一般能力和特殊能力。一般能力由智力、想象力、创造力、思维能力、记忆力、语言表达能力、观察能力等组成。其中创造力是教师劳动的创造性特点决定的，教师的工作对象是活生生的学生，学生在接受教育时表现出各自的主观能动性，教师必须创造性地进行差异德育。例如，温克里温关于评价教师能力和工作的内容：（1）掌握学科内容，如专门领域知识、广泛的课程学科知识；（2）教学能力，如交流技能、课堂管理、课程开发、课程评价；（3）学生评价，如测试、评分、报告；（4）专业素养，如伦理道德、教育态度、履行职责、了解学校以及学校相关事宜；（5）个人为学校和社区服务①。特殊能力是指从事某种特定工作所具备的能力。未来学家丹尼尔·平克说，人未来有六种技能：设计感、讲故事的能力、整合事物的能力、共情能力、还有你需要会玩、你需要找到意义感。未来社会中最核心、最优秀的一群人，一定干着像“产品经理、导演、旅游设计师”一样的工作，这种人文和科技交融的职业，才是未来的大趋势。对教师来说，德育能力是教师专业能力之一。德育能力是指

① 王斌华．发展性教师评价制度［M］．上海：上海教育出版社，2005：31.

运用个人知识、经验和智慧，把握、引导和控制所有影响学生思想品德发展的因素，使之朝向德育目标形成的个性特征。简单说，教师的德育能力就是教师优质高效地开展道德教育所必备的知识、技能、技巧及活动方式。它是各种能力有机组合而成的综合体，既包括认识成分，也包括实际操作成分。其具体内容有组织班级活动能力、了解研究学生能力、指导学生品德发展能力、说理疏导能力、心理健康教育能力、师生交往能力、行为诊断与监管能力、整合各种教育资源能力、自我调控能力、德育科研能力、运用信息能力、规避育人风险能力等等。对于班主任来说，应具有“指导管理、协调沟通、危机应对、班团建设、心理调适”核心能力和“信息处理、演讲口才、活动组织、个人才干”辅助能力。在某些方面，当前学校遭遇德育悬置，教师面临德育能力恐慌的问题。例如，心理健康指导诊断能力，面对青少年学生生活、学习、就业等多种竞争压力，不同程度地存在着心理障碍和心理疾病，教师要善于开展心育，有针对性地进行心理咨询、心理健康指导，增强学生心理保健能力、环境适应能力和免疫能力，从而促进人格正常发展，以开放心态坦诚对待自己和别人，在社团中建立共生协作能力。善用教育资源能力，教师要构建班集体人文关怀环境，开展入学教育、学风教育、实践教育等有针对性、新颖性和吸引力的主题教育活动，培养学生学会锻炼自己、敢于创新。再如，运用信息能力，学校不再是封闭的教育场所，而是处于知识信息和开放社会的综合影响的基地，教师不但要熟知校内教育行情，还要广泛深入参与社会实践，开掘信息渠道；不但要指导学生接触社会适应社会的能力，还要指导学生接受和过滤各种信息的能力。知识是能力的基础，人的能力主要从实践中培养和发展起来。为此，实施德育名师、名班主任培养工程，通过名师工作室或开展精彩课堂、精彩活动大赛培养名教师；通过“三魅力”大赛培养名班主任，即通过教育故事演讲、展示教育人格魅力，通过即兴答辩、展示教育智慧魅力，通过个人才艺表演、展示教育艺术魅力。

第四节　德育智慧

智慧是一种有智识的美德，也是一种使其他美德成为可能的美德。智慧的要义在于处理事务时做出正当而又恰当的价值选择。智慧有助于已经形成的行为在变化了的情境中做出正当而又恰当的选择。德育智慧是教育者在实践中对于德育知识的自然而灵活的运用、对于德育规律的深刻把握、对于德育问题的敏锐反应的一种综合性创造能力的体现，它涵盖知性智慧、情感智慧和实践智慧三方面。德育智慧更讲究处理复杂事件的一种技巧和能力。可以说，德育智慧是教师德育专业知识与能力素养、情感价值、教育风格等综合特质的一种反映，既是专业伦理过程推进中的一个重要维度，也是其专业成熟的重要标志。知性智慧是教师在学习基础上对德育现象的一种整体感知和直觉反映，需要在教育中增强道德敏感性意识，关注学生道德情感体验，发挥直接德育和间接德育的整合效应。情感智慧是教师对职业的热爱和道德责任感的品质，需要教师有专业性向、职业理想、道德操守，出于情感的动力，往往会亲近、悦纳学生，产生事业奉献和责任担当，例如，对学生关爱是教师情感智慧形成的重要基础，是构成情感智慧最为核心的内容，如果缺少这样一种情感，即使有再深的理性认识，教师的个体智慧也称不上是真正意义上的教育智慧。实践智慧则是在经验积累、实践感悟、行动反思的基础上形成的行动策略和实际操作，对道德两难困境的正确抉择，对道德行为的自觉践履。中小学德育课程应该是实践性的课程，而不仅仅是知识与观念的讲读；德育课程的实践智慧让学生拥有追求美好自我与生活的动力及能力，让生命在其中涵育、发展。在一个文化多元、信息开放的时代，面对青少年丰富复杂的精神世界，德育就是要为现代人的心灵寻找一个“家”，点燃心中的“烛光”。德育智慧的价值在于促进学生良好品德的生成和发展。针对学生实际道德需求，采取有效的德育策略，将关爱、公正、良心、诚信、尊重、责任这些德目细化、明晰具体的要求，分层设立，分类推进，整体融合，促使教师保持对学生、对教育、对社会充满热情和探索精神，培养学生道德主体的自律能力和德性的自觉追求，从而走向诗意化德育的境界，克服道德教育中存在的边缘化、外在化的痼疾。所以，德育智慧是德育科学与艺术高度融合的产物，是教师探求德育过程规律基础上长期实践、感悟、反思的结果，也是教师育人观念、知识学养、情感与价值观、教育机智、教学风格等多方面素质高度个性化的一种综合体现。德育智慧是一种良好教育的内在品质，表现为教育的一种自由、和谐、开放和创造的状态，也表现为真正意义上尊重生命、关注个性、崇尚智慧、追求人生幸福的教育境界。它既是教师教学工作达到圆润贯通、自由和谐状态的基本标识，也是教师应该不断追求的目标。作为教育的一种内在品质，德育智慧应当渗透、内化于包括师生教育活动及教育目的、教育价值、教育过程、教育环境、教育管理在内的一切方面。事实上，智慧不够、经验不足难以解决德育问题和走出德育困境。

对于教师来说，一方面，应形成自己的道德智慧，道德智慧是指选择正确道德行为、建立和谐师生关系、处理道德两难困境、达到至善目的和实现幸福人生的一种品质；另一方面，应形成教育学生的智慧（德育智慧），德育智慧需要在不断的学习中积累，需要在综合学养提高的基础上提升。只有不断拓宽视野、面对现实解决问题，才能生成新的智慧，从而不断地提高教育素养。作为一个老师，不是告诉学生具体走何种道路，而是告诉他们该怎么走路，陪着学生走路，而不是在前面给学生带路，甚至背着学生走路。当然，做一个智慧型的班主任，并非一件简单的事情，也绝对不是一件只凭空想就能够做到的，它至少要求有一颗充满好奇的心，同时，也包括对教育的深刻理解和一种神圣的使命感，有教无“累”。因此，学校应该提供一个宁静的、适合思考的环境，面对新情况新问题，审视现象、追问事理、探寻规律、寻求真谛、自成语境，这是生发教师德育智慧的关键。古人所说的“宁静致远”，深刻揭示了智慧生成的内在道理，在浮躁的状态下，智慧是不可能得到发展的。此外，教师还要善于实践，勇于实践，在实践中不断搜集材料，总结实践经验，掌握德育技艺，从而形成自己独特的德育风格。反观课堂和校园中的道德状况，需要唤起教师德育热情、激发德育意识、培养育德能力、提升教育智慧。只有教师对学生充满激情，对自己的教学工作具有较强认同感，从而培养习德兴趣，在学校中的道德教育才更有效。

总之，德育的成效是教育者丰富的德育学科知识、先进的德育观念和高超的德育智慧的聚合。德育知识的积淀是德育观念更新和智慧生成的基础，知识的教学靠方法，知识的坚持靠实践，知识的发展靠创新。知识是靠理解和记忆来掌握的，而观念和智慧则更多地需要思考来掌握。德育知识、观念和智慧共同构成了教师完整的德育素养，以此纳入教师专业发展的内容，这必将引导教师自觉担当起青少年学生成长中的德育职责和使命。

第五章　提升教师德育素养的策略

提升教师德育素养是一个进阶式发展的过程，也是一个持续突破“高原期”的过程，没有“休止符”。德育素养提升途径多样，既需要制度保障和政策导向的外生动力，也需要个人的自觉努力和实践磨炼内生动力。内生动力是教师为寻求满足某种心理需求而参与的活动，外生动力是为了获取某种奖励或避免惩罚而产生的行为意向活动。从某种意义上说，只有不断提高教师德育素养和职业涵养，才能走出德育困境。

第一节　通过人格塑造来提升德育素养

道德人格既是一种重要的非权力影响力，也是教师不可缺少的一种职业人格。教师人格魅力是一种有效的德育资源，蕴含着育人价值，具有强烈的感染力和示范性，能创造出一种轻松愉快的教育情境。好教师宽严适度，既严格又有分寸；既能发现学生缺点，更能看到学生优点。可以说，一个好教师就是一所“德育学校”。

一、教师道德人格及育人价值

“人格”在拉丁文中，解释为演员等戏剧人物的面具（persona），意指每个人在生活舞台上公开的自我。道德人格是指人格在道德方面的规定性，是个体在一定的生理心理素质的基础上，在一定的社会历史条件下，通过社会实践活动形成和发展起来的比较稳定的行为倾向和生活态度，它是由价值目标（动力和导向因素）、价值原则（准则因素）和道德责任心所构成的统一体。其评价的基本尺度是独立性、平等性、尊严性。道德人格的完善则指主体自主做出的道德决定在道德实践过程中不受任何阻碍地被实现的状态或境界。而教师道德人格是指教师作为一种特定的社会角色所表现出的道德面貌和品质，是教师在自己的职业活动中表现出来的稳定的道德理智、道德情感、道德意志和道德行为方式。其内容包括尊重理解学生，勤奋踏实，开拓进取，作风正派，有社会责任感，言行一致，自尊自信，正直公正，宽厚仁爱等互相促进的有机整体。在我国传统教育思想中，教师道德人格讲的是一种安贫乐道、清廉守节、无私奉献的君子人格，现代教师道德人格更多地表现在专业水平、情感特征、道德情操、意志品格、职业认同感、生活态度、责任意识、价值信仰和人生阅历等方面。而教师道德人格魅力在于审美的、情感的、感染性的，是学生喜闻乐见的德育影响力，恒久弥深，对学生道德心理建构会发生整合效应。

道德教育从本质上讲是一种浸润学生灵魂的教育，也可以说是一种人格、生命、完整生活质量的教育。青少年学生正处于道德感受性最敏感的时期，是社会性依恋、归属情结的奠基时期。重视人格在学生道德教育中的地位与价值，并且以道德人格来表征人的德性生成，是一种极具感染性的德育式样。一方面，道德人格是师德素养的内容，是教师本体价值的标志；如《周礼》中称“师者，人之模范也”，这是对教师职业道德和精神的期盼。另一方面，由于教师人格是教育活动的中介或工具，所以又具有工具价值，是德育的一种手段。一般说来，成功的教师具有温和、理解人、友好、负责、有条不紊、富于想象力和亲切热忱等人格特征。教师的人格魅力，对青少年学生道德情感发展和美好心灵的形成，具有不可忽视的作用。有感染力的教师不仅能使学生更好地接受知识，而且还会使学生无意识地接受教师人格魅力影响。优秀教师之所以被人怀念，是因为他们的美德和人格魅力，而不是他们的管理能力。

从实践来看，凡成功的教师，无不以人格之光照亮学生的心灵，潜移默化地影响着学生人格。无论是苏格拉底、苏霍姆林斯基、乌申斯基，还是孔子、陶行知、鲁迅，他们的人格魅力都深深地影响着学生，产生着巨大教育力量。这种人格魅力来自于崇高品格、渊博学识，正如植物有趋光性、趋水性一样，学生也具有“向师性”特征。孔子说：“其身正，不令而行；其身不正，虽令不从”；韩愈说：“以身立教”；乌申斯基说过：在教育中，一切都基于教师的人格，因为教育力量只有从活的人格源泉中产生出来，只有人格才能影响人格的形成和发展，只有性格才能影响性格。教师在教学、做事、活动、研究中都具有示范作用，是学生模仿和学习的榜样。苏霍姆林斯基指出：“在教育中，一切都基于教师的个性，因为教育力量仅仅来自于个性这个活的源泉，任何规章制度和纲领，任何人设置的机构，不管它设想多么巧妙，都不能取代教育事业的个性……没有教育者个人对受教育者的直接影响，就不可能有深入人性的真正教育。只有个性才能影响个性的定型和发展，只有性格才能养成性格。”① 再如，我国著名教育家张伯苓，1919 年之后相继创办南开大学、南开女中、南开小学。他十分注意对学生进

① 苏霍姆林斯基．苏霍姆林斯基选集（第 2 卷）［M］．北京：教育科学出版社，2001：114.

行文明礼貌教育，并且身体力行，为人师表。一次，他发现有个学生手指被烟熏黄了，便严肃地劝告那个学生：烟对身体有害，要戒掉它。没想到那个学生有点不服气，俏皮地说：那您吸烟就对身体没有害处吗？张伯苓对于学生的责难，歉意地笑了笑，立即唤工友将自己所有香烟全部取来，当众销毁，还折断了自己用了多年的心爱的烟袋杆，诚恳地说：从此以后，我与诸同学共同戒烟。可见，教师的人格对学生人格的形成能起到培育、引导、感染和促进作用。人格之所以具有强大的教育影响力，是因为它有直接的示范性，即教师以自己的人格品质、行为表现等给学生树立榜样。教师无小节，处处是楷模。有人说："学生的心灵，就如长长的胶卷，教师的一言一行、一举一动，都会在上面'感光'，留下永久的印迹。"这一切都通过学生的眼睛在其心灵的底片上留下印象，这种耳濡目染、潜移默化的影响逐渐会成为学生人格品质的"基因"，学生从教师的人格中寻找可以参考的准则。教师呈现给学生的应是真实人格的一面，譬如实事求是、表里如一，这样使学生感到真实亲切，学生从中受到启迪，增强德育的可信度、吸引力和有效性。因此，增强教师在人格方面的表率、示范作用，应成为教师理想道德人格的根本指向。

教师的人格魅力对受教育者的影响无处不在，久远地萦绕在学生的心中，影响着受教育者的思想、行为，甚至是人生幸福道路的选择。它像种子一样撒播在学生心田，迟早会在学生的精神世界里绽放出灿烂和美好。一个好教师，不仅表现在对学生的教育教学效果上，也表现在严格自律和良好的自我形象上。充分发挥这一影响力的作用，对学生的德育具有重要意义。一个教师具备了良好的学品、师品、人品，也就树立了崇高的师表形象，进而成为学生敬仰、效仿的楷模，以教师人格教育学生人格。学生愿意接近有道德的教师，有道德的教师是善良、公平和正直的，对学生有较高的期望值，能够认识到教师与学生之间的职业界限并保持适当的距离，在与学生交往中，教师行为应该是道德的和尽责任与义务的。由此可见，在教育过程中，人际关系具有道德影响力，教师尊重关爱学生，德育往往容易见效。在与教师交往中，学生品德是有意无意地受到榜样感化、感召、习染、涵养而成的。健全高尚的人格所具有的魅力表现出强大的影响力、吸引力和感染力，可以使学生产生敬佩模仿心理，进而根据其期望发生自觉的改变，正像罗杰斯所说的“教师是一本会说话的教科书”。通常情况下，书上教的知识迟早可能会忘掉的，但是，教师人格可能一辈子都忘不了。

二、提升教师道德人格魅力的方法

教师人格不是与生俱来的，是教师在长期的职业生活中通过学习思考积累的道德经验，通过社会多方面的培养和造就及个人道德实践，才逐渐形成的。提升教师道德人格魅力既有内部因素如独特的个性、情感丰富性，也有外部的因素如行为举止、外表形象；既需要主观能动性（自我塑造），也需客观的条件（外在塑造）。

（一）加强学习，提高自我修养

教师学习是一个连续的过程，永无止境，包括教师专业发展与伦理精神追求，目的在于内练素质、外树形象，力求做有品位的文化人。教师在充分了解自己的基础上，确定自主发展的目标，与学校结合，与教师群体协作共生，扬优补缺，并将自身的优势和特色发挥出来。积淀才学，陶冶情操，努力提升教师的道德境界。在许多情况下，教师的修养高度决定学生发展的高度，有了教师的和谐发展，才有学生的和谐发展。道德人格的自我塑造是教师高度自觉的一种道德建构活动，需要立志持志、知行结合、躬行实践、自省自检。教师通过扩大阅读、参与教改与反思性研究、拓展人际交往，将教师伦理标准内化为教师个人化的教育哲学和德性修养，努力在发挥人格工具价值方面提高自己。教师的人格魅力来源于渊博的学识和教书育人的能力，比如主动精神、乐观心态、快乐情绪等。只有以良好的感情、崇高的道德去关爱学生，才会使学生激发学生积极向上的力量，赢得学生的尊敬与爱戴；才会使学生在情感上与教师产生共鸣，进而“亲其师，信其道”。

提高教师人格修养层次：首先，守住职业道德的底线，如遵纪守法，遵守社会公德，不做有损教师的形象和威信的事。当前，中小学教师教育除专业学习、能力提高外，还应进行师德教育，体会教师职业使命感、责任感，如备课中的师德行为、课堂教学中的师德行为、学业评价中的师德行为、师生交往中的师德行为等。其次，从高处着眼，从严要求。教师必须在道德品质和情操上高于一般人，才有资格任教，只有人格高尚才能赢得学生的尊敬。教师以自身的终身学习和专业发展引领学生的发展，达到与学生共同成长的境界。不但要把教师当作职业，更要当作事业，只有把教师当作事业，这样才能乐业志业。《中庸》提倡“尊德性，道问学”，讲的就是人格修养与学识修养的关系。尊德性，向内省察，发掘人内在的天性，进而达到对外部世界的体认；道问学，向外求知，通过向外求知，以达到人的内在本性的发扬。求学与做人，贵能齐头并进，更贵能融通合一。再次，只有不断学习，才能做一个有思想的教师。教师与其他职业的最大不同在于，教师只有先成为一名思想者，才能真正超越琐碎的工作，而将站讲台批作业提升为一生的事业。一个有思想的教师，就是对教育教学有认识、有独创见解并能自成体系的教师。一个善于思考的人就是一个充满智慧的人。夸美纽斯说：“如果要造就一个人，就必须由教育去完成。只有通过恰当的教育，人才能成为一个人。”荀子主张“学不可以已”，人需要规范方能成君子，这是“教使之然”。“君子博学而日参省乎己，则知明而行无过也。”学者要学礼以正身，“师者，所以正礼也”，故学也者，礼法也；夫师以身为正仪，而贵自安者也①。做人的基础在于求学，求学之最高旨趣在于做人。全国模范班主任任小艾说：教育成功是与教师自身素质有直接联系的，对学生成长规律的研究，对现实社会发展的关注，对影响学生未来的诸多因素，教师都要有一定的把握。其中，最关键的是对学生爱的投入，对学生成长细节的观察，对有效应对问题以及防范问题的思考。

（二）力戒浮躁，保持健康心态

教师作为一个生命个体，他的性格、气质、修养、言行、举止、善良、真诚、宽容与正直，这些既表现为一个社会的行为规范和标准，也表征着他的人格特征，不仅影响教师的德育风格、德育艺术、德育特质，而且关系着能否说服学生、能否打通通向心灵的通道、能否有效地调动和组织各种德育因素。课室是传授真理的地方，是育人的场所，站在课堂上的教师应当负有责任心，应当具有培养接班人的使命感。育人高于一切，责任重于泰山。无论遇到什么情况，教师都不应把个人的不良情绪、恩怨带到课堂中来，否则，会对一些学生产生负面影响。引起教师心理障碍或疾病的因素是存在于教师内心的各种矛盾和冲突，其中，教师理想与现实之间的不一致，是产生烦恼的重要原因。只要教师的心理健康水平提高了，学生的许多心理障碍就会在教师的感染下消融和缓解。可见，教师心理健康水平影响教师的人格健全。所谓人格健全，就是指人

① 荀况．荀子·修身篇[M]．上海：上海古籍出版社，2014.

格中的各种因素在一定社会历史条件下得到健康、全面、和谐的发展，表现为对现实的把握和适应性、对美好道德生活的追求、具有丰富的情感世界。研究表明：心理问题与教师人格特征中挫折忍受力、责任心呈显著的负相关，与焦虑水平呈显著的正相关，心理问题的存在会降低教师对遭遇挫折的忍受力和拥有的责任心，增加教师的焦虑症状。有学者运用田纳西自我概念量表和SCL—90症状自评量表对我国小学教师的自我概念与心理健康状况进行相关研究发现，小学教师的身体自我与抑郁、社会自我与人际敏感和抑郁有高度相关，并且自我概念越积极，心理健康状况越好。① 道德人格发展的核心是积极心理人格建设。自我意识在教师人格结构中处于核心地位，支配和调节着教师的行为。因此，力戒浮躁心态，保持健康心理，有利于促进积极人格发展。教师不仅是有文化的人，而且应该是睿智的人，具有亲和力，使学生见到老师，就乐意向老师敞开心扉，愿意与老师做知心朋友。为此，教师应努力调整好自己的心态，诸如认同感、成就感、幸福感，做一个有激情的教师，只有保持良好心态，才能克服职业倦怠。激情源于对事业、对学生的热爱。教师要用激情去唤醒、感染学生，这是成功进行教育教学的前提条件。很多教师不能成功是因为对教育没有激情。需说明的是，教师人格发展除了外部环境保障和有效评价机制外，对于来自管理者、同侪以及学生的关怀与尊重，教师要对这些关怀与尊重具有敏感性和感谢心。

（三）实践磨炼，做到知行统一

教师道德行为是指教师个体内在的道德品质在教育活动中经

① 郭成等．中国近二十年来教师人格研究述评[J]．心理科学，2005，(4)：34.

过外化形成的一种行为活动和习惯，是职业道德水准的具体表现。它是内在价值与外在价值的统一体，也是知行的统一体。教师工作是对“人”的教育，而不是对“物”的改造，即是一种用身心去育人的伦理要求，而不是单纯的技能要求。伦理性更是教师专业的“灵魂”，譬如，德育素养是教师专业化发展过程中“人格化”的根本要求。教师人格魅力表现在教育方式、学术修养、职业态度、道德情感等方面，提升教师人格魅力，知识学习是必要的，更重要的是道德实践。道德的学习需要教师不断省思，自主自为，在实践中提炼德育智慧。例如，在师生交往实践中，教师应帮助学生明辨是非、美丑、善恶，这是教师的基本社会职责；对学生而言，在交往中育德是一种亲验的学习过程，教师一言一行都会映入学生心田。教师对学生尊重和关怀是实现学生幸福成长的重要源泉，这需要发挥情感在道德教育中的作用，增强交往互动性和吸引力。一般说来，不能想象他人的内心世界，就无法拥有真正的道德。教师要对学生有亲近感，能走进学生心灵世界，洞察细微的变化，与学生坦诚相待，通过尊师爱生、民主平等、心理相融的关系，增强学生的自尊心和自信心，培养他们主动适应各种变化、挑战、竞争、挫折和失败，以乐观向上的态度对待学习、面对人生，从而形成健康的人格。因此，一个有人格魅力的教师，一定是关爱学生、尊重学生的。例如，某学校进行考试，当老师发完试卷后，发现有一个同学试卷不清楚，就对旁边同学说：“同学，能借用你的试卷吗？这位同学的试卷不清楚。”在征得这位同学同意后，她才取走试卷，一会儿，她把试卷又轻轻放回同学桌上，说：“谢谢你，同学。”老师的这一做法，看似简单平凡，却使这位同学感到特别的温暖，真实地感受到教师对他的尊重和关爱。

（四）打造文化，引领教师发展

教师在专业化发展中的专业精神需要文化引领，文化起着育德的功能，潜移默化地影响教师的思想观念、价值取向、行为方式和职业态度，诸如公正、友爱、诚信、进取、尊重等。通过文化引领，教师才能怀有社会理想、提升道德素养、具有职业能力、在课堂教学中有所作为，这就是教师美丽人生的意义所在。教师人生意义是指教师职业活动对教师个人生命存在及其活动合理性的肯定，是教师职业劳动乐趣的源泉和自我发展可能性的根据。所以，人生意义的确认是教师劳动乐趣和自我发展动力。文化改变着教师价值追求和生活方式。教师在教学育人实践中生成了教师自身，同时也创造了一个属于自己职业的文化世界。教师教学往往是一种继承、选择和创造文化的活动，其专业发展是“文化世界”和“文化人”的融合，教师的文化劳作决定了教师的文化本性，这是教师群体文化得以生存、延续、提升的根基。所以，钱穆先生说：教育此群体，主持其风俗，以启导人心之向往，则非大德高贤能胜任。教师群体中的优秀文化能够提升德育素养，陶冶教育气质，使有效的教学成为可能，从而把学校变成一个道德学习共同体和共生道德教育的精神家园。教师群体文化是教师在职业生活和教育活动中形成和发展起来的展现互相关系和彼此联系的一种价值观念和行为方式，如语言、态度、信念、角色认同、价值观和生活方式等。通过优秀教师文化的学习，培养现代教师的教育信念和精神品质；其中，教育信念是很重要的，“教育信念是一种文化和习惯，是积淀于教师心智结构中的价值观念，它常作为一种无意识的经验假设支配着教师的教育行为”①。

① 傅道春．教师的成长与发展[M]．北京：教育科学出版社，2001：152.

群体文化是教师成长的一种“生态性”情境，教师专业成长往往要依附这种群体文化中的模仿和实践感悟。自孔子到陶行知，在我国长期的教育实践中，积累了深厚的有关教师文化的底蕴，其中“爱”与“责任”是贯穿教师群体文化的核心和灵魂。教师文化彰显着一种教育情怀，如热忱、仁爱、恭敬和坚持，这种教育情怀就是爱学生、爱教育。从德育素养角度看，教师作为人类社会知识的传播者，作为人类灵魂的工程师，作为学生的榜样和楷模，必须具有高尚的品格——公正、善良、正直、热情、关怀等。教师在讲台上体现的就是这种德育素养。基于德育专业成长的需要，学校要打造教师文化，增强教师发展的有效措施和实践策略。教师对教育事业的认同以及在此基础上形成相应的情感和行动是受职业文化影响的，为此，应关注教师群体文化现状，充分认识文化在教师职业行为中的影响，用我国传统教师文化资源来促进德育素养的发展。同时，应结合现代学生成长的特点，不断进行教师文化创新性研究，提升教师文化品位和学术修养。这样看来，守护本土教师文化的根基，就是保护教师文化的生命力，正如我们保护大树不是保护木材，而是保护其生命力一样。健康向上的教师文化是教师专业发展的关键，它不仅根植我国传统教师文化中的积极因素，而且借鉴外域教师文化的合理内核，丰富新时代教师文化内涵，从而促进教师文化自觉意识和行为。文化自觉是指生活在一定文化圈子里的人对其文化有自知之明，并对其发展历程和未来有充分的认识。所以，引领教师文化需要确立终身学习的理念，积淀才学，陶冶情操，做到学习、研究、实践三位一体，并与教师群体协作共生，扬优补缺，将自身的优势和特色发挥出来。特别是，营造“情感型”的文化场域，“情感型”的文化场域能够调动教师专业发展的内驱力，使教师成为具有“专业理想”“专业情意”“专业自我”整体发展的“专业人”。学校管理者必须立足教师的文化生命样态，尊重理解教师，塑造与学校教育相一致的教师文化形象，强化教师的“文化人”角色意识。作为社会中的人，教师往往在扮演一定社会的角色；作为学校中的人，教师扮演着教育者的角色，教师行为往往自觉不自觉地受这些角色意识的影响和支配。

第二节　通过课堂教学来提升德育素养

课堂应是师生共生共长的家园，教师在课堂上与学生互动、对话和交流，自然经历一个自我学习的过程。课堂的精彩在于创新，而创新的根基在于学生，只有秉承“育人为本”的理念，才能真正创新充满“智慧”的有效课堂。一般地说，教师课堂教学中的行为大致可分为技术行为和道德行为，技术行为侧重于教学活动操作方式、程序等，是对物的关系，如多媒体运用；而道德行为侧重于教学活动对学生的意义和影响，是对人的关系，如师生和谐交往。

一、课堂中师德行为缺位的困惑

课堂教学活动及其师生交往充满着道德性，具有一种内在的道德价值的引领，是课堂育人价值的关键所在，既制约着学生的道德学习，也是学生喜闻乐见的习德形式。目前，我国中小学课堂中教师专业道德行为总体上是好的、积极的、令人满意的，多数教师辛勤耕耘，坚守岗位，默默劳作，精心育人，甚至在艰苦条件下，在一方讲台上献出自己的青春。这种职业行为和敬业精神赢得了广大学生和家长的认可。但是，专业道德行为弱化或缺位现象依然存在，由于育人过程的复杂性和隐蔽性，加之，受多元文化诱发的种种观念对教师人生观、价值观的影响，有的人易产生心态浮躁，道德勇气不足，也有少数教师专业化水平不高，育人意识不强，没有把更多精力投入到教学中，不公正对待学生，不尊重家长。新任教师虽有教育激情但易情绪化。此外，部分教师校外兼职兼课，一定程度上影响了正常的学校教学秩序。在应知、应会、应试的课堂教学驱使下，课堂知性教学缺少善与美，偏离教育的本真意义。例如，有媒体报道：杭州市滨江第一小学一位四年级10岁男生，在上课孤独郁闷中挖穿教室墙壁，把教室后墙挖出了一个洞，这可不是一般的洞，墙是很厚的，从这个教室挖到那个教室。该班班主任和很多老师都在议论，真是又好气又好笑，最好让他坐窗边，无聊的时候可以看看窗外，不会影响其他人。这则例子至少说明有些课堂上是缺少道德教育的。因此，课堂教学应回到育人的原地，复归教学中的教育性，这是需要教师不断省思和探究的问题。

师德行为弱化或缺位问题，究其原因来说，首先，教师主观上存在认知偏差。由于育人过程的复杂性和隐蔽性，教师思想存在着避难就易倾向，即重教轻育或教而不育，虽然了解《中小学教师职业道德规范》，但在职业道德遵守的程度上只停留在表层，并未掌握其深刻内涵，进而转化为自觉行为。加之，受市场经济诱发的种种观念对教师人生观、价值观的影响，易产生金钱至上、物欲主义思想。其次，教师职业倦怠。当前“低效课堂”最大问题就是教师职业倦怠，表现为成就感和从教激情消失，“桃李满天下”的希冀淡漠，不求有功但求无过，按部就班不思进取。教师职业倦怠主要来自学生升学期待、家长期望、学校考评、专业研修等辛苦忙碌。如果课堂缺少生命的灵气和活力，成为学生知识“学技”场，而不是培育精神的“家园”，就会导致课堂教学中道德性失落。某种程度上，课堂教学偏离教育本真意义，隐退为一种在工具理性操作下的功利主义教育。如某一语文老师上课咬文嚼字，为提高应试成绩，把课文肢解成若干知识点，缺少精神和活力，学生叫苦连天。再如某小学五年级一个学生因迷恋上网已逃学两天。班主任唐老师了解实情后，利用自己上语文课的时候，罚他站在讲台边。但该学生站在那里并不老实，故意伸出舌头，左右摇晃脑袋，逗得下面的同学忍不住笑出声来。唐老师见状很是气愤，上前推了他一把，导致学生摔倒在地，右手腕关节处骨折移位，花去医疗费数千元，还不得不休学一年。再次，师德考核难测评。从某种意义上说，师德是教师职业操守的象征，发自于内心，通常所说的“良心活”，是一种精神层面的考量，是无法量化的。然而，为了保证有师德行为，各地不得不制定一些考核办法，如某地区师德考核细化到10项指标，包括“体罚、变相体罚学生，收受家长礼品，有偿家教，出现教学事故”等。采取外部评价（他人评价）的方法，实际测评结果可能事与愿违，因为外在要求可能没有转化为自觉行为。师德考核虚化、软化导致教师修养的实践之困。加之，由于制度不完善，对教师的育人职责缺少刚性要求，对教师的育德素养缺少有效评价，一些学校教师常常忽略与学生建立和谐的师生关系。

二、课堂教学中教师德育素养的表现①

（一）以知育人

教师在传授知识的同时，依据学生的心理、思想特点，积极挖掘教材中的德育因素，对学生进行适时的品德教育，使学生在增长知识的同时，提高道德和心理素质。苏格拉底把劝人为善作为教育

① 韩传信．由“外在规约”走向“内在诉求”——教师课堂行为的省思[J]．中国教师，2011，(7)：64.

目的，提出“美德是知识”，获得知识就是做人的德性。知识是美德，即是说，部分知识本身就是道德知识，部分知识是可引发人们对道德的理解和践行的知识。教师可以将学生品德发展融入课堂知识教学过程之中，做到知识学习与品德生成互相融通、共同生长，力求做到以知育德。实际上，在知识学习中生成德性，还有助于道德智慧的形成，从而帮助学生处理好现实中道德“两难”困惑的行为能力。因此，教师要挖掘教学内容中道德成分，并且联系社会生活和学生品德心理特点，通过课程设计和教学环节组织来潜移默化地影响学生，使教学过程不仅是传授知识与技能的过程，同时也是实施德育的过程。苏霍姆林斯基说：“学生对知识兴趣的第一个源泉，就在于教师对上课时要讲的教材和要分析的事实所抱的态度。”① 可见，学校的教学，不是毫无热情地把知识从一个头脑里装进另一个头脑里，而是师生之间每时每刻都在进行心灵的接触。通过教学，教师不仅要使学生获得本学科的知识和能力，而且要使他们得到精神满足和享受，真正做到知识学习与品德生成的融合。任何课程目标都是知识技能、过程体验、情感态度价值观教育融合的整体。教师要引领学生在掌握知识技能的同时，将学生的道德发展融入教学过程之中，让学生体验知识学习的意义和应用价值，并在此基础上，不断完善其人格。例如，全国模范教师——成都七中叶德元认为：历史课不是填空题、选择题，而是带领学生进行实践考察、体验，与学生打成一片，学习鲜活知识，成为快乐课堂。任何知识都是关涉文化、生活、生命的，有人说，文学存在于人们的生命当中，在这个意义上说，文学教育不是灌输文学知识，不是简单的外在输入，而是内在的启发，让内存于生命的文学发挥出来、显

① 苏霍姆林斯基．育人三部曲［M］．北京：人民教育出版社，1998：8.

现出来，让人们的内心打开，使内心具有自觉，保持一种对美的敏感、对善的敏感。例如李白、杜甫、白居易的诗被人们一再传诵，莎士比亚、雨果、托尔斯泰的作品依然为人们喜爱，原因在于这些文学传达了人类共同的体验。那么，如何做到以知育人呢？这就要让知识回到生活，让生活切近生命，让生命永远诗意，让诗意与知识从生命内部自然生长。脱离人类精神性品质的传承，只是传授实用性知识，这样的教育就是把人引向与万物之灵相反的方向，使之成为万物中平庸的一员，至多是生存技能高超的一个动物罢了，因而不称作教育，只称作谋生训练。真正的教育理应使人在知识面前保持头脑的自由，在功利世界面前保持心灵的丰富，在物质力量面前保持灵魂的高贵。

（二）以境育人

情境教育是根据马克思主义关于人在能动的活动与环境相互作用中得到全面发展的原理来构建的。情境教育的“情境”，是一种有情之境，是一种非自然状态下的、人为优化的情境，是一种有情有趣、充满着美感和智慧的情境，是师生互动的一个广阔的空间。儿童的生活空间是他们的成长环境，每一个儿童都是在一个十分具体的环境中成长起来的，环境与儿童构成了一个静态和动态、物质和精神交织在一起的生长环境。这个环境对儿童的影响是不知不觉的，然而却是极其深远的。人的道德是情境性，道德情境能够滋养道德品质和行为。课堂中的道德情境主要包括教室环境布置、心理氛围、校规班约、人际关系、舆论导向、学习风气等。课堂情境的设计，体现了教师的教育理念。教师要潜心设计有助于建构社会和个体德性的一种课堂情境，让学生在情境中习德，其“境教”效果犹如“春风潜入夜、润物细无声”。课堂情境是一种暗示性教育，具有激情、明理、启智、导行、悟德等功能，学生个体在暗示状态下往往表现出一些接近本能的行为，天赋潜能得以自然流露，教育影响就能抵达心灵幽微的深处。教育者、受教育者与环境便可以形成和谐的育人关系。除此之外，教师还要积极创设道德问题情境，通过角色扮演和情感体验，鼓励学生去大胆探索和思考。发挥环境育人的良好功效，让学生在课堂环境中学习道德。教师要营造民主合作的课堂气氛和环境，使猜疑、胆怯、敌意和忧虑在课堂生活中销声匿迹，减轻心理压力，让学生在广阔而自由的空间放飞思想，砥砺意志。

（三）以言育人

言语道德是教师的一种德育素养，教师通过语言的魅力来体现育人价值。为此，教师应注意文明用语，多给学生赏识、赞扬的话语，避免语言暴力和粗鲁。首先，教师要力求做到诚信，常言道：人无信而不立，言必信、行必果，如果教师对学生说的话或做出的承诺，常不兑现，就会导致学生对教师诚信的怀疑，进而也产生不诚信的行为。例如，一个实验把儿童分成三组，无榜样强化组，即当儿童作出判断比初测时稍有进步就给予表扬、激励和积极强化；榜样强化组，当儿童在评价一个故事时，由成人做榜样并给予儿童以表扬或强化；榜样未强化组，不给儿童以表扬或强化。实验表明，二、三组道德判断水平的迅速提高是由于成人的榜样发生了有力影响。其次，教师要经常赏识学生，注重语言修养，善用语言艺术，增强育人效果。例如，“南风效应”或“皮格马利翁效应”都说明了赞赏或期待会产生的积极意义；相反，有些教师课堂教学中常用批评语言，但批评的艺术性不够，影响教育效果，教师不文明的话语会伤害学生自尊心，特别是性格内向生、后进生、学困生。与此同时，教师要学会倾听，给学生一定的话语权。多一份关怀，少一些责备。教师的倾听能准确地了解学生真实的状态和内心需要，从而引导他们积极思考，培养自爱自信等品质。学生喜欢有幽默感的教师，不喜欢表情呆板、语言寡淡无味的教师。忌用不文明的话语挖苦嘲讽学生。还值得注意的是，有些教师因“恨铁不成钢”而指责学生，这种指责性的“爱心”往往会产生隔阂和消极的情绪。

案例导读

无声的教育

相传古代有位老禅师，一日晚间在禅院里散步，看见院墙边有一张椅子，他立即明白了有位出家人违反寺规翻墙出去了。老禅师也不声张，静静地走到墙边，移开椅子，就地蹲下。不到半个时辰，果真听到墙外一阵响动。少顷，一位小和尚翻墙而入，黑暗中踩着老禅师的背脊跳进了院子。当他双脚着地时，才发觉刚才自己踏上的不是椅子，而是自己的师傅。小和尚顿时惊慌失措，张口结舌，只得站在原地，等待师傅的责备和处罚。出乎小和尚意料的是，师傅并没有厉声责备他，只是以很平静的语调说：夜深天凉，快去多穿一件衣服。

（四）以情育人

我国教育有一种偏向，就是过分注重智商培养，而忽视情商、德商培养。苦口婆心的说教导致学生情感缺失，实属一种非道德教育，当然，非道德教育不等于不道德教育。简单地说，情商就是一种交流合作能力。培养学生的社会责任感是培养团队意识的根本途径。如果教师没有团队意识，而要求学生具有团队意识，这就无异于缘木求鱼。例如，现实中各学科教师争着多留作业，从学生身上抢时间，这不仅不利于学生智力的发展，也为学生的情商发展树立了反面典型。因此，教师的团队意识是培养学生情商的关键，以教师情感培养学生情感，补齐情商教育的短板。教师在教学中要发挥情感对人的行为所产生的调节作用，使课堂教学成为令学生向往的一种精神愉快的活动。情感能打动学生的心灵世界，拉近教师与学生的距离。美国教育家内尔·诺丁斯提出“关怀道德教育理论”，重视学生情感体验和感受，认为关怀是人的基本需要，这种需要应得到理解、接纳、尊重和认同，师生主体间的关怀是幸福感的源泉，学生应该享受这种真情实意的“道德关怀”。教师的情感表现为对人生和社会的理解和责任，以师爱或师情让学生感受到这种“关怀”的意涵，达到以情育情、以情养性、以情育人的目的。如果在教师的讲课里没有真正、由衷的情感，如果他掌握教材的程度只能供学生体验他所知道的那一点东西，那么学生心灵对于知识的感触就是迟钝的，而在心灵没有参与到精神生活里去的地方，也就没有信念。朱自清曾在《春晖》期刊上发表《教育的信仰》一文。他在文章中谈道，教育界中人，无论是办学校的、做校长的、当教师的，都应当把教育当作是目的，而不应该把它当作手段。如果把教育当作手段，其目的不外乎名和利。其结果不仅不利于学生的成长，而且还会“两败俱伤，一塌糊涂”。那么，教育的目的是什么呢？他认为，“教育有改善人心的使命”。如果学校太“重视学业，忽略了做人”，学校就成了“学店”，教育就成了“跛的教育”，而跛的教育是不能行远的，正如跛的人不能行远一样。教师除知识教学以外，应关注学生心灵世界和生命意义，增加师生真情交流的机会。

（五）以行育人

教师的行为举止往往是学生模仿的对象，对学生影响很大。课堂中教师的专业道德行为是对学生最生动、最具体、最深远的教育。学者要学礼以正身，在《荀子·修身篇第二》中写道："师者，所以正礼也"，"故学也者，礼法也；夫师以身为正仪，而贵自安者也"。俗话说："喊破嗓子不如做出样子。"例如，在《资治通鉴》中，有这样一个典故：辽国宰相张俭，为了矫正当时人们崇尚奢靡的时弊，他一件长袍穿了达30年之久，以生活俭朴、不食重味、只穿粗布衣服的实际行动来劝诫不良的奢靡习俗。司马光称赞张俭："服袍不易，志敦薄速，功著两朝，世称贤相。"英国伦敦威斯敏斯特教堂里有一段话：当我年轻的时候，风华正茂，想象丰富，梦想改变世界；及至长大成人，日臻成熟，才发觉世界难以改变，于是，我缩短目光，决定只是改变我的国家，却依然很难；当我步入垂暮之年，最后的努力只是想改变一下我的家人，但遭反对。如今，我行将就木，突然意识到：倘若当初我从改变自己开始，进而以此为榜样影响我的家人，或可在他们的激发与鼓励下为国尽责，甚至最终可以改变世界。这则例子说明要改变他人、社会，必须从自我做起、从小事做起。所以，教师理应以身作则，身体力行，为学生做出榜样。

三、在课堂中提升教师德育素养的策略

教师的德育素养与日常教学行为是密切关联的，也就是说，教师的德育智慧和德育能力是在课堂中展开的，是与教学水平的提高共生共融、相携并进的。教师只有在具体的教学情景中、在与学生的交往中、在与同侪的互助中，才能滋养诸如关怀、合作、尊重、秩序、敬畏、自信、责任、公正、宽容等道德品质及其育德能力。

（一）增强学科中的德育资源意识

现代教学观认为，教师不仅要关注学生知识和技能学习，还要

关注学生道德情感体验和行为形成。课程目标中的态度情感价值观教育，要求教师在知识传授中对学生进行爱国主义、社会责任感、民主法制、人生观、世界观、价值观等教育。教学中的德育着眼点是学生，着力点为教师，切入点在课堂。可以说，教学首先是一种道德和伦理性的专业活动，在教学中，教师的专业道德将促进学生的道德学习和健康成长，如班华教授认为“让教学成为一种道德事业”和叶澜教授认为“重建课堂教学价值观、让课堂焕发生命活力”。反观某些课堂中的德育现状，由于受单面的应试本位教学观、知识本位课堂观、分数本位评价观的影响，课堂中存在知识讲解与道德教育的分离现象，部分教师对学科蕴含的德育资源意识不强，利用知识魅力来塑造学生心灵世界不够细致，致使中小学课堂中道德教育缺失。因此，教师要用生动的教学设计和新颖的创意来激活学生的道德想象力、理解力和表现力，发挥认知和情感的协调作用。事实上，学生对道德知识了解，往往是知而不行、知易行难、知行脱节。那么，对于价值观和行为规范的教育，如何让学生听得懂、愿意听、记得住、能用上，这恰恰需要提升教师的德育素养。在教学过程中，教师角色不单是知识传授者，而且是道德引路人、心理疏导者、交往艺术家等。挖掘和利用学科课程中的德育资源，需要由专业老师用较好方式来完成。具体地说，逻辑特征明显的学科，如数学、物理、化学等，教师主要教会学生求真务实的科学精神；逻辑特征不明显的学科，如语文、历史、音乐等，教师主要奠定学生积极进取的人文素养，从而达到科学精神和人文素养的辩证统一。艺术课程要体现艺中有德、艺中有人、艺中有文。此外，因为教师的专业发展离不开知识的积累，所以一定要不断阅读、不断学习、不断反思。在某种意义上，学习就是为了自己成长、体验价值、超越梦想。

（二）塑造课堂德育生态的情境

课堂中，教师应体现学生的主体，回应学生的需求，关注学生的感受，激发学生的学习兴趣，重视学生的思维发展，培养学生合作精神、探究能力、科学精神、创新意识等等。由课程改革转向课堂改革，教育应当打造生命、生活、游戏的课堂，交流、对话、快乐的课堂，思想、学习、主动的课堂，体验、潜能、发现的课堂。教师在教学中自然流露的激情、广博的知识和精湛的授课技巧能潜移默化地感染学生，形成师生之间理智与情感的交融，激发学生对科学探索的兴趣。这种情感的互动能激发学生的潜能和创造力，从而促进其学业持久长进。教师应从每一个教学环节入手，在细节上下功夫，使课堂教学成为培养学生人格的活动，做到育人于“无痕”之处，追求课堂道德生活的“原生态”，而不是表演式作秀。因此，应立足常态、关注课堂。首先，教师既要教好书，更要育好人。教师不是教学机器，而是有血有肉、具有个性特点的道德主体，教师课堂中的德育素养，包括教师在教学中的德育知识、智慧和能力，这是解决困扰学生德育难题的关键。其次，营造良好的课堂生态文化，为学生提供道德的学习氛围，从中让学生获得情感、态度以及社会化等方面的发展。再次，德育情景审美化，道德学习是在欣赏中完成的，在欣赏中完成价值选择和践行能力的培养。在课堂教学中，教师要注重采取形象化手段来增强道德学习材料吸引力和可接受性，使一度遗失和遮蔽的“学本课堂”、“诗意德育”得到凸显。教师应凭借德育知识魅力，采取多种手段，实践德育方略，真正体现课堂教学中的道德光辉。

（三）培养教师专业精神

人无精神则不立，毛泽东有句名言：“人总是要有一点精神的。”因为人有了精神，就有追求，就不会被尘世间的浮云遮蔽双眼，迷失人生方向。精神又是人生的支柱，人有精神，就等于有了“脊梁骨”，在各种诱惑面前就能自律自省。如果失去精神或骨气的人，人性就容易被扭曲和异化。一个国家的精神叫国魂，一支军队的精神是军魂；那么，教师的职业精神就是师魂。在传统职业精神基础上，人们提出了专业精神的概念。职业强调敬业，不敬业就失业；专业强调事业，有事业才能乐业，乐业才有幸福感；而志业强调立志终身从事某项职业，不断培养自我成就感、自我满足感、自我实现感，从而使爱岗敬业成为一种内在的自觉要求。德育素养和专业化不仅需要培养职业、专业精神，更需要培养志业精神。只有着力培养教师的志业精神，才能不断提升从业幸福感、成就感，才会充满激情、饱含热情地实现教育目标和完成教学任务。教师有了精神的追求，就可以钟爱自己的事业，全身心地投入到教学中来。大家知道，为师之道需要道德提醒，良心自觉，热情做人，认真做事。在教学中，教师要增强勤奋耕耘的激情，培养爱校爱生的感情，以乐观的态度对待教育事业，以发展的眼光看待学生，以丰富的学识促进学生全面发展，让每个学生的笑脸更灿烂，让每个学生的内心更欢愉。专业精神是教师应该具有的一种职业意识和心理状态，是对实现自我的自觉超越，包括职业认同感、专业态度、责任感、合作精神、职业情感、公正诚恳和具有健康心态等。专业精神期待“师道”回归和提醒，也就是说，需要安下心来教书，潜下心来育人，要有工作激情、爱生感情，以乐观的态度对待教育事业，以发展的眼光看待学生。例如，北京有位老军医名叫华益蔚，在使用听诊器为病人诊疗时，总是会用手将它焐热，才用来接触患者。这种行为体现他的专业精神。教育和医疗一样都是社会良心的“底线”，既然教师选择这个崇高的职业，那么，就应当把这种职业当成事业来做，而不仅仅只是谋生的一个饭碗。教师专业伦理应该在道德理想和基本要求之间建立平衡，一方面，有基本的道德要求，违背这些要求就应该遭到谴责甚或惩罚；另一方面，确立崇高的道德理想，教师抱有“虽不能之，心向往之”的精神方向和更高教育人生追求的持久动力。有道德影响力的教师必须是有人文情怀和能践行人文关怀的教师。

（四）体验职业幸福感

职业幸福感是在职业活动中发自内心的感受。亚里士多德在《伦理学》中说：“幸福就是一种合乎德性的灵魂的现实活动，其他一切或者是它的必然附属品，或者是为它本性所有的手段和运用。”① 幸福感源于对教师职业的人生信念和教育信念，教育信念是教师对学校教育的使命、愿景和核心价值的认识和坚持。教师是精神乐园的守望者，课堂是教师辛勤劳作的乐园，也是收获愉悦的乐园，教师在自己的乐园里投入多，播种的希望多，收获的果实也会很多。所以，教师在为每个学生设计美好未来的同时，也努力树立自己的光辉形象，为自己创设丰富多彩的人生。一个处于身心和谐状态的教师能享受到职业生涯中的充实、成就和愉悦，就会产生职业的虔诚和欢快的心境。有这种幸福感的教师才是令人羡慕的教师。现实中，当教师走入教室、走近学生时，他看到的是愉快的笑脸，听到的是激情的声音，教师以其创造性的劳动去成就学生的同时，也在实现自己的人生价值，并在劳动过程中感受“教学相长”的幸福。可以说，今日做教师，既是最美好的时期，也是最艰难的时期。教师要调整心理状态，主动寻求帮助，带着幸福感去做教

① 亚里士多德．伦理学[M]．北京：中国人民大学出版社，1996：108.

师，做到安心从教、热心从教、舒心从教、静心从教。教书有成绩，育人有效果，学生有亲近，家长有信任，领导有肯定，同事有支持，心中有理想，未来有憧憬，这可能就是教师最大的幸福。然而，教师往往面对的是一种“同质性群体”，因而易产生职业倦怠和心理疲惫，缺少持续的激情，容易导致心情压抑。例如，2005年，在一项“中国教师职业压力和心理健康调查”中显示，超过80%的教师感到压力较大，近30%的教师存在严重的工作倦怠，近90%存在一定的工作倦怠，40%心理健康状况不佳，20%生理健康状况不佳，超过60%对工作不满意。为此，教师应克服某种因素导致的职业倦怠，调整心态，体验职业幸福感。

（五）创新教师管理制度

教师德育素养培育和提升需要一定的学校管理制度和有效评价来保障。信息时代改变了传统社会教师知识权威的地位，当教师权威受到怀疑或威严不复存在，那么必须强调制度权威。一般地说，教师对职业标准的归属感和义务感取决于他们在教学过程中承担多大责任、获得多少信任，教师会以自身高水平的专业知识和专业道德实现这一承诺。在尽量减少教师无谓的劳作和过重的心理负担上下功夫，让老师可以真正静下心来、潜下心来做学术，进而教好书、育好人。创新教师管理制度，通过有德性的制度管理来培养课堂中有德行的教师，促进教师专业成长。制度德性是指“制度内含的道德价值品性”，即通过某种伦理要求或价值准则影响教师的行为，形成符合制度要求的道德品性。师德制度伦理化包括应然和实然两个层面，在应然层面上师德制度应该追求和实现最重要的价值——人的主体价值，而不是对人的主体价值的贬损；在实然层面上，师德制度伦理化最重要的要实现公正。人是在制度、规则或习俗中工作和生活的，某种管理制度对个人影响来讲是先存的一种必然。制度是否符合道德性以及符合道德性的程度是教师个体德行养成的基础和前提。通常情况下，教师管理制度包括学习制度、考勤制度、课堂常规、年度测评制度等。当前，课堂教学评价理应把师德行为和育德能力嵌入其中，激励教师承担德育的责任，既要重视教学过程的环节和方法，也要重视教师的德育素养和人格魅力。师德行为和育德能力作为教师考核的一个外显性评价内容，是可以通过倡导性或禁止性的规定来测评的；而作为一个内质性评价内容，则是一种精神层面的考量，往往又难以量化，当外界约束力鞭长莫策时，教师行为也就可能失去约束而表现出非道德的行为来，这就需要提高教师德性素养，而并非仅仅靠某些道德的指令。要改进教师考核评价制度，在教师中，激发教师教学积极性和创造热情，需要用有效的评价来保障。有效评价是以教师自主参与德育实践的改善为宗旨，加强德育职责和使命担当，实现从“外在规约”走向“内在诉求”的评价机制。在肯定外在规约功能的同时，更强调教师道德人格提升的内在价值，这既需要个体主观努力，也需要外部德性制度环境。形成年度考核与日常考核、定性与定量、自评与他评相结合的考核机制，倡导“爱干就是德，善干就是能，多干就是勤”理念。只有将德育素养与自身发展、教育实践、管理制度等有机结合，才能真正走向德育专业化。例如，把学生品德发展状况作为教师绩效考核内容，把德育素养作为专业化发展评价内容，试图让课堂充满着道德教育的气息，在实践中起到一定的效果。

（六）加强课堂教学行为的反思

现代课堂价值观在于关注差异、关注生命，拓展学科丰富的育人价值，而不是简单传递教科书上所呈现的知识内容。教师课堂教学行为的反思可以催生德育素养及其智慧的生成。朱小蔓说：“教师反思过程实际上是教师在整个教育教学过程中充分体现双重角色：既是引导者又是评论家，既是教育者又是受教育者。因此，反思的本质是一种理解与实践之间的对话，是这两者之间相互沟通的桥梁，又是理想自我与现实自我心灵上的沟通。它是教师超越自己的思维能力，是一种创造能力在教育实践中的体现。”① 著名心理学家波斯纳提出一个教师成长的公式：成长=经验+反思，即是说，反思教学实践，在总结经验中提升自己，实现专业成长。在教师专业发展视阈下，强调行动反思，可以增强专业自律精神。反思应立足于教师的教育教学活动，尤其应立足于教师自己对教育教学行为的反思和叙事上，如教学活动中的道德性体验，教师对教育教学某一时刻或某一空间道德教育意义的叙述、反思、体验和理解等等。当然，教师道德反思能力也是教师德育素养和人格完善的重要途径。反思能力是采取合作、理解和移情方式来处理教育教学情境问题的一种能力。教师的教学行为反思是一个能动的、审慎的认知加工过程。反思就是把成功和失败都看成学习机会的活动，在反思基础上不断提升教育智慧，这是教师走向卓越和优秀的“催化剂”。斯巴克斯·兰格（G·M·Sparks Langer）认为反思成分包括：（1）认知的，教师在教学中是如何加工信息和做出决策的；（2）批判的，包括情感、信念、价值观和道德等成分，深刻影响到教师对情境的理解，影响到其所关注的问题以及问题解决方式；（3）教师的陈述，包括教师所提出的问题，在日常工作中的写作、交谈以及他们对课堂教学所作出的解释等。这种对实际情境的解释可以使教师更清醒

① 朱小蔓．教育的问题与挑战——思想的回应[M]．南京：南京师范大学出版社，2000：337.

地看到自己的教学决策过程①。今天教师不缺少各种报告、讲座和培训，不缺少听课上课的机会，不缺少阅读书籍，但是，最缺少的是长年累月、坚持不懈的自我反思与重构、自我训练和自我磨炼。

总之，师德行为的修炼经由两种形态：一种是处于“他律”状态，即在遵守教师职业道德规范的程度上只是停留在表层，尚未内化为品质，这种道德行为的遵守需要外在规约，如考核奖惩制度；另一种是处于“自律”状态，这种道德行为的遵守是出于内在诉求，反映着教师个体的一种道德需要，道德需要是教师真正地遵守师德规范的动因，是教师对道德行为自觉做出的理性判断和合理选择，并且自愿践行。从现实来看，职业规范对于教师行为来说是具有规约性的，但这一规约与教师对职业幸福感的理解缺乏认同感和一致性，师德教育往往成为教师专业生活中不受欢迎的话题，致使师德教育在教师专业发展中往往失去吸引力。因此，课堂中师德行为修炼必须由外在规约走向内在诉求。

第三节　通过师生交往来提升德育素养

一、师生交往的特征

师生交往是德育活动的一种基本形式。在交往中，教师引领学生建立与世界完整而深刻的关系，拓展并深化学生对社会的理解，不断把陌生于学生的世界，特别是学生的科学世界转化成为学生的“生活世界”，提升“生活世界”的品质。交往行为理论主要代表人

---

① 刘捷．专业化：挑战21世纪教师[M]．北京：教育科学出版社，2002：252.

物哈贝马斯提出交往行为满足四个条件或有效性标准：语言表达可理解性，言说或呈现的客观世界真实性，社会规则正当性，言语表达真诚性。他认为："一个交往行为要达到不受干扰地继续，只有在参与者全部假定他们互相提出的有效性要求已得到验证的情况下，才是可能的。"[①] 理性辩论、对话协商、交往合作、互益互惠应是引导主体间交流沟通的主要形式和内容。师生交往强调在民主、平等、理解、信任基础上进行心灵对话，其主要特征包括以下几点：

（一）平等对话

师生间的和谐交往是一个平等对话、相互理解、彼此认同和有效沟通的过程，也是一个分享情感和智慧的过程。在这一过程中，教师要尊重学生的思想、情感，要亲近、了解学生，做学生的知心朋友，亦师亦友。只有这样，教师的教育影响才能进入学生的心灵世界，产生良好的育人效果。平等对话不仅要求师生间相互尊重，而且更需要相互理解。叶圣陶认为，教师和学生是朋友，在经验和知识上，彼此有广博与深浅的差别，但在精神上却是亲密体贴的朋友。德国哲学家施莱尔马赫（Friedrich Shleiermacher）说过，理解是理解者在心理上重新体验他人心理、精神的一种复制和重构过程。因此，人对人的理解需要调动其全部精神因素方可全面、完整地把握自我或他人的精神、意义与价值。事实上，理解的前提是一种关怀关系的建立。关怀关系的建立，涉及人与人之间完全的接纳、深刻的反省、审慎的评估、不断的修正和深入的探索，而此后则是在无保留的对话中的相遇以及共同批判的思考。今天，身处数

① 哈贝马斯．交往与社会进化[M]．张树博译．重庆：重庆出版社，1989：2.

字化信息资讯时代，教师已不能简单地要求学生必须接受自己的观点或某一权威的看法，相反，教师需要面对的是学生探寻真理过程中不断的质疑。唯有建立在尊重与理解基础上的平等对话，方可让师生从中获得共同探究、共同成长的生命体验。然而，由于受传统教育观念的影响，有时候师生地位仍存在着不平等的问题，知识灌输、话语控制等非民主的教育教学方式导致师生之间充满矛盾、冲突，致使一些学生产生冷漠、孤独、嫉恨、自傲、自卑等不良情绪。因此，教师要与时俱进，通过学生喜爱的方式走近学生，捕捉学生的思想状态。当下大多数学生喜欢通过 QQ、短信、微信等方式倾诉心中的感受，教师除了在日常交往中熟知学生，也可以开设网站或信箱，通过网上咨询服务，回答学生关注的问题，浏览学生帖子，掌握学生思想动态，达到网络育人的目的。例如，有位班主任发现班里有位同学有一段时间总是旷课，班主任找她谈话，她总是回避，后来班主任通过加入同学 QQ 群，看了她的空间，通过她晒的空间明星照片，上网查阅了这个明星组合的信息，再试着跟学生对话，并且通过明星的奋斗故事，鼓励学生应该有他们的精神追求。由此想到苏霍姆林斯基说过："如果你只限于从讲台上看见学生，如果只是由于你叫他来，他才走近你，如果他跟你的交谈只是回答你的提问，那么，任何心理学知识都帮不了你的忙。应当像朋友和志同道合者那样会见孩子，应当跟他同享胜利的喜悦，共担失败的忧伤。"① 因此，教师每周最好能参加一次学生班会及社团活动，每学期与本班同学进行一次深度谈话，以此培养学生独立精神、自由表达的现代人格。从"师生关系"概念走向"师生机体"概念，就是回归教师和学生发展与共生的本性。"师生机体"概念

① 苏霍姆林斯基．给教师的建议[M]．北京：教育科学出版社，1984：103.

的提出具有两点意义。首先，彰显了教师和学生的教育生命性，二者真正成为一对不可分割的教育学范畴。“师生机体”概念消解了主体与客体之间的二元对立，融合了存在论、认识论、价值论，这既是对师生本真状态的描述，也是对师生应有意义的回归。“以生为本”和“以师为本”由此得到内在统一。教育界对教师和学生需求与特点的多元化应给予关注，将学生或教师作为主体的人类学研究、个性或智能类型研究、对话研究和质的研究等，这些都能促进教学双方的理解和互动，有力地推进教与学关系的改善。其次，消解师生实践中由教师和学生关系定位不清所引发的混乱。在师生机体中，教师的教育学意向与学生的自我发展需求实现了同一，师生行动具有极大的默契和自由，其地位和作用是以任务目标和具体情境为转移的，教师的教学机智和学生的创造潜能得以充分彰显，二者真正实现了共生。

（二）主动参与

道德发生的基础是在应对和处理社会各种关系中的联系感，即表现出对关系的敏感性和独立性，如对他人回应、共同体中的友爱、自信自尊等。师生交往在思想观念碰撞和融合的过程中，需要主体双方的积极参与。学生是有一定知识经验、丰富情感世界、个性差异和各种兴趣需求的生命主体，其主体性表现为重视自我建构和个性的丰富完善，以及努力使自己成为个人和社会道德生活的主人。教师的主体性则表现为发挥教育中的主导作用。教师始终是教育活动的决策者和设计者，其任务是为学生提供更好的“发展场”，其热情、公正、诚信等品质对学生心灵产生直接的示范效应，是学生品德形成最直接的影响源。尽管青少年学生具有独立判断和自主选择的能力，但在社会性发展等方面仍需要教师的引导。教师不仅要教会学生如何求知，更重要的是做学生道德的引路人，以积极进取、充满希望的心态引导学生树立正确的世界观、人生观和价值观，为他们指点人生迷津。但是，应该看到，教师平时教学教研任务重，导致师生间缺少必要沟通和交往。由于学生自我教育和管理能力较差，因而当他们需要教育帮助时，却常常无法获得教师的支持和指导。

（三）互动共进

与传统教育相比，现代教育的变革性是能够有意识地将教与学之间的矛盾从简单对立转变为依存互利。师生交往是一种道德实践活动，在互相磨合和心灵领悟的活动中生成德性。师生交往要求教师了解现代学生在求知需求、生活方式、职业定向、人生态度等方面的情况，发现学生身上的闪光点，以及看到他们成长中的不足和困惑，找准教育的切入点。教师劳动是一种合作艺术，学生成长是师生合作的产物，教师乱动、多动，不但不能促进学生成长，反而阻碍学生成长，导致教师教得累、学生学得苦，可谓“两败俱伤”，也可谓“锦上乱添花，雪中不送炭”。教师只能促进人的自主发展，而不能创造人的发展，适合学生内在的自然发展是教育追求的最高价值和最好标准。教师要唤醒每一个学生心中的潜能，帮助他们找到隐藏在体内的特殊使命和注定要做的那件事。只强调考试知识、解题能力，忽略品德、精神、身体发展，显然是不完整的教育。育人者同时也是受育者，教师要根据社会变化和学生发展的需要，自觉调整知识结构和能力结构，与学生一道前进，尽力避免交往障碍和心理代沟。教师只有这样才能赢得学生的尊重，同时也能增强教师的责任感和获得感，真正达至师生道德的互惠共生。对教师来说，面对一群性格迥异、富有朝气的学生，与他们一起分享交往中的收获和愉悦，能汲取生存力量而活出生命真义。师生交往中的互相勉励也将成为教师和学生终身学习和发展的动力，从而创生新的自我。不同的交往需要决定不同的交往方式、交往内容、交往程度、交往风格、交往质量。每个人都渴望得到别人的欣赏，同样也应该学会欣赏别人。其实，欣赏与被欣赏，是一种互动的力量之源，欣赏者必具备愉悦之心、仁爱之怀、成人之美的善念，被欣赏者也必发生自尊之心、奋进之力、向上之志。

（四）影响久远

师生关系是纯洁、真挚，也是最持久的一种人际关系。这种关系烘托着校园的亲切氛围，滋养着学生的健康成长，也温暖着每一位为师者的心。教育是人与人心灵上最微妙的相互接触，在这“相互接触”的过程中，教师的人格魅力对于学生心灵成长和人格形成无疑具有深刻的影响。师生间交往既能满足学生“向师性”的心理需要，又能为学生个性成长提供动力，尤其在与学生欣赏、仰慕的教师交往时，或当教师对学生有较高期望值时，这种影响的价值就更大。如果教师工作付出在学生不断进步中得到体现，那么，教师专业能力、价值观念、敬业精神，尤其是教师独立人格力量就会潜移默化地影响学生，对其品德形成发挥着永恒的参照作用。这种影响是伴随学生一生的，它不仅影响学生现时的观念和行为，而且影响其今后的工作和个人发展。教师是“使人继其志”的“善教者”，鲁迅曾在《关于太炎先生二三事》中说道：“先生的音容笑貌，还在目前，而所讲的《说文解字》，却一句也不记得了。”其实，对于很多学生来说，走出校门，获益无穷、终生难忘的不是某一个具体的课堂知识，而是“先生的音容笑貌”，是那些课堂内外的朗朗笑声，是那些师生间真诚的精神对话。教育影响也非一日之功，俗话说：“禁微则易、救末者难”。因此，教师要善于通过营造“课堂内外的朗朗笑声”、建立起“师生间真诚的对话”，让这种师爱或师情成为学生离开校园后难以忘怀的学校记忆、教育记忆。值得注意的是，当教师制止对学生有害的殴打行为时，如果学生不听从，部分教师要么“以暴制暴”，要么忍气吞声。此时，遭遇师德规范的困境。当教师陷入师生关系危机的师德困境中，影响的不仅仅是课内的师生交往，也影响课外的师生交往，甚至还会影响教师对自身职业的信念。教师要正确行使管教权，《中华人民共和国教师法》（1993 年）赋予教师有“制止有害于学生的行为或者其他侵犯学生合法权益的行为，批评和抵制有害于学生健康成长的现象”的义务。

二、师生交往的内容

实现师生间的和谐交往，在交往中让不同的内心世界进行真诚交流，交往内容可以从以下四个层面展开。

（一）知识层面的交往

当代学生思维活跃，求知欲强，具有独立思考、学习和研究的能力，通过与教师知识层面的交往不断得到精神鼓励和学习动力，同时理解和汲取教师的思维方法和学科知识。教师闻道在先、学有专攻，能站在学科前沿，引领学生探索科学的未知领域，启发学生关注现实社会生活中的热点问题，答疑解惑，培养学生的创新精神和实践能力。苏霍姆林斯基曾说：当一个孩子跨进学校大门成为你的学生时，他无限信任你，你的每句话对他来说都是神圣的真理。在他看来，你就是智慧、理智和道德的典范。教师不仅向学生传递人类积累的文化知识和科技成果，而且引导学生形成对待知识的正确思想和态度。同时，在教学过程中对学生的学习目的、思想行为、学习方法和道德品质等方面进行教育，教会学生学会做人做事。通过教师知识的魅力折射德育的光芒，这种教育优势是其他德育途径所不能替代的。特别是，针对一些学生人文素养缺失，文化底蕴不够丰厚，挑战意识不强，缺乏积极心态等问题，教师要有意识地对他们加强社会主义核心价值观教育和经典著作阅读指导，提升其品德修养的境界。

（二）情感层面的交往

师生之间并不仅是知识的接受关系，教师与学生作为有灵魂的生命个体，双方需要在教育中通过情感不断进行沟通，才能获得彼此的理解和信任，学生也才能在这种沟通中获得身心素养的提升。生命哲学家威廉·狄尔泰曾说："自然需要解释，而人需要理解。"人都是有情感的，人的道德行为由情感引发，受情感调节。融洽的师生关系充满着人情味，只有这种富有人情味的师生交往才能使青少年学生产生归属感、安全感。正如马斯洛所说："在通常的人际关系中，在一定程度上我们是彼此难以理解的，在爱的关系中，我们变得可以理解。"雅斯贝尔斯在谈到"爱"的含义时也说："爱是对人不自由的束缚的解脱。……爱与交流的行为是人的天性中的重要一维。"北京师范大学林崇德老师教书育人的理念是：严在当严处，爱在细微中。教师对学生严慈相济，就要有感情投入。同样，学生通过与老师交流、沟通，把个人内心想法开诚布公地与老师商谈，并得到理解和积极回应，这既满足了情感需要，也起到了以情育人的作用。师生情感交往能产生心灵碰撞，这种碰撞是直面的，无须遮掩，是情感的真挚流露，它不仅益智，而且促德、健心、创美。只有当存在人际情感信息的沟通和恰当的情感应答关系时，人才能产生联想感、依赖感、安全感、对情绪反映的敏感性、同理心、同情心等，这些是形成德性品质的重要情感条件。如果缺少彼此依恋和安全感、缺少人与人交往的美好感觉、缺少爱和被爱的感受，道德的种子就不会苏醒和萌芽。尊师爱生是师生和谐交往的重要条件，它不仅要求一种亲密的情感氛围，而且要求彼此端正交往态度，清晰把握交往中彼此的角色和地位，始终保持师生交往的纯洁性和美好性，减少交往中的功利性和不健康心态。师生情感是教师和学生一生中最宝贵的财富，师生可以共同感受到这种精神的力量。可以说，师生交往呈现出一种智慧、意境和能力，强调的是一种权利、角色和责任，是一种自主、平等、真诚、有效的对话。专业道德情感是教师对教育教学工作带有理智性的价值评价的情感体验。其中，教师良知（良心）是专业伦理内涵中的原核性质的因素，在专业道德发展中起着决定意义的作用。良知主要是指在教学实践中，对道德义务的自觉意识，对履行教育职责的道德责任感的认同，以及对自我行为进行道德判断、调控和评价的能力。有人指出良知是教师道德人格的“守护神”，蕴含着教育伦理的根本精神。它能把外在的、社会的道德规范自觉转化为主体的、内在的道德律令，作为一种评价和判断能力，教育良知是主体对外在道德必然的充分把握而达到的一种行为自由状态，是主体道德意志和道德信念的深厚而完美的积淀。尽管社会对教师的期望与要求标准不断提高，今日做教师所面临的教学压力有增无减，以致有些教师不同程度地存在心理障碍、精神疾患等问题。尽管如此，但仍不能忽略教师的道德情感培养。只有精神世界丰满的教师，才能培育出精神世界丰满的学生。可以看到，有些教师缺少专业道德情感，如对学生实施体罚或变相体罚，不能公正对待学生，偏袒成绩好的学生，而对犯同样错误的学生，教师往往对成绩好的学生惩罚较轻，甚至免于批评惩罚，致使少数学生表现出不良情绪和偏激行为等。在这种情况下，专业情感比业务水平更重要，需要师生间情感交流，在课堂中实施价值教育，建立融洽的师生关系，以积极的态度和情感去影响教育学生。

（三）能力层面的交往

师生间的能力交往是指师生在交往过程中彼此发现、发展各自潜能和能力。教师的能力可带动学生能力的发展，即以教师的能力培养学生的能力。有人说，现代教师面对“三高”学生群体，即个子高、智商高、情商高。学生既要高分，也要素质。特别是，父母离异或经常吵架导致孩子性格孤僻，家庭过分溺爱或放任不管导致孩子以自我为中心，针对这些学生存在着“难管理、难教育、难转化”的特点，为应对人际交往冲突的困境，教师要不断提升自身德育能力，与家长一起携手发挥合力育人的作用。教师能力应当包括观察学生能力、语言表达能力、管理能力、自我调控能力、独立思考能力、组织协调能力等。学生在与教师交往中可以感受、学习教师的这些能力，并形成对科学、人生和自我的正确认识和评价能力，特别是学会如何面对、处理现实中的道德两难困境问题的能力。这种道德判断、抉择、践行能力需要在与教师一起讨论、交流和在服务社会实践中得到培养、锤炼和发展，逐步形成一种道德“技艺”。教师也能在与学生的交往中，发现学生独特的能力，从而提高、拓展自己的能力，获得前行的动力。

（四）道德层面的交往

良好的师生关系是顺利开展德育的条件，有利于促进学生健康、生动、活泼地发展。师生间的道德交往是一种使人成为人的交往形式，它直指人的精神世界，使人过一种有意义、有价值的道德生活。这种道德层面交往比知识、能力层面的交往更重要。道德教育不是一般说教就能达到效果的，还需要一定的道德实践来促成。即是说，德育不仅解决知不知问题，还要解决行不行问题。德育除了接受知识（学会）外，还要转化为行动，比如接别人送来的水之后还要说一声谢谢（自觉行动）。人的道德学习可分为自发道德学习和自主道德学习，教师的参与是学生走向自主道德学习的条件。因为教师能够呈现、阐释和利用社会道德经验，激发、调整和满足学生的道德需要，附着在教师身上的师爱能使学生感到生活中的真善美和人间的真诚，获得积极的情感体验，并进而内化为自己的道德品质。越是德高望重的教师对学生影响就越大，所谓“亲其师，信其道”，学生都愿意与有道德的教师交往。所以，在一定程度上说，教师的师德水平以及与学生的交往情况决定着学校德育能否成功。教师（班主任）在校园活动、学习生活中与学生密切接触，在成人成才方面提供有针对性的指导，这对学生的道德成长是极其有利的。师生交往作为一种德育资源，对学生道德发展具有直接而深远的影响。著名心理学家罗杰斯提出，人际交往不仅可以交流思想，而且可以分享情感、梦想、希望、内心感受等。每个人都被看作“历史性的互相依赖的生物共同体”，个体的道德发展有赖于对个别的“我”与他人、社会之间关系的正确把握。因此，师生交往既可以看作是一种实践性的道德教育，同时也是促进学生道德发展的基础和重要的德育资源。

总之，师生交往是知识、情感、能力、道德层面交往的融合统整。在师生交往中，教师不仅要关注学生的知识学习、能力增长，还要关心学生的情感体验、道德成长，做学生生命中的“贵人”。学校师生交往的形式有很多种，既有正式的，如校园活动、课堂教学、咨询服务、问题讨论等，也有非正式的，如电子邮件、网络平台、手机短信、自由谈话等；既有师生个体间的交往，又有师生群体间的交往。师生交往还包括学校行政领导、后勤人员在管理服务中与学生的交往。不管是哪种形式的交往，也不管是哪个层面的交往，它都需要教师和学生投入全部的力量，需要师生作为独立自我的相遇和理解，同时在交往中摄取对方创造的经验和智慧。

第四节　通过师德评价来提升德育素养

自从有了教师职业，就出现各式各样的直接或间接的教师评价。早在2500多年前，孔子就通过日常生活的一些生动事例，用形象思维的方式诱导和培养弟子的学习兴趣和自觉主动的学习态度。这种教学方法受到弟子们称赞，他的学生颜回评价说："夫子循循然善诱人，博我以文，约我以礼，欲罢不能。"到19世纪末20世纪初期，首次出现"教师评价"这个概念，其中教师职业道德评价是教师评价的一个组成部分。

一、教师职业道德评价的意义与类型

教师职业道德评价是指教师自己、他人或社会，在一定的道德意识支配下，依据教师职业道德规范和教师专业发展标准，通过社会舆论和内心活动等形式对教师职业行为和道德品质所做的判断活动。中小学教师职业道德评价标准是反映我国当前社会和职业需要，并具体指明行为的界限。凡是符合教师职业道德规范的行为和品质就是善的，获得肯定性评价；反之则是恶的，得到否定性评价。它可分为内质性评价和外显性评价，具有相对性、稳定性、主观性等特征。其中，主观性特征是指道德评价受评价主体的经验、兴趣、价值观等因素影响，反映评价者的主观意愿和需要。

（一）开展教师职业道德评价的意义

教师职业道德评价是师德建设的一项内容。师德既反映教师个

体道德水平，也意指教师从业基本条件，是教师专业发展的根基或“灵魂”。师德是中小学教师教育和专业发展的重要内容，是教师职业资格认定的必备条件。教师职业道德评价是维护师德规范的保障，是教师职业道德从认识转化为行为的“杠杆”，有助于教师在职业道德修养上的自我监督和自我完善。通过教师职业道德评价，可以培育教师的职业道德意识、行为和品质，不断提高教师自身的精神境界和道德水平。从内容上来说，目前教师职业道德评价更强调的是专业道德评价。由职业道德评价转向专业道德评价是源于教师专业发展的实际需要，它包括职业认同感、专业态度、责任感、合作精神、专业情感、公正诚恳和具有健康心态等。从师德中寻找教育的力量，以德导能、以能表德，发挥教师职业道德对教师专业成长的统领作用。

教师职业道德评价是考核聘用的依据。教师职业道德评价具有目标导向、专业发展、督促激励和问题诊断等功能。为完善师德制度，各地教育部门建立师德个人档案，在特级教师、学科带头人、职称晋升、优秀教师、教坛新星等评选中，严格实行“师德一票否决权”。目前师德评价还是个难点，存在师德考核不到位、监督管理不力等问题。无论是对课堂教学评价，还是对教师素质评价，都没有很好把师德嵌入其中，同时激励教师承担德育责任的机制还不完善。尽管师德评价是教师考核的一个重要内容，但是具有主观随意性，师德相比其学历、能力等而言，不是硬性标准，往往出现“讲起来重要、做起来次要、忙起来不要”的尴尬局面。因此，通过有效的师德评价，在认可教师工作成绩、肯定教师优点的同时，应努力发现需要改进的地方，提出切实可行办法，最大限度帮助教师专业发展。规范师德行为，不仅要以一定的外在条件为保障，还要以教师自身的专业发展和主观努力为基点。俗话说：“水激则石鸣，人激则志宏。”对于教师来说，采用有价值的奖励形式，能激发教师内在潜力和工作积极性。

教师职业道德评价是提升德育素养的要求。2012 年，我国根据《中华人民共和国教师法》和《中华人民共和国义务教育法》，制定了《中小学（幼）教师专业标准（试行）》，其基本理念是师德为先，学生为本，能力为重，终身学习。2014 年 9 月 10 日，中共中央总书记习近平同北京师范大学师生代表座谈时强调：教师重要，就在于教师的工作是塑造灵魂、塑造生命、塑造人的工作，并且提出“四有”好老师的标准，即要有理想信念、要有道德情操、要有扎实学识、要有仁爱之心。教师职业道德评价一般包括教师教育教学行为和教师职业道德品质两个方面。其中，教师职业道德品质包括职业理想、职业情感、职业态度、职业纪律、职业良心、职业责任、职业作风等。教育部曾明确指出：中小学教师评价制度的改革，有利于加强教师职业道德建设，促进教师专业水平的提高。德育素养是教师专业化发展进程中的一个重要维度，一方面，通过提升教师的德育素养来促进专业道德（专业伦理）发展；另一方面，专业伦理发展也必然要求教师提高德育素养，两者相辅相成，相得益彰。这既有利于教师德性的生成，又有助于教师育人能力的提高。例如，从一项调查来看，关于教师品质，有 49% 的教师认为“爱心”是教师最重要的品质，包括尊重信任、严格要求；关于工作态度，地区之间存在差异，35.9% 的教师选择教师是自己的兴趣；部分教师职业信念不够坚定，欠发达地区教师职业认同感较低。因此，育人先育师，提升教师的思想道德素养和人格魅力，使他们真正成为学生健康成长的示范者和引领者，把离学生最近的教师变成学生最敬的人，成为学生最感念的人。只有教师具有良好的师德规范，以德示教，以德立教，学校德育才能落地生根、开花结果。

（二）开展教师职业道德评价的类型

1. 按评价主体分为：社会道德评价和自我道德评价

社会道德评价，也称他人评价或外部评价，是以社会或他人的评价为主体，对教师道德行为、品质所作出的善恶判断或褒贬态度。它来自于学生家长、社区成员、协作单位等评价。在学校内，由管理者组织的教师职业道德评价，主要有学生评教、教师之间的互相评价、领导评价。为此，要完善学生、家长、学校和社会“四位一体”的教师评价监督体系，特别要发挥家长委员会在中小学师德评价和建设中的作用。

自我道德评价，也称内部评价。教师自我道德评价是行为主体对照国家制定的教师职业道德标准，依据内心信念，对自己的道德行为、品质和意向所做出的善恶判断活动和自我褒贬态度。一方面，由于评价主体清楚地了解自己的动机，因而可能使评价更及时、恰当和公正；另一方面，也可能因利害关乎主体自身，使自我评价带有主观随意性，常常出现与实际相偏离的情况。教师自我道德评价的方法主要有参照法（以别人对自己的评价为参照系进行的自我评价）、量表自评法、横向比较法和期望值比较法。道德评价要发挥对个体道德的监控作用，关键在于把社会（他人）的道德评价转化为个体的自我道德评价。它是一个自我反思的过程，更是一个自我道德提醒的过程。教师自我道德评价是对自己德行的感受和调控，其作用表现在：自我评价影响自身专业的发展，影响职业幸福感的形成，影响学校教师群体的合作。开展教师自我道德评价活动，关键是要有自我道德评价的意识，即所谓“人贵有自知之明”，通过教师自我道德评价，从而提高教师评价的自觉性、经常性和科学性。强调教师对自己教学行为的分析与反思，建立以教师自评为主，校长、教师、学生、学生家长共同参与的评价制度，使教师从多种渠道获取信息，不断提高教学水平，让教师释放潜能，体验美丽人生。同时，将社会道德评价和教师自我道德评价结合，建立民主、平等、合作关系，让教师最大限度地接受评价结果，就是评价的最大效益。

2. 按评价方法分为：质性评价和量化评价

质性评价是对教师职业道德行为在性质上做出的判断，通常用评语或等级的形式。因为教师工作是一项复杂的劳动，其表现为任务多样性、过程复杂性、集体协作性、手段特殊性和劳动创造性等，还因为教师劳动更是“良心活”，所以，不能单纯地用外部表现或量化指标来判断教师职业道德。它可采用概括性评价，抓关键抓本质因素，尊重教师的教学风格、性格差异，同时与教育教学任务捆绑，重视教师在教育情境中的具体知识和个人经验。例如，教师档案袋法记录着教师成长过程、教育教学成绩、获奖情况、职业道德水准等。这种质性评价，不仅要看到评价促进教师提高教育质量的“工具性”价值，还要认识到评价促进教师专业发展和个人成长的本体性价值，旨在让教师能发现自身的价值与问题或优势与不足，从而能更好地自主制定专业发展规划。

量化评价是对教师职业道德行为在量的方面做出的规定，通常用评分的形式表现。量化评价能做到客观性、准确性，增强评价可信性和说服力。例如，有些学校将师德考核细化到若干项指标，每项赋予分值，包括体罚（变相体罚）学生、擅自停课缺课、擅离职守、强制学生订购教辅资料、学术不端行为、在工作岗位遇到涉及学生人身安全的紧急情况未及时采取措施保护学生人身安全等。但是，从某种意义上说，师德属于道德范畴，师德是教师职业道德和职业操守的象征，形容一个人道德高尚，可以给其荣誉，或者给其一定的物质奖励，如果单纯地将师德进行量化，甚至与报酬挂钩，这种操作上的不当可能是对师德的贬损或误读。

3. 按评价目的分为：奖惩性评价和发展性评价

奖惩性教师评价是将评价的结果作为奖励或惩罚的条件，目的是加强教师的绩效管理，控制教师。奖惩性的评价虽然对教师发展有一定的作用，但操作起来可能过于简单化、表面化，导致流于形式或出现应付评价，对教师的专业发展不能真正地起到促进作用。这可能既不利于教师提高专业技能，也不利于激励教师对其专业潜能的开发。

发展性教师评价侧重于自我评价和过程性评价，通过实施教师评价，达到教师与学校共同发展、个人与组织共同发展的结果，目的在于挖掘教师的潜质，促进教师专业道德发展。现代教师评价的趋势是重视发展性评价，即由绩效管理转向专业发展评价，由甄别选拔转向共同进步，由注重结果转向注重过程，由面向过去转向面向未来，由强迫接受转向共同认可。相信：没有最好，只有更好。

二、教师职业道德评价的原则和要求

（一）教师职业道德评价的主要原则

1. 导向性原则

教师职业道德评价标准是《教师职业道德规范》的内容和社会对教师劳动价值的期待。评价标准给教师成长发展和教育工作指明了努力方向。教师评价要结合学校性质、学生需要和社会发展目标而定，把教师置于一定教育制度和情境下来考虑，从而促进学校需求与教师需求的融合、教师心态与学校氛围的融合、教师现实状况和未来发展的融合、教师受益与学校受益的融合。现实中，它引导教师形成正确教育态度和价值观，妥善处理个人与学校之间、师生之间的关系，同时，以“四有”好教师为榜样，发挥优秀教师高尚师德行为的示范作用，以师德师风演讲比赛促进师德建设等。评价教师职业道德行为，既要看到优点、闪光点、积极向善的一面，又要看到不足和缺陷，发扬优点克服缺点，从而帮助其进步。

2. 民主性原则

也可以称为协商性评价，评价双方建立民主、平等、合作的伙伴关系。增强评价的可接受性和“共鸣”性。由重考评走向重引导，评价应更多地给教师带来自我成就感、积极向上的情绪，减少挫败感。例如，某校采用“校长—同事”评价法，首先，评价双方建立互相信任的关系，评价者必须尊重每个教师自尊心，给予积极鼓励，听取他们的意见和想法，如果能引导教师参与自我评价，坦诚说出自己的优缺点和努力方向，教师评价必然获得预期的效果。其次，发挥形成性评价的优势，促进教师专业发展。最后，教师发展根本动力源于教师本人，通过评价可达到自我完善、自我提高，也可争取同事和领导的支持和帮助。此外，也可以通过师德问题的讨论，提高道德的判断和选择能力，从而践行教师修养的自觉性。

3. 主体性原则

教师职业道德行为在本质上是一种自主、自觉、自愿、自律的行为，一旦形成将会产生相对稳定的态势，渗透到教育教学各领域。评价主体性原则是在充分尊重教师的前提下进行的，突出教师主体地位，促进教师积极参与评价。在开展师德评价活动中，尊重每一位被评教师的意愿和合理要求，充分调动和激发被评教师的积极性、主动性和创造性，让教师获得评价的知情权、参与权，及时获得评价信息反馈，这样就使教师对本职工作产生责任感和成就感，努力提高教师的满意度。主体性原则强调自主参与式评价，不仅是迎合外在制度性的“考评”，更是个人内在的态度和价值观的融入。变“要我评”为“我要评”，最大限度地增强评价结果的可接受性。因此，应建立以教师自评为主，辅以管理者、学生、家长、同事共同参与的交互作用的评价主体，强调对自己的教育行为分析与反思，让教师学会评价。

4. 发展性原则

也就是动态性原则，用发展性的眼光看待被评教师的优点和价值，发挥评价的激励功能，使他们看到自己的进步和成就，同时认识自身存在的不足，进一步激励他们的上进心和进取精神。这种评价让教师参与制定评价标准和评价活动过程，是重在促进教师自我发展的评价。它是重发展而非重鉴定的评价，立足现实，侧重未来。评价主要功能由简单的评判转向促进教师不断发展，通过评价来对教师的专业发展予以帮助和支持，调动教师发展的内在需求，引导教师通过自我反思、自我规划、自我学习，不断调控教育行为，以实现真正意义上的专业发展。

5. 可操作性原则

评价标准的制定要贴近学校教育实际和教师发展需要，拟定的指标要求具体、简明，具有概括性、简洁性和可比性，做到“宜少不宜多，宜粗不宜细”。评价方法应简单易行，便于操作，尽量减少评价成本。例如，一些地方把师德素养作为教师年度考核和专业成长的评价依据，制定具体细则并在实践中落实，以制度为约束，以考评为手段，以激励为动力，开展师德师风示范岗位建设活动。当然，无论采用定性法还是定量法、无论采用自我评价还是他人评价，都要保证师德评价的合理、合情、合法。

（二）教师职业道德评价的基本要求

教师职业道德评价应做到以下三个方面的结合。

1. 动机与效果结合

动机与效果统一论是指在教师职业道德评价中既要看动机又要看实际效果，把两者有机结合起来对教师行为进行评价。教师在职业行为中的动机和实际产生的教育效果、社会后果都应作为教师职业道德评价的依据。历史上，以康德为代表的“动机论者”认为评价道德行为的唯一依据是行为的动机，效果的好坏不能作为评价的依据，所谓动机是行为主体在同社会或他人的关系中，自觉追求一定目的的主观愿望和意向，它是内在驱动力。以边沁、穆勒为代表的“效果论者”认为评价人的行为只能看效果，不能看动机，理由是人的行为动机是主观的、复杂的，判断人们的动机是不可能的，所谓效果是行为主体的个别或一系列行为，给社会或他人造成的实际后果。在通常情况下，动机和效果是相符合的，但事实上也会发生动机和效果不一致或矛盾的现象。为此，在开展教师职业道德评价时，既要看动机，又要看实际效果，将动机与效果统一起来。看教师在践行师德时，动机究竟是出于一种希望得到赞美或回报心理，还是只是怀着一颗平和、简单的心在做事，没有回报也无所谓。教师在很多时候教育帮助学生，可能怀有不求回报的心态，不在于为某种奖励和荣誉。

2. 自我评价和他人评价结合

自我评价是教师根据职业道德规范和评价标准要求，对自己的职业道德进行的一种自我认识和自我判断。自我评价的内在动力来源于教师内心信念，在自我评价过程中，要把诊断性自我评价、形成性自我评价和终结性自我评价结合起来。自我评价在教师发展中具有重要意义，著名的“霍桑实验”表明，金钱对一种“经济人”来说，固然是重要的刺激因素，但对教师来说，它并非调动人的唯一因素，教师更是一种“社会人”，存在着一定社会、心理方面的需求。评价应是教师发展的内在动力而不是外在压力，是教师认可的一种活动，起到引领导航作用，而不是带来职业倦怠。只有教师自我评价的评价，才是最好的评价，因为他们能把外在评价要求转化为发展的内部动力。他人评价（外部评价）包括学生评价、领导评价和社会评价。学生评价是指在教与学的互相作用中，学生依据教师职业道德规范对教师的教书育人态度、情感、责任心、行为举止、教学能力等方面的评价。领导评价指学校成立评价小组，由同行专家或经验丰富的教师组成，将平时评价与定期考核结合，开展对教师具有权威性的评价。社会评价主要是通过社会舆论对教师职业道德进行的评价，如借助于各种媒体等。应以教师自评为主，将他人评价与自我评价结合，发挥各自的不同作用。教师评价在肯定社会道德规约功能的同时，更强调教师道德人格提升的内在自觉。以教师自主参与职业道德实践的改善为宗旨，加强师德职责和使命担当。一般地说，教师对职业标准的归属感和义务感取决于他们在教育过程中承担多大责任、获得多少信任，教师会以自身高水平的专业知识和专业道德去实现这一承诺。

3. 相对评价和绝对评价结合

教师职业道德评价是对其行为做出善恶的价值判断，善恶既具有相对性和不确定性的一面，也具有绝对性和确定性的一面。绝对评价是用统一标准对所有教师的评价，是对所有教师的共同要求。相对评价是针对不同地区不同教师采用不同的评价标准或要求。通常情况下，人们更多地采用相对评价，是因为教师劳动具有主体性、复杂性、创造性、长期性特点，加之劳动对象具有差异性和多变性，用一把“尺子”来衡量教师行为的对与错（好与坏），这种绝对机械做法有碍于教师专业道德的发展，同时，由于社会文化、历史、制度等因素，学校和所授学科差别较大，对教师价值取向不同，用统一标准也是不合理不公正的。针对不同类型学校、不同的学科、不同年龄和职位的老师来说，教师评价标准既要注重统一要求，也要差别对待，应有不同评价要求。评价不搞“一刀切”，体现教师的不同风格，为每个教师发展提供一定的空间。

第五节　通过实践研修来提升德育素养

德育具有很强的实践性和应用性特征。能不能够把理论还原成实践、研究成果回归到实践，又能从实践当中提取出理论呢？这是德育研究的根本旨归。马克思有一句名言：“最深刻的理论能够还原为最具体的实践。”德育研究一定要“顶天立地”，既要站位高，即学理上的辨析勘研；又要关注现实、了解现实、研究现实，回答中小学实际当中的问题。对教师来说，实践研修就是“从问题中来，到实践中去”，突出“能力本位，实践导向”的理念。教师德育素养提升既可以借助外力发展，也可以依靠内在驱动。借助外力发展，即所谓“扬鞭子”，它是指采取检查、考核等手段对教师专业发展进行强制性干预；依靠内在驱动，即所谓“搭梯子”，它是指基于教师自身的意愿，为实现其自主发展提供帮助、创造条件。

一、在校本研修中提升德育素养

什么样的德育研究称为有效呢？一般认为，指向校本的德育研究最有效。校本研究是教师置身于一定教育情境中叙述真实的教育生活的研究方法。德育研究不应是书斋中的研究，而是在教育现场，在活生生的教育实践中去研究，发现现实问题，寻求解决问题的方法。校本研修是教师基于学校现实问题、根据自身专业发展需要、源于学习任务驱动的自主合作探究学习，主张“研”与“训”的结合，它是教师专业成长的最直接、最灵活、最富有实用价值的一种研修模式，也是教师德育素养提升的一种有效途径。它包括“需求分析、问题诊断、案例观摩、理论指导、实践感悟”等流程，将知识掌握、德育能力培养相贯通，使研修结果直接转化为教师的教育能力，补齐专业发展的“短板”。校本研修或跟岗研修坚持道德教育的“草根研究”，教师既要从德育困境和误区中走出来，又需要借助理性思维和获得一定德育理论指导。可以说，教师德育素养的增长是“边工作、边学习、边实践、边提高”的一种常态化研修过程。

校本德育研修涉及的内容很多。研究只有面对真实性和现实性的问题，才能切实地增进教育知识，适时地改善教育实践，在教育实践中产生的问题，才是教育研究的“真问题”。那些远离教育实践，只能站在个人立场的自我言说，在本质上解决不了真正的学生问题。例如，在学校品质提升方面，以学生事务管理、班级实务管理、心理健康教育、危机事件应对处理等为研修内容，寻找学生品德形成的契机和关键问题。对学生研究而言，包括学生接受教育的生理基础、心理基础、脑科学基础、需求基础、环境条件基础、社会评价基础等，包括建立在实验、实践和生活基础上学生形成的教育经验的局限性及其可拓展的空间，也包括在生存和发展的过程中学生遇到的挑战及其应对等。结合信息化时代到来，开展德育课程模式、内容、方法的研究；结合学生综合素质要求，开展品德行为测评的研究；结合《中小学生守则》的实施，加强学生规则意识教育的研究。再如，对教师的研究，包括教师专业伦理精神的研究、课堂教学中德育素养的研究、教师人格特征对学生发展影响的研究等，要对教学要素、教学策略、教学技术和教学方法等方面所蕴含的德育价值进行研究。教师的研究方法，可通过扩大阅读，拓展人际交往，将教师伦理标准内化为教师个人化的教育哲学和德性修养；通过问卷和访谈方法，深入中小学教育生活的现场，开展田野研究；通过专项课题研究，剖析德育难题，共享德育经验。同时，在研修中，学校应制定一些考核管理制度，提高教师自我研习的自觉性。

教师进行校本研修，首先，要具有研究意识。校本研修是引领教师可持续发展的一盏“明灯”，解决自己的教育问题，发表自己的研究成果，改善自己的教育实践。本质上是一种行动研究，类型有教育日志、教育案例、教育反思、教育博客、教育沙龙、读书报告会等。在多元价值背景下，研究意识包括主体意识、责任意识、信念意识、问题意识、创新意识。截至今日，中小学教师对科研活动认识的不一致，有的认为科研就是做课题、写论文；有的认为教学负担重，没有研究经费和时间，不做科研；有的认为学校缺乏教研氛围等。关于教师搞科研需要有个正确的认识，既不能因科研而放弃教学任务，也不能整天忙于上课而不去探索创新教育方法。因为科研教研是为教育教学而展开的，“教而不研则浅，研而不教则空”，两者相辅相成、互相促进。课题研究本身是提高教师专业发展的一种手段，而不应单纯追求外在成果，外在成果（论文、著作）只是研究的“附属产品”，更重要的是教师应在研究中学习、在研究中提高自己。需要指出的是，教师的研究不同于研究者的研究，教师是以学校为平台，开展校本研究和行动研究，侧重以解决现实问题为目的。无论行动研究，还是校本研究，都需要团队间的互助、交流与合作。值得一提的是，中小学教研是求真求善的，目的在改变现状，提升教师专业水平，实现教师从“经验型”向“科研型”“专家型”的转化。研究意识是发自内心地对教育教学改进的一种需要的性向，是潜在的捕捉问题、解决问题的欲望。教师要有终身学习和思考的习惯，及时了解和把握教育改革与发展的新动向与新知识，不断突破定型思维方式，使熟悉的变得陌生，使习惯的变得新奇，使原来被忽略的变得清晰，一切习以为常的事被重新审视。其次，要具有独立的研究能力。教育研究是一种创造性劳动，靠外力推动是不够的，还要有来自教师内在的执着、求真、创新的精神以及相应的能力，才能推动教师进入研究状态。常言说：“道不远人”，德育研究其实并不神秘，一方面，德育研究应立足于我国传统文化，只有“根深”才能“叶茂”，传统德育中的“原创”精神是今日德育“创新”取之不尽的源泉；另一方面，要把握德育研究的实践指向，需要站得高、看得远、想得细，扎根于学校的教研活动，在实践中善于发现德育新现象和解决德育新问题，把实践经验凝练升华为理论成果，再让理论落地生根。德育研究往往是一条“苦行僧”式的道路，需要耐得住清贫寂寞，研究者需要“厚积薄发，小题大做、字斟句酌，标新立异”，避免研究结果的理想化、研究方法的目的化、研究文献资料的虚无化、语言表达方式的官方化、研究态度的情绪化等倾向。再次，要具有批判性思维。在汉语中，“批判”的原意是“解读原文，发表意见，辨明源流，做出评价”。研究要有自己的独立理性判断能力，不能一味地“跟风”，否则会迷失方向，偏离科学轨道。清末著名思想家戴震说：“治学不为媚时语，独寻真知启后人。”学问就是对问题说得出道理，有自己的想法。提出问题，有自己的主见，然后要想解决它，这大概是做学问的起点。最初一点主见，成为以后大学问的萌芽，从这点萌芽你才可以吸收养料，可以向上生枝发芽，向下入土生根。上边枝叶扶疏，下边根深蒂固，学问便成了。思精理熟，晶亮透辟。

二、在行动研究中提升德育素养

行动研究的创始人勒温（Kurtlewin）认为，行动研究是指科学研究者与实际工作者之智慧与能力结合在一件合作的事业上。美国学者柏莱克威尔（S. Blackwell）认为行动研究是一种研究方法，研究对象是学校中的问题，研究人员是学校教职员，研究目的是改进学校的各项措施，重要性在于企图使教育实际与教育理论密切配合，且能给予实际工作者以深刻隽永的印象。我国学者认为，行动研究是指教师在教育情境中自主进行反思性探索，以解决实际问题为主要目的，通过自我教育行为反思，不断学习，积淀才学，提升教育智慧和能力。例如，在教师教育中，通过“问题单”、“案例表”形式，落实以问题为中心、案例为载体，采用答疑解惑和互动交流等方式，实施嵌入实践与行动研究，实现服务指导一体化，从而致力于教师德育素养的提高。除了自我学习与实践磨炼以外，教师还应与本校、外校教师进行经验交流和分享，建立“学习共同体”，加强自我反思。教师应学会的 10 个反思：（1）是不是做到对每个学生都一视同仁？（2）课堂上叫学生发言时有没有偏袒某些学生？（3）是否注意让每个学生一天都有一次发言的机会？（4）有没有尽量和学生多聊天、多接触？（5）休息的时间尽量和学生一起玩了吗？（6）有没有积极听取学生们的意见？（7）和学生谈话是否商量多于命令？（8）是否注意随时随地表扬肯定学生的优点？（9）是否对不应该的事果断地给予批评？（10）班级的规定有没有和学生一起制定？学校应以“问题诊断”为抓手，把“教育反思”作为常规来要求，使教师在教育实际中，从“发现问题—凝练课题—组织实施—行为矫正”等流程进行研究，也是致力于“师生共成长”的教育实践，实现从经验性、资料性向思想性、科学性转变，从而促进教师德育素养的提升。

由于学生随着生活环境、学习环境及个人处境的变化，因而个人的需要与有待解决的问题也将随之变化。对此，教师思考的问题是：第一，原先的良好习惯能否保持？原先的不良习惯是否改变？第二，随着同伴对象以及同外界接触关系的变化，是否养成新习惯？是否沾染坏习气？行动研究要求教师确立“育人为本”的信念，持有“内在参与者、外在观察者”两种身份，要有自觉、良知、想象力、独立意志、社会情感、智慧、体悟的素质。能当老师不等于能当好教师，若要当好老师需要多学习、多积累、多研究。苏霍姆林斯基说：“一名教师若能热心于本门学科正在探讨的问题，并具备进行独立研究的能力，这样的教师则可成为学校的骄傲。”①一个成功的实践活动既是教师自觉成长的前提，也是教师成长的具体体现，还能为学生成长提供帮助。学校应有计划、有针对性地组织教师学习先进的德育理论，积累德育经验，从而不断提高自身的理论修养水平，逐步掌握德育工作规律和德育工作方法。开展“青年教师导师制”活动，发挥传、帮、带作用，制定教师职业发展规划，指导青年教师科研活动，参加实践研修，制定具体的培养目标和实施考核办法，将研究成果转化为学校实践活动，并用于改善学校德育实际状况。此外，在合作研究中提升德育素养。通过任务驱动、专题理论研修、群组互动学习、远程跟进培训、参与式研讨、实践共同体建设、考察交流等形式，帮助教师学习专业理论，形成专业思维、实践创新能力，提高班主任和教师自我反思意识，从而提升教育智慧。例如，加强“教师专业发展共同体”的建设，建构

① 苏霍姆林斯基．帕夫雷什中学[M]．赵玮等译．北京：教育科学出版社，1983.

学习型学校、学习型教研组，将较为松散的教师群体转变为互动互惠的、协同奋进的教师专业发展共同体。通常说：“水本无华，相荡而成涟漪；石本无火，相击而生灵光。”教师成长离不开集体的影响和帮助，离不开同行之间的相互交流和合作。为了提升教师德育素养的行动力，应强化集体研修活动，促使每一位教师在一个富有发展性的“共同体”中相互砥砺、共同成长，让教师的才智和灵感得以展现，让教师职业生活充满激情和希望，让教师都能站在集体的肩膀上飞翔。教师只有不断回顾走过的路及时找出“漏洞”并“修补”，才能飞得更高。例如，《摔跤吧，爸爸》影片中，马哈维亚始终在不断对自己的训练方法进行反思，变换不同的训练方式和技巧，才最终使女儿走上最高领奖台。

三、在教育叙事研究中提升德育素养

叙事指研修人员以叙事、讲故事的方式表达对教育的理解或阐释，它不直接定义教育是什么，也不直接规定教育应该怎样做，只给读者讲一个或多个故事，从中体验教育是什么或应该怎么做。纪录是具体、情景性的，活灵活现描述教师的经验世界；纪录是教师心灵成长的轨道，道出的是真情实感。教育叙事研究是以叙事、讲故事的形式记录在自己的教育实践、教育生活中发生的各种真实鲜活的教育事件和发人深省的动人故事，表达自己在实践过程中的亲身经历、内心体验以及对教育的理解感悟。就是说，教师对在日常教育活动中所遭遇、所经历的各种事件，以叙事、讲故事的方式来表达对教育的理解和解释。基本过程：关注教育经验—捕捉生活，审视教育行为—反思实践，聚焦教育问题—提炼主题。好的叙事=生动故事+精彩的内心活动。一个成功的、挫折的、感人的实例可以通过教师写日记或日志进行，写教育日志、日记可提供对事件的

回顾，如发生过程、处理方法、反思和评价等。通过教育（德育）叙事研究，教师讲述课堂内外发生的事，记录生活中的故事，反思日常工作，分享他人的教育经验，多角度审视和提升自己的德育素养。其中，道德困境叙事是通过口头、书面等多种形式来告知，这些故事或情境中涉及的道德、价值规范，且这些规范在故事或情境中发生的不可避免的冲突。对这些冲突进行选择与激烈讨论，提升理性判断力，形成正确价值理念与道德品质。叙事研究可以促使教师在探索与交流中加深对德育的理解，领会先进的德育思想，更新教育观念，从而使教育思想不断升华，以教育理论指导来促进教育实践的改善。对教师来说，教育叙事研究是一个主动反思的过程，是教师专业化成长的途径，也是德育素养自我提高的方略。在叙事过程中，教师作为“当事人”在自觉思考着自己的教育行为，评判着自己的德育实践，领略到教师对自我专业发展的追求，用已有的知识及评价标准诘问自己、指导自己、提升自己。教师就在这样的教育叙事活动中不断完善、不断超越自我。叙事研究既是一种思考的形态和知识掌握的途径，也是一种诠释和评价事物的方式。“意义赋予”与“价值澄清”成为教师教育叙事的关键，只有不断学习，善于研究，才能增长德育智慧和能力，使德育过程充满着探究、历练、体验、感悟的过程，不断提高德育的吸引力和感染力。教师开展教育叙事研究的问题主要有：课堂中的德育问题、教育变革与教师专业发展、新媒体在少先队工作中的运用、系统化的班级活动设计、提升班级活动品质、班主任法治思维和法治方式的思考、提升中小学教师的艺术人文素养、班主任德育能力提升等。例如，课堂中的德育问题按主题及逻辑顺序列出如下：

（1）教师和学生在课堂里做些什么？他们如何度过课堂的时间？

（2）课堂中发生了哪种互动？谁跟谁说话，说些什么？

（3）教师如何管理班级？课堂的规则是什么？

（4）学生学什么？他们从事什么学习任务，投入的程度和成功如何？

（5）一个学校日或一节课是什么样的，个人或小组在校外还有什么相关的学习活动？

（6）教师对学习能力超常的学生以及学习困难的学生有什么特别的措施？

（7）同一主题怎样教给不同年级的学生？

（8）当学校实施新课程、使用新教材或新的评价体系、采用新的作息表时，课堂有何反应？

（9）课堂决策是如何进行的？由教师？由学生？还是由双方协商进行？

（10）当学生搅乱课堂或者表现出反社会的倾向时，教师会采取什么措施？

（11）我可以怎样改进我的教学？

（12）课程有没有连贯性和一致性？

（13）全校或同部门教师是否持有相同的信念、期待和文化？这些学生能否理解？

（14）师生是否以相似方式感知同样的事件？

（15）当学生不理解某事时，会出现怎样的情况？

（16）教师如何给学生解释一个新的主题？

（17）学生的学习在课堂中如何被监测和评价？

（18）学生怎样在小组中学习？他们从事哪种任务、谁来决定，他们是否相互协作？

（19）学科知识的地位如何？学生可能获得什么知识、技能、态度和行为？

（20）教师如何进行课堂决策？

教育叙事研究的步骤：（1）选择素材并设置问题（道德困境）。如道德失当的原因、学生习得的价值观问题等。（2）预习。教师将道德困境叙事素材与问题印制成问卷发放给学生，给予学生一定的思考与答题时间，不仅让教师收集讨论的基本数据，也给予学生一个充分思考的空间，为接下来的课堂讨论打好基础。（3）统计数据。反映了学生的心理、道德认知现状。（4）分析结果。发现学生的特点和弱点，从而设计课堂教学的思路与重点。（5）课堂讨论。在道德困境叙事的课堂中，教师与学生在平等交流的基础上，激发学生的思维，了解学生的想法，最终引导学生认识并尽可能地接受某种价值与品质。（6）学生意见存档。把握学生心理发展的动向和趋势就能够帮助他们规避产生心理疾病的风险。（7）与家长沟通。采取网络论坛方式，在每个班级的主页上公布全班“思维导图”，众多家长留言、互动，从中得到许多宝贵而有价值的信息。

案例导读

“小静的抉择”

小洁是一个12岁女孩，妈妈曾许诺过，如果小洁能通过干家务和节省午餐费攒到足够的钱用于买门票，她就能在周末去看一场向往已久的演唱会。当她设法攒到了450元时（演唱会门票只需400元），妈妈却改变了主意，告诉小洁与其用这笔钱去看演唱会，不如将它作为新学校的校服费。

小洁很失望，但不管怎样她还是决定去看演唱会。她买了一张票，告诉妈妈她只攒下50元。周末她去看演出并告诉妈妈她要花一天时间和朋友一起玩。

一周过去了，妈妈还没有发现事实真相。后来小洁将这件事告诉了她的姐姐小静。

是不是应该把小洁的行为告诉妈妈？小静犹豫着……

(1) 你觉得小静会告诉妈妈小洁撒谎还是保持沉默？为什么？

(2) 小静平时与小洁关系十分友善，在犹豫是否要把小洁的事情告诉妈妈时，小静应该做出其他的选择吗？为什么？

(3) 向妈妈打小报告与做好姐姐有关系吗？为什么？

(4) 在这个故事中，“小洁自己攒到钱”这件事重要吗？为什么？

(5) 妈妈许诺小洁，如果她自己攒到钱就可以去听演唱会。在这个故事中，妈妈的这一许诺是最重要的吗？为什么？

(6) 如果一个人你不太熟悉或可能不会再见到，那么对他信守诺言重要吗？为什么？

(7) 在亲子关系中，你认为，作为父母，最应该关心的是什么？为什么？

(8) 一般来说，怎样的父母能在子女心中树立权威？为什么？

(9) 在亲子关系中，你认为，为人子女，最应该关心的是什么？为什么？

(10) 回想一下这个故事，你认为小静怎么做才是最负责任的？为什么？

（资料来源：中国德育网）

从这个例子可知，道德困境叙事的最终目的是价值引导、品格塑造、判断力的养成与理性的建构。每一个道德困境故事的叙事教育都是一些价值、品格传递的过程。“小静的抉择”传递给学生以下价值与品格。

信守诺言——妈妈既然答应了小洁，就要信守诺言，如果妈妈信守诺言，就不会发生那一连串的事情。

诚恳沟通——妈妈破坏了承诺，那就应该对自己破坏承诺的原因作一个说明。原因可能是：第一，依靠自己的家长权威，肆意破坏承诺；第二，这段时间家中经济预算有些紧张，希望紧缩一点开支。如果是第二个原因，小洁是应该理解与配合妈妈的；但如果是第一个原因，那就是妈妈的不对了。

诚实守信——小洁欺骗妈妈的行为是不对的。当然，小洁也不是出于本意，而是出于对自己权利的保护。即使这样，也不应该欺骗，应该怎么做呢？那就涉及下一条所说的“争取权益”。

争取权益——妈妈破坏了承诺，不论原因为何，小洁应该主动和妈妈进行良好的沟通，根据实际原因，获取自己应有的正当权益，而不是陷入错误的泥潭——隐瞒和欺骗。

公平正直——小静应该如何是好？装作不知，还是与小洁、妈妈都进行沟通？自然是后者。人具备最宝贵的品质之一就是公平与正直，如果人人知道不道德现象都不闻不问，我们的社会将会变成什么样？因此，当小静遇到这样的困境，就应该与妈妈和妹妹都沟通，将双方的过错开诚布公地表达出来，帮助双方共同改善与进步。

总之，无论是校本研修、行动研究，还是叙事研究等，研究方法都采用定性研究和定量研究结合。定性研究是以研究者本人作为研究工具，在自然情境下采用多种资料收集方法，对社会现象进行整体性探究，使用归纳法分析资料形成结论，通过与研究对象互动对其行为和意义建构，并获得解释性理解的一种活动。定量研究是由假设、概念和建议组成的模型，强调事实、关系、原因，用数字和量度来描述结果。德育科学研究中得出的结论是否可信，取决于两个因素：一是严谨的系统的富有逻辑的将理论与实证观察相结合的推理；二是理论与观察在多大程度上与研究问题相关。

第三篇 关注学生的德育实践

导语：关注学生德育实践，表现在两方面：一是加强学生主体性道德实践教育的意义。只有自我教育的教育才是最好教育，任何一种道德教育仅靠强制或灌输是难以成效的。只有调动学生参与学校德育的积极性和主动性，由“他律”转变为“自律”、由“他育”转变为“自育”、由“外在规约”转变为“内在诉求”，社会道德规范才能内化为个体品德素质。因此，教育者要充分肯定学生在德育过程中的主体地位，考虑学生思想品德发展水平和思想品德成长的规律，激发其内心的道德需求，同时应考虑不同学生由于成长环境、认知特征、心理年龄和性别等不同，采用不同的教育要求和方法。教师只有从学生的道德需要和个体间品德发展差异出发，关注他们的道德生活和精神世界，才能使品德循序渐进螺旋式向上发展。二是引领学生自主德育实践的内容。实践是学生的自我活动，实践活动是品德形成的基础，应在实践活动中将道德认知转化行为习惯，实现知行统一。德育实践要密切联系社会生活实际，用我国社会主义道德标准、价值取向及时代精神来教育学生，陶冶他们的情操，树立坚定的社会主义理想信念。引领学生自主德育实践的内容和途径主要有青少年公民德性教育、道德生活教育、自我关爱教育、创新责任教育、自律能力培养和学生品德自我评价等。

第六章　加强学生主体性道德教育

第一节　主体性道德实践教育的意义

道德教育生命力在于实践。随着素质教育的推动和发展，学校对青少年学生品德教育已经不是苦口婆心的说教，而是侧重于日常行为训练和实践磨炼，增设综合实践活动课程。实践转向克服了传统灌输式道德教育的一些弊端。学校通过德育实践活动，更加突出了学生在道德教育中的主体地位。

一、德育要在“践行”上下功夫

实践既是德性的基础，也是德育的基础。马克思在《德意志意识形态》中说：“思想的产生最初是直接与人的物质活动、与人们的物质交往、与现实生活的语言交织在一起的，观念、思想、人们的精神交往，在这里还是人们物质关系的直接产物。”“不是意识决定生活，而是生活决定意识。”[①] 作为社会意识形态的道德与其他一

① 马克思，恩格斯．马克思恩格斯全集（第3卷）[M]．北京：人民出版社，1971：29-30.

切社会历史现象一样，道德在本质上是实践的。这不仅因为道德是社会实践的产物，而且也因为只有在社会实践中才能体现道德的价值和功能。道德作为人类的实践精神，是人类把握世界的特殊方式，是人类发展完善自身的活动。实践的丰富性是人类及其社会生存发展需要的产物，又深刻影响、决定着其中生存的每一个参与不同社会实践的个体之生命发展。马克思指出人与动物自然生命差异产生的关键在于人的生存方式——劳动——这一实践活动。“动物仅仅利用外部自然界，单纯地以自己的存在来使自然界改变，而人则通过他所做出的改变来使自然界为自己的目的服务，来支配自然界。这便是人同其他动物的最后的本质的区别，而造就这一区别的还是劳动。”① 可见，实践是对人自然生命中超越自然局限之精神力量的生成之源与具体表现，在生理结构上则集中体现在人脑的独特性上。夸美纽斯说过，德行的实现是靠行为，而不是靠文学。“学”要由闻之到见之，再到知之，最终到行之，“学至于行之而止矣”②。

在历史上，对“知”与“行”的关系及其教育的问题有过争议，可概括为“知先于行、知先后行”、“知源于行、行先知后”和“知行合一、知行统一”三种观点；对于知行难易问题有“知难行易”、“知易行难”和“知行亦难亦易”的看法。二千多年前，古希腊人就提出了“美德可以被教会吗?”在苏格拉底看来，智慧即道德，对道德的认知即会导向对道德的实践（德行）。那么，教给学生“美德”，究竟是指将“有关道德的知识”教给学生呢，还是指通过特定的方法培养学生的“德行”呢？前者是一种知识（事实），可通过课堂教学完成，后者是一种行为，德行是一种技艺，

---

① 恩格斯．劳动从猿到人转变过程中的作用[M]．北京：人民出版社，1971：10.

② 王先谦．荀子集解[M]．北京：中华书局，1988.

技艺的进步需要实践。

自20世纪以来，西方德育理论流派中，有道德认知发展理论、价值澄清理论、人本主义道德教育理论、行为主义道德理论、威尔逊理性功利主义理论、贝克的反省道德教育理论等。在这些理论中，有的倾向于认知模式，有的倾向于情感模式，有的倾向于行为模式。例如，英国学校德育较强调促进道德方面的认知能力的发展（包括使学生掌握各种知识、逻辑推理、道德判断原则等）和提供道德训练的机会（包括让学生参与作出决定的活动和扮演各种角色）。美国学校德育通过课堂“问题讨论式”教学，发展学生的个体道德思维，培养学生的道德判断、评价和实践能力；通过价值分析法让学生自己分析和讨论各种道德问题，做出道德判断，并在判断过程中明确道德价值标准；通过澄清法，即由教师或学生选择思想道德专题，专题所涉及的各个主体（教师、专家、家长等）与学生一起思考、讨论，引导学生做出评判并分析、比较他人的观点，选择、阐明自己的观点；通过班级规则法，即让学生参与制定学校的规则和纪律，帮助他们了解规则的本质、道德判断标准和公民的权利义务，提高对不良现象的反应能力和自律能力。

德育实践的逻辑起点应是立足于现实人际关系的培养，即对个人与他人、社会利益关系的把握，只有当人能够意识到这种关系并实际地感受到需要对其加以调整的时候，才会有道德。道德实践是当代青少年学生乐于习德的一种形式，更是德育真正意义所在。德性培育离不开实践活动体验，是在实践中不断学习、反思、建构的。我国古人将体认的道德知识运用于道德实践，要求儿童养成“黎明即起，洒扫庭除，内外整洁”的习惯，青少年时期养成“诚意、正心、修身、齐家”的品行，长大以后才能做出“治国、平天下”的大绩。这种把远大的道德教育目标与儿童日常生活实践联系起来的方法对于今天很有参考价值。实践是需要人们一点点努力的。亚里士多德也认为德性和技术一样，必须通过现实活动才能获得。他说："我们做公正的事才能成为公正的人；进行节制，才能成为节制的人；有勇敢的表现，才能成为勇敢的人。"也就是说，只有在德行或道德实践中才能修炼德性。在培养德性中，这既需要情感体验、道德示范与个人效仿，更需要日积月累、踏踏实实地躬身践行。例如，师生交往活动是学校德育的一条有效途径和潜在的德育资源，对于构建和谐校园、提高教育质量、促进学生成人成才都具有重要意义。因此，按德性成长规律"立德"，充分理解实践的意义，德育应在"行"上下功夫，应遵循"重视践行，知情行统一"这一德育原则。一般地说，行为习惯与认识结合，并且渗透情感，才能产生道德信念。

事实上，许多教育家思想家把道德本质看作是实践的。人的德性是在社会实践中形成的，也在社会实践中表现的，社会实践是检验是否形成某种德性的标准。清代教育家颜之推终身以"实学""习行"为教，认为人"修德立业"的过程应是一个"身习学知、身实习之、终身不懈"的过程，因此，无论道德教育还是道德修养都必须着眼于"实学""实行"，不能脱离实事实物。陶行知在批判"知是行之始，行是知之成"的唯心主义思想中提出"行是知之始，知是行之成"的主张，并且说明这"并不是否认闻知与说知，乃是承认亲知为一切知识的根本，闻知与说知必须要根于亲知里面方能发生效力"①。法国自然主义教育家卢梭认为知善不等于行善，他反对把道德教育理解为向儿童灌输道德成规戒律，反对让儿童记忆空洞抽象的道德概念，以免把儿童训练成伪善的口头谈道德而行为则

① 陶行知．陶行知论师范教育[M]．成都：四川教育出版社，2000：42-43.

不道德的人，建议从小以养成良好行为习惯为主，可模仿别人善良的行为。德国的康德、黑格尔也认为道德具有实践性，不能付诸实践的观念，是不能称为道德的观念。杜威在《学校与社会》一书中批判传统道德教育时提出：在道德方面，学校教育中最令人遗憾的缺点在于试图在极端缺乏社会精神的环境中，培养学生成为未来社会制度的成员。苏霍姆林斯基曾说：由道德概念到道德信念的道路是从行为和习惯开始的，而行为和习惯中又渗透着儿童对于所见所为事物的深刻情感和个人态度。由此看出，道德教育不仅要考虑学生真正的道德思维能力与道德判断水平的发展，更要通过积极的道德活动来实现。

辩证唯物主义的知行统一观认为：实践、认识、再实践、再认识，这种形式循环往复以至无穷。而实践和认识的每一循环的内容，都进入高一级阶段程度。从实际意义上说，“行”比知、情、意更为重要，因为“行”本身是实实在在的道德，而只知不行，只有意愿和体验无行动，则是口头的、肤浅的道德，甚至会变为虚伪的道德。但在实际的教育生活中，重说教轻实践、重形式轻实效的现象较多。现在有些学生如果从文字上或口头上去检验他所受的德育效果，他会讲得动听、写得精彩，可是观之行动，却是另一套。可见，道德教育不仅是知识的传授，而要寓学于行、躬行践履。只有不断地将社会要求、标准、理想转化为个人的需要、准则、信念，并用来支配自己的行动，养成良好的行为习惯，才算达到道德教育的目的。这正如学游泳，必要的理论知识或理性认识是前提和基础，但是学游泳（教学）的目的是学会游泳，能游泳并且游得又快又好，这主要通过亲身的学习游泳实践活动才能实现。

因此，实践性道德教育，实质上就是主体参与道德教育活动，它以指导行动为目的，以形成特定的行为方式为内容的，以评价、预测、调控手段来把握现实中的为人处事，当然，它也是由动机所激励和指引的。道德行为养成先于对道德知识的掌握与理解，这在古今中外都有成功经验证明。忽略学生行为的养成，而只注重讲知识、讲道理，练习书面判断，容易塑造出“语言的巨人，行动的矮子”。

二、实践性德育课程的设置

如果说认知性道德教育是主体通过观念协调、思想斗争、内省、慎独等进行的认识、情感和意志的活动，是致力于自我完善的“无形道德”，那么，实践性道德教育则是按照这种修养所达到的信念、境界、理想来发展完善自身、他人和社会的主观见之于客观的“有形道德”。过去，德育有一种“头重脚轻”（重认知轻实践）的现象，即“高大上”理想化的内容较多，与日常生活相关的社会公德和基本行为规范教育不够，德育书本知识未能对学生尤其年龄较小学生直接地进行行为指导和训练，导致学生对某些道德观念和思想可信度降低。

（一）实践性德育课程的概念

实践性德育课程是以培养学生独立思考和解决问题的能力为主要任务，通过学生的主动参与，亲自实践，联系社会生活实际，从中发现和获取道德知识，并使能力、情感、意志得到训练。它是按照各种活动项目和特定方式组成的一种课程形态。任何活动，不管是校内还是校外的，正规的还是非正规的，只要对学生的思想、政治、道德素质发展有积极作用，都可视为实践性德育课程。这种活动课程可追溯到古希腊著名哲学家柏拉图的“儿童游戏场”，强调给儿童讲故事、做游戏，通过音乐、歌唱等方式对儿童进行道德教育，培养儿童积极主动的参与意识。18 世纪法国启蒙主义教育家卢校非常注重“直接经验”，强调“世界以外无书本，事实以外无教材”。1896 年，杜威在美国创办芝加哥实验学校，是学生家长、教师、教育工作者合作的一个组织，以儿童活动为中心，为改造儿童经验而设计的，称之为“实践课程”。该课程的主要目的并非追求某种统一的道德认知，而在于培养学生知行合一的行为习惯和积极参与社会、勇于实践的态度和践履能力。例如，爱劳动，通过实践体验，明确劳动的辛苦及其收获，形成一定的劳动态度，继而向劳动行为习惯转化，最终形成劳动品质。我国义务教育阶段 3 到 9 年级综合实践活动中的劳动与技术教育课，小学和初中每周分别不少于 2 课时和 1 课时；普通高中要开好通用技术课中的劳动与技术教育，并保证劳动与技术教育课时每学期不少于通用技术课总课时的三分之一。其他学科也要有机融入劳动教育。要积极组织学生开展校内劳动，开展劳动实习和实践活动，同时也要鼓励学生积极参加家务劳动，培养学生良好的劳动习惯。社会各方面要协助学校抓好学生的劳动教育工作。

（二）实践性德育课程的目标和内容

实践性德育课程的目标是依据一定社会要求，结合学生品德基础，培养学生自律精神和实践能力，发挥学生在道德生活中的主体作用。在我国现阶段，实践性德育课程的目标就是落实中国共产党的第十八次代表大会提出的培育和践行社会主义核心价值观的要求。

实践性德育课程的内容极其丰富，涵盖各类社会道德实践，是个人施之于他人和社会、社会施之于个人的主观见之于客观且具有价值意义的一切实际活动。有必要指出的是，活动指在教育过程中学生的可观测的或者外显的活动，并非内心活动、精神活动。例如，在入学时，开展为期 2 周的军训活动，目的在于增强学生国防意识，培养学生吃苦耐劳、磨炼意志、遵守纪律、服从指挥、维护集体利益等观念。学校定期组织学生参加一些公益性的活动，如维护交通秩序、维护消费者权利、社会政策宣传、绿色环境保护、助残送暖等。通过仪式活动，培养学生仪式感，学校是一个充满仪式活动的地方，仪式感具有爱国主义教育和集体主义教育的意义，例如统一着装唱国歌。仪式教育的价值在于：内可以养性，外可以修行。定期开展班（队）会活动，通过特色班会活动，鼓励学生走进社会，完成集体委托的任务，然后以班会的形式共同交流，促进学生理解生活、珍惜人生。此外，开展校园文化节（科技、文体）活动、宣传纪念活动、卫生值日活动等。苏霍姆林斯基在帕夫雷什中学曾拟定“道德习惯纲要”，其内容有：（1）把已经开始做的事情做到底；（2）做工作只能认真，不能马虎；（3）任何时候不要把自己的工作推给别人，也不坐享他人的劳动成果；（4）帮助老、弱、孤、寡；（5）绝对不容许为了满足自我的愿望而使父母在某些方面受到限制或增加许多困难；（6）既要考虑自己的快乐、满足和欢娱，同时也必须顾及别人的需要；（7）不隐瞒自己不体面的行为，要有勇气把这些行为直言不讳地告诉你认为需要告诉的人。

（三）实践性德育课程的运作

德育是以复活生命的新感性为逻辑前提，复活新感性是指采取有效措施促使人保持对周围世界充满想象力，对现实保持一种鲜活的道德情感体验，保持对自然、对社会、对自我充满热情，感受社会道德生活的能力，对未来世界怀有一种无限的向往探索与创造精神。学校德育过程要实现两个转化，即把社会规范要求内化为学生的品德，又将学生品德观念外化为道德行为。那么，实践性德育课程为品德外化提供实际锻炼机会，同时，学生对一定道德知识的掌握、运用、巩固、深化也都依赖于德育实践活动。

实践性德育课程的运作基本步骤：（1）设立道德问题情境。即由一定物质因素和文化因素构成的外部环境，这是进行实践性德育所必需的前提条件。选择道德问题情境，要联系社会生活中带有普遍意义的学生关心的问题，联系学生思想品德存在的问题。例如“艰苦奋斗”教育专题，通过课前调查，在课堂上，教师利用学生文具盒进行讨论。一个是100元的高级文具盒，一个是50元的新文具盒，一个是跟随学生上课多年的文具盒。让学生说说文具盒的功能，说说更新文具盒的理由与不更新的理由，说说文具盒背后的故事，谈谈自己的想法与看法，感悟其中的多元价值。（2）操作体验。学生作为道德实践的主体参与各种校内外活动，从中进行教育（自我教育），学会社会生活，获得道德健康成长，其行为练习过程为：懂得道理—明确要求—模仿学习—自我检查—反复练习—形成习惯。（3）分析评价。德育活动指标的拟定应便于测评，直观明了，易于掌握。一般分为他评和自评两种。（4）结果验证。处于他律水平，以“仿效”为特征，道德活动以服从为任务；处于自律水平，以自主为特征，上升为一种有追求的活动，“见贤思齐，见不贤而内自省也”，把道德化为内心律令，同义务结合，做到知行统一。

三、品德践行的个体价值与社会价值

马克思主义认为：“价值”这个普遍的概念是从人们对待满足他需要的外界物关系中产生的。价值反映着主客体关系，是客体对主体需要的满足程度。一方面，价值反映的是主体需要，主体不需要的东西对主体来说毫无价值；另一方面，客体若不具有满足主体需要或不能成为主体需要对象时，就不成为价值客体。所以，人是价值关系中的价值主体，而具有能够满足人的需要属性的外界物是价值关系中的价值客体。

德育价值问题是整个德育体系的逻辑起点和归宿。不同学者对于德育价值的概念有不同的见解，主要有以下几种观点："德育价值就是德育活动（德育价值客体）对于社会成员和受教育者（德育价值主体）的作用或具有的意义。""德育价值是作为客体的德育活动及其功能对作为德育价值主体的社会、个人德性需要满足与否、促进与否的关系。""德育价值是具有一定需要的主体与德育发生的相互作用过程产生的、符合主体目的和满足存在与发展需要的结果。""德育价值就在于提高、扩展人的价值，就在于使人活得更有意义，最大限度地发挥他的创造才能，更有人的尊严。"① 尽管德育价值的表述尚未统一，但是德育活动不外乎表现为个体和社会两个方面的价值。事实上，我国传统文化中德育价值十分重视人与社会和谐。人与社会和谐体现的是道德同一性，道德同一性反映了个体自我价值和社会价值之间的一致程度，这是对人类社会共有的价值、伦理、规则和信仰的自我确认。之所以重视活动、交往和对话在教育中的价值，是因为活动是学生生命得以表现的基本形式，活动过程是学生内在潜能得以双向对象化的过程；离开活动，学生的潜能就失去凸显、生发、确证与表征的基础。

（一）个体价值

社会生活和历练是一个大课堂，道德教育与社会实践活动结合起来，将深化学生对道德认知的理解、巩固和运用。人的品德形成和完善，虽离不开个体主观学习，但更多离不开实践，社会活动和交往给品德发展提供一个验证和深化的机会，品德践行就是客观物

① 孙喜亭．人的价值、教育价值、德育价值[J]．教育研究，1989，(4)：23.

质生活与个人主观认识的有机结合。道德实践（践履）可以铸造个人良好的品行，使个体不断改变自身的品德知识结构，丰富道德情感体验，坚定道德意志，表现出人的主体性和创造性统一。如果没有实际行动，那么任何良好德行都培养不起来。我国古代把“德”注释为“得”，认为个体道德是按照社会道德规范去行事而心有所得。“德者，得也，行道而有得于心者也。”① 可以说，个体道德就是个体经过长期的伦理行为而由社会外在规范向个体内在心理的生成。例如，孔子重视学、思、行结合教育，他说：“今吾予人也，听其言而观其行。”古希腊哲学家亚里士多德曾经说过：我们每一个人都是由自己一再重复的行为所铸造的，因而，优秀不是一种行为，而是一种习惯。他说：“德育和其他技术一样，是用了才有，不是有了才用”，“通过现实活动而具有某种品质，品质为现实生活所决定”。这就是说，行为是道德灵魂的外化，德行更重要的则是要做、要行动。内化于心，外化于行。重视经由学生自主研讨和群体生活经验而生成的规则意识和价值观，重视学生实践智慧。可见，品德践行的个体价值体现“以人为本”的德育价值取向，它要求德育应该关注人、理解人、尊重人、发展人，强调人的天性和人格的自然全面发展，关心人的身心健康发展和生活的完满幸福，凸显德育的人道主义和创新精神。其具体有以下几方面的作用：

1. 认知作用

只有在行动中，通过行动，个人才能形成和发展道德认知的能力，使自己原有思想适合于外界的规律。通常说，没有看世界，哪有世界观？当学生认识到这个世界的广大，才能意识到自己的渺

① 朱熹. 四书集注·学而篇[M]. 北京：商务印书馆，2011.

小，才能弱化自己的痛苦，才能包容世界。所谓“吃一堑，长一智”，便是这一道理。为此，德育必须通过实践活动，用现实社会道德情境来教育学生，让学生在参与真实的社会生活过程中认识社会、了解国情，成为“社会化的人”。教育者要引导学生到社会上亲眼去看看，亲耳去听听，再用心去思考，不应与社会隔绝疏远。

2. 调控作用

它是以良心、义务、舆论为手段，自觉地调控主体在各种道德关系中的自身活动，调控包括认知、情感、意志、行为方面的干预和影响。如孟子所说：“见孺子入井而知恻隐”，这便是情感调控作用。人与世界的关系，是“我在世界中”，即人是“融身”在世界中、“依隅”于世界中、“繁忙”于世界中，生活与实践使人与世界融合为一，通过实践来展示自己，又通过实践来发展自己。

3. 评价作用

道德评价分为正确地评价自我和评价他人。道德活动主体的自觉、自主、自控往往是评价作用产生的条件，其表现：（1）建议——劝告，如你应该怎样做；（2）命令——规定，如助人为乐是你的责任，要求你去助人，谴责那些不愿帮助别人的人；（3）指导行动，如通过校外活动教育，培养学生在社会实践生活中掌握社会生存的基本能力、自主自立精神和尊重他人、平衡人际关系的品德修养。

4. 修身作用

也指自律精神或自我教育。它是以学生身心发展特征、需要与规律为基础的，培养现代人道德素质的一种教育方法。它是让每个学生都有责任和能力参与家庭、学校与社会各种事务与管理，直接参与其教育活动的过程，在实践中发挥学生主动性，做到知行统一。实践性德育课程为学生接触社会提供机会，如在交往活动中，学生与不同成员交往，形成社交意识，掌握人际关系准则，培养社交能力，有助于促进积极人格的发展。

（二）社会价值

主体实践性道德教育，对于社会主义民主法制制度的建立与完善，对社会的安定与和谐，对社会公正的确立与维护等都具有重要的价值。学生实践性道德教育活动与社会服务需要相结合，从身边做起，从日常小事做起，为社会提供力所能及的服务，推动社会“两个文明”建设。

1. 促进精神文明建设

近年来，我国大力推动中西部地区、城乡地区协调发展，可以看到，地区之间物质文明的差距在缩小，但精神文明之间的差距仍有较大不同。实践性品德教育过程是一个使学生在道德方面社会化的过程，即个体品德社会化。人只有将自身具有的理想、信念外化到客观的活动过程、环境因素中，才具有真正的道德意义。它是处理自我与社会关系的一种手段，如小学开展的“手拉手”互助活动、中学开展的“青少年志愿者行动”等，都以实践活动为基本途径，在活动中青少年儿童懂得了作为一个还不富裕国家的孩子，从小就应学会为社会为国家承担一份责任，在助人中体验到服务的快乐，在奉献中培养友爱情趣，感受祖国大家庭的美好。实践活动增强了他们观察社会、观察生活的能力，彼此交往增强了团结协作的能力。实践活动是学生学习社会、了解社会、学会做人的“太平台”“大课堂”，其宗旨是引导学生学会生存、就业创业、自理自律、乐于助人、学会创造、追求真知等，活动既是学生加强品德修养和立志成才的必由之路，也是推动整个社会道德风尚好转的有效途径。

2. 促进物质文明建设

品德践行有助于经济建设和物质生产的发展，因为它参与生产管理过程，提高生产效率和产品质量。品德践行不仅使人自身得到锻炼，促进人际关系的和谐，而且能焕发人们劳动热情，能体验到实践的收获，为社会做出了贡献，从而增强了为集体为社会服务的义务感和责任感。德育作为人类的一种理性实践活动，可以帮助学生掌握某种道德知识，发生某种道德情感，产生某种道德行为。学校德育的效果如何，固然要看学生道德知识的多少、道德情感的表现、道德行为的变化，但更要看其培养出来的学生对社会发展产生了什么贡献。有良好品德的学生一定能推动社会的发展和进步。假期中，学校可开展学生夏令营、冬令营等社会实践活动，如“重走红色路线，接受革命教育”活动，参观活动，走入乡村开展环保宣传行动，和留守儿童一起开展有益身心健康的活动，走入社区开展关爱帮扶活动等。在实践中历练，在奉献中收获，既践行社会主义核心价值观教育，又能推动当地经济建设和社会发展。

总之，主体参与式道德教育，在奉献社会、服务他人的过程中，既可增强奉献精神、社会责任感和公德意识，又能开阔视野、丰富人生经验，提高思想道德素质。同时，实践性道德教育还要与提高道德认识、情感意志因素相结合，才能收到良好的教育效果。因为只有“知”而没有相应的“行”，或者只有“行”而没有相应的“知”，都不能构成完整的品德。需指出的是，实践性道德教育是针对某些学校教育忽视践行而对践行加以强调的，并不是说只要践行，避免“道德形式主义”，走向另一个极端。

第二节　学生品德发展差异与德育

《国家中长期教育改革与发展规划纲要》（2010 年）指出："关心每个学生，促进每个学生主动地、生动活泼地发展，尊重教育规律和学生身心发展规律，为每一个学生提供适合的教育。"从现实来看，学校德育往往注重学生整齐划一的教育，教育者用同一个标准和要求来评价学生，很少顾及学生品德发展的差异存在，导致德育内容要求不能有效地被学生个体内化和恰当表现，其结果可能是费力颇多却收效甚微。这种不切合学生实际的德育，可能造成个体道德的虚假成长，甚至会破坏个体道德价值体系建构的基础。只有尊重学生品德发展的差异，了解学生品德发展所处状况，选择和创造适合学生发展的德育，使德育走进学生心田，才能达到入脑入心的效果。

一、树立正确的学生发展观

学生观涉及如何看待学生在教育活动中的地位和作用，如何把握学生身心发展规律等基本问题。教师对学生有什么样的学生观，就会对学生采取什么样的教育态度和方法。实际上，学生观就是对学生的本质属性和基本特征的认识和把握。现代教育着眼点是学生本身，它给教育对象以丰富的人文关怀，把学生看作既是鲜活的现实中人，也是期待着具有一定社会化和个性化的人。教育过程是学生现实成长过程，教育工作者必须认识到只有将学生的现实状态与未来发展相结合，才能构建合理的学生素质发展目标。自主发展学生观就是要求学生根据自身特点和外在影响因素来确定自我发展目标，认识自己发展的优势，自我掌握发展的策略，并能够为自己的发展争取、改善乃至创造条件。自主发展并非是自然发展、片面发展、消极发展，而是主动发展、全面发展、积极发展。自主发展学生观包括以下内容：

（一）学生是具有主体性的人

学生不仅是教育的客体，而且更是自我教育和发展的主体。在现代教育过程中，学生绝对不是被动接受外界知识的“容器”，而是参与教师教育活动（认知、情意）的主体。现代中小学生具有强烈的民主观念、开拓精神和创新能力，体现独立性、主动性、能动性特征。为此，教师任务在于创造条件让学生“有为”、教会学生学会学习、促进学生自主学习，其地位类似于体育项目中的“教练”，教育者不是包办代替。德育活动中“练习”“活动”的主角始终是学生，教师要创造条件让学生“有为”。一方面强调的是学生主体地位，另一方面强调学生唯一性、不可替代性和独特性。在不同阶段，针对不同学生有不同德育内容，如诚信品质在什么年龄用什么方式教育最好，这是值得思考的问题。人们习惯上认为，德育方面教师讲得越多、越细、越深、越透，学生就学得越快、越好；教师带领学生“钻山洞”，总比学生自己摸索要更快一些。事实上，这样做容易养成学生思维的惰性。教师成了“讲师”“话筒”，学生却成了“听众”“哑巴”。学生熟记的道德知识教师可以不讲，学生遇到道德困惑尽量让学生自行解决，教师只作点拨性的引导，让学生由被动地接受知识变为主动地建构知识，最终真正成为道德学习的主人。

（二）学生是具有巨大潜能的人

潜能是每个人深藏着的智慧才干和精神力量，被称为“沉睡在心灵中的智力巨人”“每个人身上有待开发的‘金矿脉’”。学生的潜能是多方面的，有的学生在考试成绩中或许表现不出自己的才能，可能在其他领域（情意方面）活动中展示出来。杜威曾说：儿童不真是尚未长成的大人，儿童期有其自身的内在价值。教师要创造更多机会，提供不同课程资源，让每个学生都达到不同程度的锻炼和发挥，特别是一些“软技能”发展，如人与人交往的技能等。当进入社会后，有了人际交往能力，他们就能正确看待自己和他人，形成适应社会生活的品德和能力。例如，澳大利亚基础教育的办学形式多种多样，以满足不同学生的需求，实现因材施教，除精英学校外，普通学校从 5、6 年级开始设有天赋班，政府规定要使 6% 左右有天赋的学生接受特殊教育。这与我国的重点学校、示范学校、实验班、特长班不同，它的宗旨是：每一个孩子都有权受到适合自己能力的教育，就像为伤残儿童提供的特殊教育一样，那些有天赋才能的孩子也应该受到适合于他们能力的特殊教育，以满足他们的发展需要。

（三）学生是具有个体差异的人

人之所以可贵不仅在于具有至高无上的“理念”“逻各斯”“图式”等理性精神，还在于具备一种由“气”“生”“知”“义”编织的、富有诗意的德性精神。每个孩子都是独一无二的存在，孩子是平等的却又是独立存在的个体。调查表明，学生个体品德是受多方面因素影响和制约的，且具有发展的差异性。差异性表现在不同生活背景的个体之间和不同学段之间。德育不仅依赖外部条件，而且也依赖学生的内部因素。每个人从出生开始，就是独一无二的生命个体，有其独立存在的生命价值和生命尊严。学生是具有丰富思想感情的、受着社会家庭各方面影响的、处于身心成长变化的、有独特个性的人。每个学生的生活背景、学习条件、主观能动性、社会实践以及社会化程度等不同，个性心理特征也就不同。例如，受生理影响，男孩往往表现出顽皮、好动，相比女孩来说，他们更难约束自己，好习惯的培养也比女孩更困难；在语文教育方面，女孩的自我约束和纪律性，使她们更容易也更愿意接受家长、老师的建议去按部就班地提高语文水平，而大多数男孩一般还会依然故我。此外，由于过去与现在生活内容的差别，有些儿歌歌词显得不合时宜，例如，马路上捡到一分钱，一分钱是什么样？世上只有妈妈好，父亲难道就不好吗？等等。为适应不同地域、时代、文化、经济差异，教育内容应有所变化，要着眼于发展不同学生要求，不能用同一培养模式、教育内容和评价标准来衡量所有学生，学生质量评价标准应是“合格+特长”，即在德智体全面发展基础上，创造适合学生不同的教育。陶行知先生曾说：教什么和怎么教，绝不是凭空可以规定的。他们都包含“人”的问题，人不同，则教的东西、教的方法、教的分量、教的次序都跟着不同。尊重每个人的独立人格，弘扬每个人的生命价值，这既是教育的起点，也是教育的归宿。在某种意义上说，教育就是改进孩子身上消极的因素，弘扬积极的因素，并在这种改进与弘扬中，引领、帮助和促进每个孩子的成长与进步。尊重差异、利用差异、改进差异、优化差异并弘扬差异是教育的本质规律。每个人从父母那里遗传下来的个体体征、智力特点、性格特征以及出生之后从其所处的家庭环境、社会环境所习得的一切，无论是积极的，还是消极的，这些都需要教育者认同并给予差异化教育。

（四）学生是具有可教育性的人

学生是一个权利主体，这是现代社会的学生观，尊重和保护学生的权利是教育之道。只要提供适当的教育条件，多数学生都会学有所获、学有所成，不断获得进步。要坚决纠正成绩高的就是“优生”、成绩低的就是“差生”的错误观念。教育要悦纳每一个不同的孩子，教育的意义就在于激发每个人积极向上的生命价值，将每个人的生命价值发扬光大。对于一些问题学生或后进生，由于先天不足和学习过程中某些缺陷，只要找准问题的“病根”，对症下药，没有教育不好的学生，也就没有克服不了的教育困难。不把学生的特点当成缺点，学生是在犯错误中长大的。当然，这需要教育者极大的耐心、信心和爱心。无论如何，我们不能用静止的、孤立的眼光看待学生，而要用辩证的、发展的眼光来评价学生。在教育方法中，以学生的心理变化和认知基础为依据，以道德方式来培养有道德的学生。只有道德的教育才能孕育有效的道德教育，才能培养学生的道德理想和行为习惯，使之成为有责任感、有关爱意识和移情能力的关怀者，才能获得人生的幸福。通常地说，教育学生没有通用的“术”，关键是在探索中悟“道”。“道”是事物发展的根本、本源和机理，“术”是运用道的策略和方法。“道”决定“术”、统领“术”，是“术”的灵魂；“术”反映“道”、服务于“道”，是“道”的手足；没有“道”，“术”就会变成无本之木、无源之水。学生是具有可教育性的人，特别是对缺陷儿童的关照是社会进步的表现，是教育公平的标志，是个性教育的最高境界。在这方面，我国已经开始把特殊教育事业纳入经济社会发展的规划。

二、学生品德发展存在差异的因素①

狭义的品德发展是指个体在学校教育中品德发生和发展的变化过程。品德发展差异是指个体在共同性和独特性方面不同程度的、

① 韩传信．基于学生品德发展差异的有效德育实现[J]．安徽广播电视大学学报，2013，(3)：56.

有差别的发展，是相对于统一发展、平均发展而言的。学生品德发展是在遵循连续性、阶段性、定向性基础上，具有不平衡性和差异性的，存在此时与彼时、此处与彼处的差异，即是在思想、性格、品质、意志、情感、态度等方面不同于其他人的特质。青少年学生处于身心变化的时期，可塑性大，不同年龄阶段、生活成长环境、品德基础和个性特征决定了学生个体品德发展的差异。品德发展差异是客观存在的，这是因为个体品德发展在速度、到达水平以及优势领域方面往往不尽相同，因人而异，其差异性往往源于家庭、学校教育、社区影响和个体主观能动性方面的不同要求和作用。

（一）不同个体之间的学生品德差异

品德是个体对社会道德要求的反映，具有稳定的个体道德意识和道德行为习惯的特性。可以说，品德是行为的、价值的、关系的、心理的、思维的和语言的多层次复合构成物。在马克思关于人的发展学说中所谈到的“有个性的人”，是指有差异性的人；“尊重个性”，是指尊重差异，打破完美主义。学生接受教育往往具有生理心理、环境条件、同伴交往、社会评价和主观能动性的基础，这些不同基础导致诸如情感态度价值观、道德学习方式、行为习惯养成等方面的差异。建构主义理论认为道德学习是社会价值内化与个体品德建构过程的统一，自主建构的过程是在已有品德基础上，通过“同化”与“顺应”来改变其内部认知结构，从不平衡走向平衡，再走向新的平衡，从而获得品德不断发展。每个学生都是自己道德结构建构的主体，按照自己的学习风格学习，有自由选择的权利和自主体验感。个人品德是在社会道德气氛熏陶和学校道德教育影响下形成和发展的，由于学生来自不同家庭生活背景、社会环境和价值取向等方面的不同影响，因而道德水准是不同的。通常情况下，学生获得道德认知的途径：一是与其他道德主体发生相互作用，在这种互相作用中接触外部道德规则的影响；二是与其他道德主体有一种情感上的联系，这种联系感使学生在原有道德认知结构的基础上进行双向建构，获得对他人亲爱、畏惧或尊敬等情感。道德认识是道德情感形成的基础，道德情感总是伴随着一定的道德认识过程而产生的，并对道德认识具有指向作用、驱动作用、弥散作用、中介作用和固化作用。个体生活在不同制度和文化环境中，品德素质差异也是不同的。学生发展的首要问题是品德发展，关键是价值观的养成。有了正确的价值观，人生就有了积极的意义。因此，教育一定要体现“育人为本”理念，就是指要考虑一个人的心理和生理的特殊性，在教育中尊重学生身心发展规律，理解学生在家庭背景和文化上的差异，在正面教育基础上，联系实际生活，创设价值“两难”情景，引导学生进行价值澄清、价值推理和价值分析，在现代多元价值观中确立正确的社会主义核心价值观，这是立德树人的必然选择。尤其是，教师对于易犯错学生，既不能推脱，也不能抱怨，需要知过则勿惮改，不重复已犯的过错。孟子说：“君子之所以教者五：有如时雨化之者，有成德者，有达财者，有答问者，有私淑艾者。此五者，君子之所以教也。”①

（二）不同年龄阶段的学生品德差异

青少年儿童品德行为在总体上呈现出年龄特征，并且表现出各自特点。由于个体成长条件、实践活动和品德心理机能的变化导致品德发展既有顺序性，又有差异性；既有稳定性，又有可变性。个体成长过程经历了各种不同的道德发展的水平、阶段，发生在这同一个人身上的这些不同水平与阶段如果被横向排列起来，就成了同

① 孟轲．孟子·尽心上·四十[M]．北京：燕山出版社，1995.

时并存的许多各不相同的道德价值观念，我们可以将这些不同的人所具有的不同的道德观念看作是发展水平上的不同或发展程度上的差异。正如卢梭所说："大自然希望儿童在成人以前就要像儿童的样子，如果我们打乱了这个秩序，我们就会造成一些早熟的果实，要按照学生的年龄去对待他。"① 除了品德发展顺序性特点外，品德发展同样地也存在着年龄阶段性特征或关键期。心理学家皮亚杰研究指出，不同年龄阶段对道德规则理解是不同的，例如对"公正"概念，7～8岁之前，儿童把服从成人的权威作为公正；8～10岁，把平均主义作为公正；从11、12岁开始，考虑公正不再意味着所有的人都完全服从同一个规则，而是考虑到每个人的情况，因人而异。后来，美国心理学家和德育学家科尔伯格依据"两难故事法"道德推理方式，将道德发展划分为"三种水平六个阶段"，"三种水平"，即前习俗水平、习俗水平、后习俗水平；"六个阶段"为惩罚与服从、相对快乐主义、人际间的协调或好孩子、遵从权威与维护社会秩序、民主地承认法律、普遍伦理原则的阶段。例如，在道德发展习俗水平的第三、四道德定向阶段上，道德主体就会进入双边的人际期望、人际关系、人际顺从及履行各种义务的阶段。每一个阶段发展都是以前一阶段的发展为前提，高级阶段的道德思维方式必然包括或涵盖低级阶段的道德思维方式。由此看出，为适应不同年龄阶段学生的身心特点、认知水平和品德形成发展规律，德育面临不同的任务。一般地说，小学阶段侧重生活观教育，强调学生道德行为习惯的养成，具体地说，小学低年级侧重行为训练，中年级培养自觉纪律，高年级培养文明习惯，并防止不良的行为习惯；初中阶段侧重是非观教育；高中阶段侧重人生观教育；大学阶段侧重

① ［法］卢梭．爱弥儿[M]．李平沤译．北京：商务印书馆，2001：92.

职业观教育。随着年龄增长，不同变量的差异度以及对人的发展影响程度朝着不同方向发展。俄国著名的心理学家维果茨基曾提出“最近发展区”概念，在每个学生品德“最近发展区”中选择能够促进学生道德成长的适宜内容和适切要求，使学生不断接受新的学习挑战，其品德发展也会更有成效。需要指出的是，学校德育目标应与社会发展和个体身心发展相适应，如果德育目标过度拔高，超越社会发展阶段和青少年的身心发展水平，那么德育目标就很难落地生根。为此，应构建幼儿园、小学、初中、高中、大学德育目标衔接，使学校德育能够贴近社会、贴近生活、贴近学生。品德差异发展是适应性与超越性的辩证统一，超越是在承认和充分认识个体差异前提下的超越，是适应中的超越；适应是为了超越的适应，品德发展如果仅停留在适应的水平，那么，发展就无从适应。需要说明的是，有效德育既要有规范的统一性，又要有个性的差异性；是在适应与超越中寻求统一，在面向全体与顾及个别之间寻求平衡，处理好差异德育与趋同德育的关系。趋同德育就是说有共同的价值追求，德育具有普遍性、规范性和基础性，学校按照国家教育方针要求来培养社会所需人才，实现人的知、情、意和谐发展，形成学生共同体的行为特征，促进个体社会化和社会个性化的统一。然而，教育是促进个体成长的活动，这就要求学校为每一个学生提供适合的教育或差异德育，坚持促进全面发展和个性发展的统一，因为适合的教育才是好的教育。

三、实现差异德育的有效策略

在教育现代化进程中，学校德育要为每个学生提供独立判断和自主行动选择的机会，拓宽道德实践的范围和领域，为提高道德素质创造良好的体制机制。应基于学生品德发展差异，采取有效德育途径。有效德育是德育目标与德育过程一致性的关系，其实现策略是根植于一定社会的传统文化，立足于学生品德差异，遵循不同习德方式，以促进每个学生品德在原有基础上得到充分完满的发展。实践表明，真正能走向学生心灵世界的德育才是有效的德育，走向学生心灵世界或以生为本的德育应该是关注品德发展差异、理解尊重学习者道德需要、选择适合的德育方法。可以说，任何一项德育活动要取得理想的效果，其目标内容、方法手段、评价管理等都要充分考虑德育对象特点，因为德育效果与学习者参与程度是呈正相关的。实现有效德育的方式是激发道德学习愿望，确定德育起点；针对学生个体差异，选择师生交往方式；建立发展性评价，增强教育可接受性，从而实现德育可持续发展。

（一）激发道德学习需要，确立德育起点

通常说，道德学习方式除了来自外在规约外，还有源于内在诉求。道德需要是受教育者接受各种道德影响的一种内驱力。心灵之润泽，德性之感染，都是由道德学习需要指引的。道德学习需要包括社会性需要、精神性需要和发展性需要。内在诉求反映人的道德需要，只有激活主体道德需要，才能将外部的强制要求转化为自觉的道德行动，进而推动个体德性发展。为此，首先教师要确定受教育者的主体地位，激活和满足学生道德需要。例如，尊重的需要，我们常常要求人有道德，但是，我们很少去追问，这个人在接受教育时有没有获得尊重，如果没有尊重，就可能没有道德的起点。其次，实施美的德育，以美育德。善是内在的美，美是外在的善，善美不分离，德性最高境界也是美的。教师要增强德育自身魅力，使道德学习成为学生喜闻乐见的形式，做到情感性、人本性、艺术性的融通整合，在此基础上着力培养规则意识、纪律精神、献身社会和意志自由的品行。一般地说，学生都希望做一个有道德的人，只

要清晰理解道德需要，就一定有助于他们改善自己的实际行为。我国明代著名的哲学家、思想家王守仁曾说：因人而施，质异也；同归于善，性同也。学生个体差异是德育活动的起点，有效德育必须考虑学生个体不同情况，为学生设计并组织灵活的、多样的德育活动。一般地说，在以下条件下品德学习达到最佳效果：（1）学习内容对个体具有意义；（2）学习内容要求处于最近发展区，并且学生愿意接受来自外部的挑战；（3）学习内容与学生的发展水平相适应；（4）学生按照自己的学习风格学习，有自由选择的机会和体验自主感；（5）新道德认知构建在已学知识的基础之上；（6）提供活动和交往的机会；（7）获得正确评价和及时反馈；（8）实践运用策略；（9）营造积极的人际情感氛围；（10）课堂环境有助于实现学习目标①。亚里士多德认为，教育是一种个体发展的过程，要使人善良而有德行，必须通过天性、习惯和理性三个方面来实现，在阐明人的自然素质、潜能与环境熏陶对人的发展的作用，提出并论证教育与人的自然发展相适应的原则，并把人划分不同阶段分别施以不同的教育。20 世纪 90 年代，萌生于特殊教育领域的“全纳教育”，后转而开始关注每个儿童的差异，关注每个儿童独特的发展需求，让每个学生都能有效地参与到教育活动中来，发扬其所能，学得其所需。这正如植物的成长具有节律一样，人的品德发展也有自己的节律，其中，每个阶段都有不同任务。因此，教育应该尊重人的自然成长规律和个性化发展，整体把握学校德育内容的序列化和层级化，针对品德发展差异，打造德育的特色课程。古语云：“学起于思，思起于疑”，对于道德困惑问题，教师可以诱发正确的

① ［美］Carol Ann Tomlinson. 多元能力课堂中的差异教学［M］. 刘硕译. 北京：中国轻工业出版社，2003：27.

道德动机，调动道德学习的积极性，提升道德认知和思维能力，并把学生思想引导到正确的行为上来，从而教会学生自我教育。差异性是指教育要承认每一个学生都有自己的独特性，承认每个学生发展不平衡。德育只有尊重这种个体差异性，寻求适合于个体独特的教育，才是最积极、有效的教育。从个体差异的角度看，每个学生对客观世界的认识及其表现方式都受到他已经形成的经验背景、思维模式和行为习惯的影响。新的品德需要与原有品德结构的对立统一，便构成学生品德发展的内部矛盾，内部矛盾是形成品德发展的动力。了解和研究学生是教师德育工作前提和基础，不了解学生，何从谈教育？为此，教师应用田野研究的方式、用课堂实录的方式看看学生对道德问题是怎么想的、怎么推理的、怎么思考的、怎么判断的。一个学生的品德形成过程不是一个简单的灌输或训练过程，而是在教师的有效引导下，通过内在的选择、冲突最后形成的过程，也是一个渐进的、复杂的互动的过程。

（二）针对个体差异，确定师生交往方式

交往德育论者认为，教育活动是一种以培养人的完满精神世界为旨归的人与人之间的交往活动，只有在交往中，通过交往，一定的道德观念与规范不再是外在于学生的强制要求，而是学生自主选择、自我建构的思想与行为，这从根本上克服了灌输所造成的道德观念与学生之间的隔离①。德育作为一种“教育性交往”，实践着知、情、意、行的统一。师生交往是以人格平等、互相尊重为基础的主体间关系，通过师生交往来达到一种“美好和真诚的生活”。在师生交往中，一切有效的德育都是以受教育者参与活动为内在条

① 彭未名．交往德育论[M]．太原：山西教育出版社，2010：47.

件的，教师不应仅是道德知识传授者，而更多的是道德学习的合作者、促进者和分享者。教师要以坦诚的态度，积极应对学生道德认识和行为的问题，寻找学生的“关注点”或“共同话题”，只有这样，说教才有新意。师生交往实践不仅是一种教育活动的存在形态，也是学生个体存在和发展的一种基本方式，是学生个体获得知识、陶冶情操、培养品行、形成个性的重要途径。师生交往让学生感受人际的真诚与美好，领悟到“师爱”或“师情”，从而引起深刻的情感体验。师生交往方式影响学生品德生成，不同学生接受师生交往方式是有差异的。只有不断改善师生关系，拉近师生之间的距离，才能寻找到贴近学生的交流话题，让学生有话敢说、有话可说，从而引导学生在交往体验与感悟中形成正确的道德观念。对于学生来说，师生互动过程是有意或无意地学习模仿过程。这种“从游”关系，使教育活动成为一个美妙的生命互动过程。尊重学生个体差异和独立人格，有助于建立平等的对话关系。科尔伯格倡导“道德讨论策略”和“公正团体策略”，意思是在德育过程中尊重学生差异，让学生通过自己的理智活动和实践活动获得道德上的进步。所以，为了满足学生的不同需要，教师应给每个学生平等的机会，面向全体，照顾差异，将“同质分层”和“异质合作”相结合。例如，某学校开设机器人、魔术、航模、花艺、针织、书法、小记者、小主持人、舞蹈、围棋等选修课程，学生可以根据自己的兴趣，选择相应的课程，进行走班制学习。在教学中，教师不仅关注学生道德认识方面的差异，也要关注学生情感、态度、价值观方面的差异，特别要正确对待“调皮生”、“后进生”，让他们分享进步或成功的感受，而不是被排斥，更不能用简单批评、回避或压制等方式来对待。“使每个人潜在才能和能力得到充分发挥，这既符合教育从根本上来说是人道主义的使命，又符合成为任何教育政策指导原则的公正的需要。”① 同时，基于学生个体差异，还要建立学生社团，发挥同伴的教育引领作用。

（三）因人施评，增强德育可接受性

学生品德评价，不仅是德育过程的一个环节，而且是培养良好品德的有效方法。中国传统教育特色之一是长善救失，如《礼记·学记》中讲：“教也者，长善而救其失者也。”即是以完善人格为教育的出发点和目的，而不仅仅只传授知识和技能。《中庸》里面讲，“天命之谓性”，因此，教育要“保护天性”，顺性而为。在差异德育中，教师好比是体育教练，为全队和每个队员都设立奋斗目标，以改善各自的薄弱之处和提高强项，既有集体要求，也有个别指导。在考虑评价标准的同时，针对学生个体差异，无论对优长生，还是后进生，评价应有不同的要求。在学生自评和互评基础上，班主任还要了解科任教师的反馈意见和学生家庭的信息，以减少“标签效应”，甚至有时还要宽容学生的某些过错。在德育活动之前，开展诊断性评价，能了解学生品德发展存在的问题，及时捕捉蕴含其中的教育契机，对学生恰当鼓励和引导。激励性评语要对每个学生抱以良好的期待与赏识，一句中肯的评价能激起学生道德学习的愿望，增强可接受性。班主任写评语犹如与学生“直面谈心”，如某学校教师对一学生干部这样评价：“老师喜欢看你整齐的作业，喜欢欣赏你主办的小报，喜欢你为班级争光时兴奋的笑脸。你的学习成绩优秀，而且对自己要求严格，能以身作则。老师希望你百尺竿头，争取更大进步。”再如，黑格尔在《生活的哲学》里，讲述了这样一则故事：一个被执行死刑的青年在赴刑场时，围观的人群

① 联合国教科文组织．教育——财富蕴藏其中[M]．北京：教育科学出版社，1996：70.

中有个老太太突然冒出了一句，“看，他的金色的头发多么漂亮迷人”。那个即将告别人世的青年闻听此言，朝着老人的方向深深地鞠了一个躬，含着泪大声地说：“如果周围多一些这样的人，我也许不会有今天。”1852 年秋天，屠格涅夫在斯帕斯科耶打猎时，无意中捡到了一本皱巴巴的《现代人》杂志。他随手翻了几页，竟被其中一篇题为《童年》的小说深深吸引。作者是一位初出茅庐的无名小辈，但屠格涅夫十分欣赏他。屠格涅夫四处打听作者的住处，最后得知，作者自小丧母失父，是被姑母一手拉扯大的。为了走出生命的泥潭，作者刚跨出校门就去参军了。几经周折，屠格涅夫找到了作者的姑母，并表达了对作者的欣赏与肯定。姑母很快写信告诉了侄儿：“你的第一篇小说在瓦列里引起了很大的轰动，连屠格涅夫也逢人便称赞你。他说，你如果继续写下去，前途将不可限量。”作者收到姑母的信后，欣喜若狂。他写小说本来是因为生活苦闷而信笔涂鸦，以此来排遣心中的寂寞，并无当作家的妄念。而作家屠格涅夫的欣赏，竟一下子点燃了他心中的火焰，使他找回了自信，有了人生的目标。于是，他坚持写下去，最终成为享誉世界的伟大文学家和思想家。他就是《战争与和平》《安娜·卡列尼娜》《复活》的作者列夫·托尔斯泰。另外，台湾作家林清玄，读高二时被记了两次大过、两次小过、留校察看。他的学业和操行评定都是劣等，多数老师对他很失望，但他的国文老师王雨苍却常常把他带到家里吃饭，王老师有事请假时，还让林清玄给同学们上国文课。王老师对他说：“我教了五十年书，一眼就看出你是个能成大器的学生。”这句欣赏的话让林清玄感动和震撼，他发奋努力，决心不负老师的厚望。后来，林清玄成了著名的作家。因此，对学生评价要因人施评。

（四）加强寄宿制学校学生的管理和教育

寄宿制学校是依据社会发展和教育改革需要而产生的一种教育新形式。从体制上看，目前我国民办中小学往往是以寄宿制学校为主的办学模式，将学生全天候的生活、学习与管理融合在一起。寄宿制学校往往以“教育是一种服务”为工作准则，实施“精细化管理”，为住校生提供“温馨的家园、成长的摇篮”。应针对寄宿制学生特点，加强德育管理，建立德育管理制度，管理制度包括学生行为规范、学习制度（考勤制度、课堂常规、考试制度、教室使用制度）、生活管理制度（作息制度、卫生清洁制度）、学生综合素质测评制度和家校联系制度等。在家校联系方面，寄宿制学校采取的管理办法：第一，召开家长会，除召开全年级家长大会外，还召开形式多样的分层、分类、分班、分学科家长会，因为每个孩子成长情况都是不一样的，面临的问题也是不同的，不同家长会是针对不同个性的孩子，进行个别交流、诊断和咨询。第二，建立家校多样的沟通方式，如家长开放周，家长可以进班听课，观摩教育活动，这不仅能让家长直观地了解学校教育的现状和孩子的在校表现，而且能从观摩学校教育教学活动中得到启发，进一步完善自己的家庭教育；《给家长的一封信》通报孩子学习、生活、纪律等各方面情况，让家长对孩子在校情况了解，并提醒家长需要关注的问题，拉近家长和孩子的距离；还有电话访谈、家长 QQ 群、校讯通、班主任博客等沟通方式。第三，考虑家长的意见，每学期发放家长问卷调查表，了解对学校管理、课堂教学、班主任工作、授课教师、生活指导教师的满意度，并提出合理化的建议，不断改进学校教育工作；邀请部分家长参与班级管理，如监督学生晚自习等。

总之，德育并无固定路径和模式，在某些条件、场合下对某个年龄阶段的学生开展有效的教育活动、方式，对于其他条件和场合的其他学生未必都有效。德育是基于学生道德认知发展水平和个体发展差异进行的，德育不能无视学生差异而自行其是，应该是有所为、有所不为的。实施差异德育，一方面应继承我国传统的因材施教思想；另一方面又以确立学生的主体地位为前提，发挥主体作用，做到育德的自觉性。

第七章　引领学生道德教育实践

第一节　公民德性教育

一、青少年公民德性培育的重要性

“公民”一词最早出现在古希腊，古希腊城邦精神及城邦文化滋养了希腊人自由、平等、民主的精神，以及孕育了公民。亚里士多德对“公民”的定义中包含两种不同的政体成员概念，每一种政体的人民都可以称为“国民”，而只有民主政体中的人民才称为“公民”，并说：没有德性的人是最邪恶、最野蛮、最淫荡、最贪婪的动物①。在马克思看来，公民即“公人”或“公共的人”，也就是有政治权利、能参与公共活动的人。梁启超为改造国民性提出“新民”思想，既吸取西方独立、自由公民人格的思想，又继承中国传统文化的精髓。在《新民说》里指出：新民云者，非吾民尽弃其旧以从人也。新之义有二：一是，淬厉其所本有而新之；二是，

① 转引自徐贲. 阅读经典[M]. 北京：北京大学出版社，2015：377.

采补其所本无而新之，认为“新民”必须具有新道德、新思想、新精神、新特质。他说：“一家之人各放弃其责任，则家必落；一国之人各放弃其责任，则国必亡；全世界人人各放弃其责任，则世界必毁。”① 公民是国家和社会生活中最基本、最普遍的主体，因此，建立现代社会有赖于公民德性的培育。

公民德性，即公民美德、公民公共精神或称社会性道德人格，是指在社会生活中表现出来的道德性，即外在德性。它是相对于个体德性而言的，个体德性是指在个人生活中表现出来的道德性，即内在德性。青少年学生公民德性是指在现代公共生活领域中表现出来的与人类共善价值相符的道德品质，是学生基于公民身份而参与社会生活应具有的品性、能力与资质。它强调公民的责任与义务以及公共服务的角色，是促进学生明确行为责任，达至幸福人生的一种品质。在我国不断推进公民社会和现代化建设进程中，公民德性的培育是学校德育面临的一项根本任务和旨归。公民德性不仅是个人道德状况的表征，也是社会道德水准的标志；既标识着个体生命存在的意义，也构筑着社会和谐发展的根基。处于价值多元的共生时代，面对网络世界的无控制性，现实世界的复杂多变性，加之，在追求自我利益的道路上，公民德性忽略或缺失问题在不同程度上存在着。从某种意义上讲，只有唤醒青少年公民的德性意识，才能使他们自觉服务于公共利益，过美好的社会生活。

尽管我国德育在不同时期理解不同，但是，从学生成长需要来说，现代德育必须是以培育人的德性为旨趣的，也就是以仁爱、诚信、公正、善良、责任心等为核心的道德教育，这些都是人们

① 梁启超．新民说[M]．北京：中国文史出版社，2013：180.

进入现代社会生活中必须拥有的。美国黑人民权运动领袖马丁·路德·金说："一个国家的繁荣，不取决于她的国库之殷实，不取决于她的城堡之坚固，也不取决于她的公共设施之华丽，而取决于她的公民的文明素养。"教育也许不是成就每个孩子，但至少是挽救每个孩子，让他们在融入社会时有正确的价值观，"相信美好，拥有善良"，这才是教育的核心价值。从现实状况来看，学生公民道德意识和行为在某种程度上与教育者期盼还有一定差距。例如，2012 年上海世博会期间，一群女粉丝与韩国明星亲密接触，不顾一切，冲出围栏，甚至对武警战士大打出手，导致现场一团混乱，产生类似这种行为的原因就是缺少德性修养。再如某校组织学生参观旅游学习，活动结束之后，参观旅游景点成了"垃圾之殇"；有的学生表现为把废纸、垃圾、口香糖随处乱扔等不文明行为，对于不文明行为劝说和阻止的人却寥寥无几。学生在知识技能学习方面不同程度存在着忽视德育的状况，在许多教师和家长看来：只要学习好，其他社会责任和公民德性则无足轻重。这一畸形的价值评判标准直接影响了学生健康成长，一些道德失范现象便出现了。

二、青少年公民德性的构成要素

德性是指人能够正确选择道德行为、善处人际关系、达至人生幸福和至善目的的一种品质。人的德性是人之所以为人的根本属性。生活中，它经常表现为人的品德、道德品质或道德人格。我们说一个人德高望重，是说他有德性。在中国古代，德性是人性的重要组成部分，甚至把德性等同于人性，如孔子在《论语》中讲到德性，主要指仁、义、礼、知、勇、恭、宽、信、敏、慧、刚、毅等。在亚里士多德那里，德性泛指一切事物的优越性，德性与幸福是同一的，“幸福是合乎德性的实践活动”①。康德则认为德性是与知性相对应的实践理性。英国麦金太尔也说：“德性是一种获得性的人类品质，这种德性的拥有和实践，使我们获得实践的内在利益，缺乏这种德性，就无从获得这些利益。”德性获得“将不仅维持实践，使我们获得实践的内在利益，而且也将使我们能够克服所遭遇的伤害、危险、诱惑和涣散，从而在对善的追求中支撑我们，并且还将把不断增长的自我认识和对善的认识充实我们”②。

德性不同于德行，德行是指合乎德性要求的个体行为规范，具有为共同体文化所认同的行为特征，是德性的实践。德行的基础在于善良意志与良好的行为习惯。德性作为人类向善的表征，常常用以下具体德目或基本要素来表示：

孝敬。包括孝顺和感恩之意，孝敬是百善之首、修身立德之本。俗话说“百善孝为先，常存仁孝心，则天下凡不可为者，皆不忍为”。对父母或长辈具有“孝德”，就是要“知孝、行孝、传孝”；对学生们来说，即要感知到“小孝敬父母、中孝敬岗位、大孝敬社会”，在家庭、校园、社会生活中，自觉用实际行动诠释孝德的责任意识。感恩是个体对于他人、社会和自然给予自己的恩惠或益处产生认可并意欲回馈的一种心理活动和行为表现。假如一个学生对什么都麻木或满不在乎，这可能就是道德堕落的开始。学校要培养学生的感恩之心，之所以每年清明、冬至祭祀祖先，就是因为“慎终追远，民德归厚矣”。试想，一个人连祖先都能念念不忘、能够祭祀，对眼前的父母又怎能不孝敬呢？

---

① 亚里士多德．尼各马科伦理学[M]．苗力田译．北京：中国社会科学出版社，1999：3.

② ［英］A·麦金太尔．德性之后[M]．北京：中国社会科学出版社，1995：241.

仁爱。一种泽被天下惠及他人的德性，包括友爱、关怀、宽恕、利他情感和牺牲精神等。孟子主张“老吾老以及人之老，幼吾幼以及人之幼”，这就要求学会善待他人。仁爱在对待生命和自然方面，要求关爱生命、敬畏自然。既关爱自己的生命，也关爱他人的生命。如果缺乏仁爱的品质，将会导致一些不道德的行为，如破坏物品、戕害他人等。一个不懂得仁爱的民族，无论经济多么发达，也是一个容易滋生犯罪的民族。善待他人，其实就是一种宽容。《孟子·滕文公上》中记载：早在尧帝时期，有感于百姓“饱食暖衣，逸居而无教，则近于禽兽”的状况，就任命契为主管教育的官员，教导人们懂得五种最基本的伦常大道：父子有亲，君臣有义，夫妇有别，长幼有序，朋友有信。把这五种基本的伦理关系处理好，整个社会的人伦关系才能井然有序。

尊重。尊重作为一种人类公共生活的道德价值诉求，包括自我尊重和尊重他人两个方面。就拿自我尊重来说，自尊始于知耻，有了羞耻心，人才能节制自己的行为，不做庸俗卑贱的错误事情，有尊严地生活；有了羞耻心，才会为自己的不当行为而感到惭愧。再拿尊重他人来说，如果缺乏对他人的尊重，那么爱国爱民族又从哪里做起？我们常常要求人有道德，但是，我们很少去追问，这个人有没有获得尊重，没有尊重，就没有道德的起点，只有在尊重的基础上，才能构建公民德性。要学会尊重他人人格、尊重世界和平、尊重人类尊严。今天，很多学生可能是天不怕、地不怕，没有任何敬畏感。对此，我们需要强调一种敬畏感、同情心、感恩的心和忏悔意识。

正直。含有公正、正义、公平、公道、平等的含义。公正既指符合一定道德规范的行为，又指处理人际关系和利益分配的一种原则，即一视同仁和得所当得。公正代表一个理想社会的标志，因为人都期待一个充满道义、良知、秩序和公正的社会。被誉为人格典范和精神导师的陶行知认为，“教育为公，以达到天下为公”。约翰·罗尔斯说：“正如真实之于一切思想体系，正义是社会制度的第一德性。”亚当·斯密在《道德情操论》中指出，“正义”是比仁爱更重要的美德，正义往往与法律结合在一起，比仁爱更有约束力。人要过美好和幸福的社会生活，有赖于社会制度公正和社会条件，所以，道德教育必须要关注到人怎样去追求一个公正的社会秩序。亚里士多德（Aristotle）认为，公正是一种完全的德性，是政治上最大的善，它比星辰更加令人惊奇。罗杰斯认为，公正是一项好的社会制度的首要价值，不公正的社会制度是不该忍受的。在《辞海》中，公正也称公平，有两项意思：一是人们从既定概念出发对某种社会现象的评价；二是一种道德要求和品质，即按照一定的社会标准实事求是地待人处事。著名经济学家茅于轼在他的《中国人的道德前景》一书中，从经济角度对道德问题进行思考，提出：道德的核心是利益平等，道德必须是公平的。道德不是对个人单方面的要求，而是一种对等的关系，如父慈子孝、尊师爱生、己所不欲勿施于人等。

善良。意指良知、良心，是指主体对自身道德责任和道德义务的一种自觉意识和情感体验，以此为基础而形成的对于道德自我、道德活动进行评价和调控的心理机制。善良是一种高贵的气质，可以让你在人群中发出非凡的光芒，一个人外表可以平凡，但内存的东西可以使一个人不平凡。孟子认为人与禽兽之别，在于人有道德理性，他把人的道德理性概括为“恻隐之心”“羞恶之心”“辞让之心”“是非之心”，将恻隐、羞恶、辞让、是非之心概括为良心①。朱熹将

① 孟子·梁惠王（上）[M]. 北京：燕山出版社，1995.

良心视为宰制人心的“道心”，一个人在面临某种道德情境时，其良知（良心）觉醒程度直接影响到其做出相应的道德行为，良心对个人而言就是道德感。包尔生说：“确实没有人相信，一个民族倘若完全缺乏我们称之为风俗和良心的东西，缺乏个人在其中通过审慎和畏惧控制自己行为的东西，能够支持哪怕一天以上。”① 可见，良心对个人和社会具有的重要性。卢梭说：“在我们的灵魂深处生来就有一种正义和道德的原则，尽管我们有自己的准则，但我们在判断我们和他人的行为是好是坏的时候，都要以这个原则为依据。我们把这个原则称为良心。”② 在社会生活中，良心对合乎道德标准的情感、意志和行为予以支持、鼓励；对情感、行为上的偏私予以制止、纠正。一个总是能够感动别人和容易被人感动的人，一定是比较善良的人。他的内心一定比较灵敏，比较丰富，比较细腻，比较纯洁。可以说，修养的最高境界是善良，不仅惠人，更能利己，因为具有善良好人品是一个人的“护身符”。

诚信。即诚实守信，指待人接物处事诚实无欺，尊重事实，信守承诺，言行一致。诚实是一种实事求是、不虚夸、正直、不掩饰、用真实力量去实现自己追求目标的坦荡心境，诚实是人与人之间建立正常关系的基础，也是人能否以一种正确的态度融入社会取得他人信任的基础；守信是对自己承诺的践行。诚信不仅是处理个人与社会、个人与他人间相互关系的道德规范，还是市场经济运行中的行为规范。可以说，诚信是一切美德的基础，但有些孩子诚信教育不容乐观，如撒谎、考试作弊、言行不一等。撒谎是指为了达

① ［德］弗里德里希·包尔生．伦理学体系［M］．何怀宏，廖帕译．北京：中国社会科学出版社，1988：312.

② ［法］卢梭．爱弥尔［M］．李平沤译．北京：商务印书馆，1983：41.

到某种目的，故意编造出某些情节或理由，即以欺骗的方式歪曲事实真相以达到某种目的的一种不良行为。孩子撒谎通常有几种情况：避免受责罚、推卸责任、懒惰逃避任务、父母要求过高或者父母不良行为导致孩子撒谎。因此，应加强诚信教育，用信誉育人，育有信誉的人。首先，讲好诚信教育故事，如战国时“立木为信”、韩信不忘旧恩送给漂母黄金千两、宋庆龄信守承诺冒雨看望小学生、诸葛亮信守承诺用一生的智慧报答刘备的知遇之恩等；其次，开展诚信奖惩活动，好孩子是夸奖出来的，对于儿童讲诚信，要给予充分的肯定，让孩子产生强烈的荣誉感和责任感；再次，对不诚信的学生适度惩戒也是必要的，但应讲究方式方法，以不损害身心健康为底线，比如扫地、擦桌子等。

责任。责任是指对他所承担各种任务的自觉态度和担当，内容涉及对个人、对家庭、对集体、对国家和对全球的责任。古代倡导“天下兴亡，匹夫有责”。2015 年，联合国教科文组织发布《反思教育：向“全球共同利益”的理念转变?》报告，报告指出：由个人利益向关注共同利益的转变，教育要为人类持续发展承担责任。英国成功学之父塞缪尔・斯迈尔斯说过，良好的责任心是每个人必须具有的品质，也是一个人的崇高荣誉，每个拥有良好品质的人必须靠这种持久的责任心来维系。可见，责任是一个人立足社会成就事业的必要因素，能力越大，责任越大。但是，在人的潜意识中总是把错误推到别人身上，在这种偏狭性格的支配下，一旦自身利益受到外界侵犯，会立刻采取不负责的行为。

三、青少年公民德性培育的途径

蔡元培是我国近代第一位提出公民道德教育的教育家。青少年学生公民德性是在主体与环境互动作用中生成的，是一个反复累积的过程，需要“积善成德”，这既需要考虑校内因素的和谐育人，也需要校外教育的力量统整。具体来说：

（一）在社区活动中培养学生公民德性

社区具有地域、人群、生活服务设施、管理机构和传统习俗等要素，这些要素是对学生成长发生影响的“特殊生活圈”。通过建立道德教育的共同体，加强学生公民德性教育，使之具有社会亲和力、责任感和公共价值精神。例如，日本公民馆、美国社区服务学习，其内容包括提供有意义的工作、强调助人精神、社群生活、榜样示范、对社会的责任感和处理道德问题能力等教育；我国各地建立的好人馆作为公民道德教育基地，以全国道德模范作为榜样示范来教育学生，见贤思齐。一方面，学校通过参与社区活动，如节庆活动、纪念活动、文体活动、社会调查、社会实践和志愿者行动等，培养学生成为具有共同价值观念和公民行动能力的人；另一方面，社区着力营造人文生态性道德情境，如宣传中国好人事迹、传递社会正能量、培育良好的道德风尚和习俗等，它可以促成或刺激某些德性发展，给德性培育提供一方“沃土”，从而实现个体品德社会化。社区教育要特别关注进城务工人员子女和被称为“单翼天使”的留守儿童情感教育问题。无论是老城区的学校，还是新建城镇社区中的学校，都应围绕现代公民德性发展的目标，建构以学生的社区成长环境为依体、以生活为本体、以活动为载体的有魅力的实践方式为育德施教的途径，通过学生参与社区活动来体悟公民德性，践行公民义务、责任和自律能力。当然，在社会公共生活中遇到的道德困境与危机，是需要加以纠偏和扬弃的。随着对外教育交流不断加大，在国际公民教育中学会多族群人员共同生活，其核心价值就是民主、规则、自由、互相尊重和宽容等。例如，德国公民意识教育包括公民的权利与义务教育、集体观念教育、权威教育、民族感教育和劳作教育等；我国台湾地区在高中设有“公民与道德”课，以公民道德为经、公民知识为纬，内容包括教育、社会、法律、政治、经济和文化等各个层面。这样，公民的归属感、认同感在社区、邻里、学校各方面都能得到充分体现。

（二）在学校生活中培养学生公民德性

生活育德论者认为，个体德性是在生活世界中养成的，生活的过程也是道德学习的过程，通过生活世界各种活动，在体悟、暗示、感染、渗透等非理性成分和认知、理解、剖析等理性成分的共同参与下，去甄别、吸取、内化生活世界中丰富的知识和社会经验，生成对人生的理解，从而确立起德性的信仰、坚定德性意志、过有德性的生活。德性培育只有融入生活、走进实践，才具有生命力。学校生活可看作是一种公共领域部分①，是学生公民品格生长和发育的直接场域，其中，交往是师生在学校公共生活场域中基于共同的目标，以语言为“中介”交互影响、互相作用的共生关系。学校公共“话语”一致性是各交往主体真诚又热情地敞开心扉去关怀与他们息息相关的学校公共生活。基于学校生活开展学生公民德性教育，通过共同价值教育来培育公民的公共意识与公共情怀，通过社会参与来发展公民的公共参与能力。学校在公民道德养成及行动能力发展过程中能够起到一种小型共同生活模拟、运作、训练的作用。而共同体责任是指公民作为一个社会成员，对所属团体的责任，强调公民社会属性和社会责任，特别是个体对自身在网络社会中所属群体及相应社会角色所承担的义务和过失的自觉意识、情感态度和行为。从学生实际生活出发，通过创设和组织起来的富含价

① 注：公共领域思想起源于康德对启蒙的反思，哈贝马斯认为，公共领域是一个介于私人领域与公共权力之间的中间地带，良性互倚和互为监督的格局。

值意义的活动来体验与感悟社会的道德要求，促成外在的德性教育与激发个体内在德性成长需要的整合，促进德性不断提高。例如某小学充分利用社区资源，开展“知、比、做、演”活动培养学生公民道德行为。只有激活主体道德需要，才能将外部的要求转化为自身的道德行动，进而推动德性发展。学校文化是学校生活的重要组成部分，具有共同语言、知识背景、思维习惯和行为模式等特征，它犹如“一幅美丽的画、一首动人的歌”，时刻陶冶学生的公民德性。学校文化是追求真理的文化，是追求理想和人生抱负的文化，是崇尚学术自由和道德的文化，在校园建设中有“图腾”般的崇高地位。它既包括社会主义核心价值体系的主流文化，也包括社团、学生、班级等亚文化，既有显性文化，也有隐性文化。学生通过对学校文化的认同和参与，共享文化共同体的意义和规范。我国学校德育是用中国文化培养中国人的德育，具有中国气质和中国特色的鲜明特征。当前，网络已成为学生获取信息的重要渠道，在遇到学习问题时往往通过网络寻求帮助、表达心情、舒缓压力，在一些重大事件发生时，也会到网上发表评论。因此，学校还要发挥新媒体在弘扬校园主流文化中的作用，通过网站、论坛、信箱等视频呈现方式，增强育德的趣味性和生动性。

（三）在课程教学中培养学生公民德性

教学是学校的中心工作，学生在学校里大部分时间是在课堂中度过的。课堂生活是具有道德性的，课堂中的道德生活是学生乐于习德的一种形式。德性培育理应融入各种课程教学之中，诸如艺术与人文课程、社会探究与行动课程、生涯设计与创新训练课程、生命关怀课程、成功人士报告与讲座等，借助于这些课程资源，帮助学生形成正确的价值辨析、积极的生活态度和道德生活能力。一些通识教育课程就是培养学生广阔知识视野、终身学习能力，以及教会学生掌握基本公民表达的技艺。做人的基础在于求学，求学之最高旨趣在做人。因此，在课堂中实施美的德育，以美育德，应做到情感性、人本性、整合性、艺术性融通。学科教学中的德育不仅要促进道德认知能力的发展，而且要提供道德训练机会，通过问题讨论、角色扮演等方式发展学生的道德思维、判断和实践能力。从国外来看，通过课程教学实现公民德性教育是许多国家普遍的做法，例如新加坡公民教育课程，包括伦理、性格与公民教育、生活教育、好公民、社会研究、国民教育等。

（四）在创新管理制度中培养学生公民德性

高塞尔在《道德契约》一书中，把道德看作是为了社会成员的最大利益而对利己行为加以限制的制度。孟德斯鸠说："人类无限多的法律和风俗不是出自偶然的念头，我于是确定了一些原则，我看到，个别情况是服从这个原则的，仿佛是由原则引申而来的，所有民族的历史不过是由这些原则而来的结果。"① 孟德斯鸠所谓的原则是人们对社会公德、规范、关系等客观知识的普遍认同和依赖。德性培养或坚守需要管理制度或外部条件。按照博弈论理论，在一个社会里，如果人人都讲道德，相对于人人都不讲道德，每个人所获得的利益肯定要大得多，反之则少；如果一个社会里的部分人讲道德部分人不讲道德，那么讲道德的人就会吃亏，而不讲道德的人就会占便宜，制度德性应该是好人好报恶人惩罚的。所谓制度德性是指制度内含的道德价值品性。即是说，制度通过昭示某种伦理要求或制度安排而默示某种价值准则，给人以行为之"道"，使人受此"道"潜移默化的影响而有所"得"，从而形成符合制度要求的

① ［法］孟德斯鸠．论法的精神［M］．孙立坚等译．北京：中国长安出版社，2010.

道德品性。所以，通过制度德性来培养有德性的人，让人性中“恶”的方面，在某些时候被压抑、修正或掩饰了；让人性中“善”的方面得以滋生。人是在制度、规则或习俗中生活的，某种社会制度对个人来讲是先在的是一种必然。制度是否符合道德性以及符合道德性的程度是个体德性的基础和前提。管理制度应体现人文关怀、自主管理和有效评价。当然，德性培养是否用法律或制度规则来解决呢？这是值得人们讨论的另一个问题。例如郑州市出台公交条例，乘客不给老人、孕妇让座，驾驶员拒绝其乘车，并罚款50元。

总之，德性是将外在生活世界的规范、习俗、文化等内化为稳定的情感品质，是经个体不断践履、亲历、反省、提升的结果。德性的培育既有外在社会规约，又有主体自觉参与，既需要实践践履，又需要文化引领。在我国信用社会中，规约遵守只有同主体参与融为一体，才能从“他律”走向“自律”，使德性成为人所特有的生命样态。

第二节　道德生活教育

一、德育源于人类社会的生活

马克思主义认为道德起源于人类的生产劳动，也即是人类最基本的生活活动，在这种生活活动中，人与人之间发生各种关系，也产生各种矛盾和冲突，为协调各种关系、解决各种矛盾和纷争，才有道德的产生。道德最初表现为与生活融合一体的风俗习惯，没有脱离现实生活的“纯道德”活动，在风俗习惯中人们感受到好生活应当是什么样的。于是，最初的道德教育也是以生活来示人以德，以生活自身来规范人的行为，而不是灌输某种道德的戒律。道德内存于生活，说明道德是生活中人的客观需要，特别是精神方面的需要。没有道德也就构成不了人的社会生活，也就不可能有对美好生活的追求。人们是为了社会生活而构建、提升社会的道德品质，培养、发展个体的品德素养，绝不是为了道德而道德。鲁洁教授认为，道德教育应以生活为起点，是为了生活并通过生活而进行的教育，德育与生活浑为一体①。

在我国伦理学界，社会道德和个体道德作为一对概念范畴业已确立。道德的个体性是指以下几种含义：一是指个体所处的道德境遇和个体道德素质、接受道德教育状况和道德体验、判断、抉择、践行等道德差异性、具体性、个别性、独立性等；二是指在通常情况下，个体都必须对自己行为担当道德责任的不可替代性；三是指不同个体对道德把握方式和形成良好的道德品质、提高自身道德境界、求得自身完美、实现全面发展的自由个性的现实途径具有多样性和个别性；四是指保持自己的独立人格和维护自己人格尊严这一道德权利的不可剥夺性和不可让渡性。个体道德并不是孤立存在的，或多或少受社会道德影响，直接或间接反映社会道德发展水平。个体道德实际上是社会规范影响和个人自主选择的结晶，是社会共同意志和个人自由意志、社会道德必然和个体内在道德要求的辩证统一。个体道德一旦形成，就会以其独特性的情感态度和行为方式对社会道德的建设发生积极或消极的影响。任何一种社会道德只有转化为个体道德，只有进入人个体的思想、意识、情感、意志和实际行动过程之中，并化为个性化的实践精神和内在素质，才是

① 鲁洁．回归生活[J]．课程·教材·教法，2003，(9)：29.

有生命力的现实的社会道德。而个体道德只有不断地与社会道德发生碰撞、交互作用，从社会道德中汲取优秀的、先进的成分才能不断得以升华、改善。道德的个体性是通过自己独立、自觉、自愿、自律的道德活动得以表现和确认的。

由此推出，道德可分为个体道德生活和社会道德生活。道德生活、公共生活和私人生活领域在根本上是人们精神生活的一个重要方面，是人们一切道德活动的总括。道德生活是从能动的、实践的角度把握社会道德现象的特征。就内容来说，既包括道德行为选择和评价，也包括社会的道德教育和个体的道德修养。道德生活是一种历久不变的承担和责任状态，从个人角度看，最高的道德理想是无私的爱；从社会角度看，最高的道德理想则是公正。两者互相依赖、互相转换，既不是相互排斥的，又不是轻易可以调和的。如果我们只承认社会道德的存在，而否认个体道德的存在，就等于否定了个体道德活动的主体性特征及应承担的道德责任，也为道德教育的强制、灌输提供理由，因为在同一社会中，不同个体德性有不同表现，不同个体在道德发展水平与境界方面存在着差异。然而，在教育实际中，人们往往把品德从个体生活、社会生活中剥离开来，把他们作为一种孤立现象来对待。德育内容指向的是“科学世界”，而不是“生活世界”。亚里士多德曾把道德分为心智和德性两方面，心智方面的道德是以知识为基础，可以教授的，而德性方面的习惯却是不能教授的，只能在生活中形成。美国学者奥尔森在《学校与社会》一书中，曾把那种与社会生活脱节的学校称为“教育的孤岛”。德育脱离实际生活，常出现“外面世界很精彩，德育课堂很无奈”的尴尬局面，脱离了生活去培养人的品德也必将使这种培养因为失去了生活的依托和生命的确证而疏于虚空、形式、无效。时下，许多学校在青少年中推行“尊重生命，关爱健康”的主题教育，用生活德育来代替过于抽象、空泛、理想化的德育。显然，道德教育在本质上是生活的，而道德教育目的又直接服务于人的生活，是为了创造更美好的生活。从本体论上讲，生活价值高于道德价值，我们可以设想一个无道德的生活世界，却无法设想一个无生活的道德世界，而且生活或生命在逻辑上具有在先性或自在性。从道德心理学上说，儿童品德的形成源于他们对生活的认识、体验和感悟，只有源于儿童实际生活的道德学习，才能引发其内心的道德需要、获得道德体验、提升道德认知、建构道德品质，良好品德的形成必须在儿童的生活过程之中、而非在生活之外进行。因此，德育的起点应当以学生现实生活为背景，引导他们过健康安全的生活、积极愉快的生活、负责任有爱心的生活、动脑筋有创意的生活。学校应为学生提供健康、科学、文明的生活和活动的环境（物质、心理、信息环境），指导学生在个人、家庭、学校、社会、世界生活方面的正确行为，让他们在丰富多彩的生活世界中享受教育，从而培养对待他人、对待世界、对待社会、对待人生的正确态度。

生活是什么？人们普遍认为，生活是人为生存发展而进行的各种活动。它有两层含义：一是人类为维持基本生存以及促进自身更好发展而进行的各种活动（如衣食住行活动）；二是人类为了提高生存质量而进行的有目的的特殊活动（如道德生活），包含道德生活在内的这类特殊活动在现代社会中越来越重要和普遍，其意义在于维持人的生存，是人类高层次的精神需求。那么，如何理解道德与生活的关系呢？一般认为，生活是本原性的，道德是构成性的；生活是目的，而道德只是手段。儿童品德的形成源于他们对生活的体验、认识和感悟，只有源于儿童实际生活的教育活动才能引发他们内心的而非表面的道德情感、真实而非虚假的道德体验和道德认识。道德生活（教育）是建立在意志活动基础上的思想道德内化活动，是以道德感体验为核心的知、情、行整合学习活动，也是以社会规范为载体的价值认同活动，其目的是求“善”的。虽然道德生活离不开认识，但道德生活教育绝不是通过灌输来完成的。由此推论，过道德的生活就是道德的教育，过非道德生活就是非道德的教育，过个体道德生活就是个体道德教育，过社会道德生活就是社会道德教育。

二、个体道德生活和社会道德生活从疏远走向整合

道德本是人对于自身生活的认识，反映了人对自身生活的要求。最初道德表现为与生活息息相通的风俗习惯和禁忌，后来，由于阶级社会的出现，道德理论和制度的形成，它却成了与自身相对立的力量，成为统治者统治被统治者的工具。主体的分裂，使得人实现的主体性却成为统治人自身的一种力量。德育不再是与人——主体相统一的方式存在，而是表现为与人的要求相对立，这就表现为个体与社会道德生活的疏远（背离）。这一点在东西方中世纪都是非常相似的，西方是宗教伦理的禁欲主义，在中国道德虽然采取了世俗的形式，但是，其基本倾向同样是超自然主义的，是要人强制接受的。道德生命的发展过程，作为对自然生命的超越，实质上是人类在自己的自然世界、生活实践中不断地学会道德甄别，养成自主选择能力的过程。

大家知道，在道德教育目的上，历史上曾出现两种对立的价值取向：一是社会本位，即从预设的社会理想来规劝人的行为，强调人对社会的责任和义务，而不考虑个体道德需要和基础；以牺牲个体道德生活价值为代价去适应一定社会的价值需要，往往导致道德教育“目中无人”。二是个人本位，即从人本性出发，强调个人自

由权利和自我实现，反对社会对个人的束缚。从传统德育来看，我国道德教育偏重于社会性，德育任务是由社会来承担的，以维护某种社会秩序为目的；在方法上采用“清一色”的灌输说教和“管压堵”做法；在评价上以绝对服从为统一标准；在个人道德修养上以“无我”为最高境界，有“大德”却无“小德”。学校用轮流值日、量化考核等办法来进行德育，这种“他律”做法，没有考虑个体主动习德，道德行为对学生来说好像只是一种义务。当然，强调道德教育的社会性，在社会制度下有其合理的依据，但忽视人的道德生活需要，忽视对道德品质自我建构的引导和生命意义的体认，其结果是不完整的。与之相反，伴随着西方现代人本主义兴起，道德教育又偏重于个体性。尽管流派众多，但是在德育目的上都注重个性发展、自我实现、自我中心，否认道德的客观标准，在原则上强调权利平等，在方法上讲究自由选择。如美国存在主义道德教育家奈勒认为，没有道德规范和准则可以指导我们的行为，人必须发自内心地理解真善美。教师的价值观不应强加于学生，不要把这些所谓的价值观说成是学生应不加批判地接受的行为准则。价值澄清理论也认为价值是个人的、随意的，可随个人的发展而发展、经验的变化而变化，把个体的经验作为确定价值观的标准，从而否认人类共同价值的存在。

生活意义是为人之生命存在的方式、人之道德存在的根源，道德教育的根本旨归是立足人性、回归生活。道德回归生活是要实现人的社会道德生活和个体道德生活和谐统一，两者的整合才是完满的幸福生活。人的自由和偏好使每个人有权决定自己的道德生活，这使世界丰富和多彩，在追求幸福生活终极目标的同时，必须把个人道德生活融入社会火热的道德生活之中。正如涂尔干所说：“教育目的就是在儿童身上唤起和培养一定数量的身体、知识和道德状态，以便适应整个政治社会的要求，以及他将来注定所处的特定环境的要求。”① 人的道德生活绝不是孤零的、独立的，人是生活在社会中的人。“个人怎样表现自己的生活，他们自己也就怎样。因此，他们是什么样的，这同他们的生产是一致的——既和他们生产什么一致，又和他们怎样生产一致。”② 道德生活既具有社会性，即外在性；也具有个体性，即内在性，社会性和个体性可看作是人道德生活的一体两面。人既是个体道德生活的涵养者和承担者，又是社会道德生活的践履者和建设者。没有社会道德生活，个人道德生活难以存在；没有个体道德生活，社会道德生活也是病态的。因此，道德教育是教育中最复杂最具有灵魂性的工作，既是公民教育的需要，也是个体成长的需要；既要注重个人发展和利益的满足，又要注重社会发展和集体利益的实现。在历史现实中，实现社会道德生活及社会制度创新与个体道德生活及理想人格追求的统一，两者应是共生共长的关系、互惠互利的整合、利他利己的双赢、同构异构的生成，而不是一味地折中、切割、排斥。如果一个人做出合乎社会和他人的道德行为，并同时体验到崇高情感、内心愉悦，那么他就是在用智慧和心灵认识道德观念，他就是在过着社会和个体整合的一种本真的道德生活。具有道德敏感性的人既是承受社会道德的客体，也是道德行为活动和创造道德生活的主体。

三、凸显个体道德生活的主体性

当今社会，我们看到个体充分社会化、社会充分个性化的景象，可以说，社会道德生活是个体道德生活的镜像。人类文明主流

---

① ［法］爱弥尔·涂尔干．道德教育［M］．上海：上海人民出版社，2001：274.

② 马克思，恩格斯．马克思恩格斯全集（第1卷）［M］．北京：人民出版社，1956：25.

乃是对生命个体的解放和无微不至的关爱，即以人为本。“任何一种解放都是把人的世界和人的关系还给人自己”①，即把世界还给人，把人还给他自己。因此，教育要培养具有充分活力的个体道德生活的主体，这是我国当前社会文明和德育改革的迫切需要，也是实现道德生活的社会功能和个体价值的有效途径。现代人道德生活的主体特征主要表现在以下几方面：

（一）自主性

马克思在《1844 年经济学哲学手稿》中提出，人是自由自觉的类的存在物。异化劳动把人的活动贬低为手段，从而也将人本身异化。在教育领域中，如果学生的自由自觉的类本性得不到尊重和实现，那么同样会发生人的异化与教育的异化问题。因此，在教育中凸显人道德生活的主体性，意味着个人的思想和行为并不为不受他控制的外部力量或原因所左右，能够通过独立的和理性的反思形成自己的打算和目标，自由地作出选择。自主性是道德生活主体最核心的规定性，要求受教育者能自立、自醒、自控、自励、自育，能主宰自己的生活和命运，当遇到矛盾或困惑时，能独善其身，做到“出淤泥而不染”。有时候，知识和技能靠压力或强行灌输是有效的，但道德学习靠灌输是无效的。大家知道，我们可以把一匹马引到河边，却不能按着马头使它饮水；我们可以把一个人关在劳教所，却不能使他悔过。一个儿童可能不得不被人从火旁拖开，使他不被灼伤，但是他的性情不一定有所改进，也就不一定产生教育效果。“只有当个体亲自欣赏他为之而努力的目的，并满腔热情和饶

---

① 马克思，恩格斯．马克思恩格斯全集（第 42 卷）[M]．北京：人民出版社，1956：78.

有兴趣地为这些目的而工作时，个体才是在身体力行进行道德生活。”① 现实中，学生的道德学习似乎被教育者所绑架，看不到道德学习的主动性。因此，忽视受教育者的道德需要和主体地位，其结果是受教育者体验不到德育成果的快乐，不能感受思想品德教育与自身价值实现的关系，也就不能很好地将社会道德要求内化为自身行为的动力。

（二）创造性

创造性是以探究和求新为特征的，它具有预见性和参与性，是现代人道德生活主体的最高表现层次，是人主体性的灵魂。创造性具有两层含义：其一是指对外在事物的超越，即主体通过变革和改造旧事物，产生新颖的、独特的新事物，它常与改革、发明、发展联系在一起；其二是指对自身的超越，即主体在改造客观世界的同时，也改造自身，使“旧我”转变为“新我”，实现自身的否定之否定。人的生命本质是活动的，活动的本质是自由创造，德育要根植于生活土壤，融入生活，不仅要关注现实道德生活，而且还要创造未来社会道德的新生活。现代社会倡导大众创新、万众创业，可以说，人人都是生活的创造者，时时处处都在创造。与此同时，社会生活的复杂、活跃和多变，要求人们时刻保持着创新精神，以适应新情况、新变化。现代教育改革的目的要求培养创新精神和实践能力的人，而培养道德生活主体的创造性，关键是在于培养主体的创造认识、创造情感、创造意志和创造行为，最终以培养创造性人格为归宿。

① ［美］杜威．道德教育原理[M]．王承绪译．杭州：浙江教育出版社，2003：2.

（三）差异性

每个人都是自己的主人，各有独特的道德生活，人的道德生活是与生命同在的，尽管道德社会化过程伴随着社会价值认同、情感共鸣，但个体在接受道德影响时，不是如数照搬的，而是经由过滤、筛选和吸纳的过程。生活中的人是千差万别的，个性不同、知识基础不同、成长背景不同、接纳道德影响不同、内化程度不同，所以，同一道德规范在不同人身上或同一人在不同时期都表现不同。承认这种差异，就不要过于强调整齐划一，从高于生命的意义上说，社会就必须有一种对个体利益超越的弘扬和对个体生命的关爱。在道德学习中，我们提倡：学习道德是快乐的，做道德的人是幸福的。之所以这么说，是因为道德对有生命、有意识的个体存在者来说，确实能够增加幸福、减少不幸。只有快乐地道德学习，才是有效的。所以，在道德生活中，每个学生要构建适合自己的价值体系，当然这种价值体系是建立在现今社会对个体发展需求的领悟上和对人内心所存在期望的关注上。

（四）体验性

体验是与人的生命活动和生存状态息息相关的。体验是人作为主体在与客体的互相作用中，不断领悟世界的意义和人本身存在的意义，使人不断“生长”发展走向完善的过程。体验性在于倡导和展示一种回归生活的世界和自然之境，洋溢着人文关怀、有魅力有温馨感的教育境界。我们可以把道德体验（moral experience）和情感体验（affective experience）看作是品德形成的基础。马克斯·范梅南强调“教育需要转向体验世界，体验可以开启我们的理解力，恢复一种具体化的认知感”。“教育学文本应当具备一种开启灵感的品质和某种叙述的结构来激发批判性的反思和产生顿悟的可能性，从而使人们在道德直觉上形成个人品质。”① 现实生活给学生提供参与的机会，在参与中体验人与世界全面而深刻的关系。道德生活主体不是在科学世界，而是在生活世界中培养出来的，教师要使学生置身于他们生活的社会文化环境中，真正面对社会现实或问题，激发个体参与，在参与中习德。只有当学生从自己的世界出发，用自己的眼睛观察社会，用自己的心灵感受世界，用自己的方式体验人生，才能构建个体品德。比如，爱国主义教育是德育永恒的主题，教师要培养学生的国家记忆、民族记忆。所谓国家记忆是个体基于亲在性体验，在融入国家生活过程中形成的一种关于国家的印象，它是一种切己的、私人化的记忆内容。这种记忆的品质是源于个人体验的。再如，贵州在农村寄宿制学校（留守儿童之家）开展以“吃在学校解食忧、住在学校受关爱、学在学校长知识、乐在学校感幸福”为主要内容的“四在学校·幸福校园”活动，以“同在蓝天下·携手共成长”为主题开展中小学生公益夏令营活动，关心农村留守儿童和孤残家庭儿童的健康成长，让个体在道德学习与生活中阅读、领会并体验美好的道德人生。一般认为，道理可以从读书中获得，而道德必须靠实践体验才能获得。个体品德成长需要他们身心投入、全程参与、实践体验，是知识、能力、态度、情感、价值观共同作用的结果。只有促使学生获得切身体验的东西，才能入脑入心、珍藏久远。

---

① 马克斯·范梅南. 教学机智——教育智慧的意蕴[M]. 李树英译. 北京：教育科学出版社，2001：14.

第三节　自我关爱教育

自爱，指的是人在道德生活中对自己的存在、利益、权利、主体性、价值、人格、尊严的尊重、维护、自豪和荣誉感。它体现着一种自我维护与自我管理精神、个体责任意识和自我控制能力，是推动自立自强、有所作为、取得成就、创造价值的动力，也是推动自觉进行品德修养、实现人在道德上的自我完善的动力。自爱是以关注人的生命和人格为出发点，自知自主是自爱的基础，自卫自尊是自爱的维护，自立自强是自爱的行动，自超自善是自爱的目标，自控自由是自爱的境界①。建构人自身的意义世界，从而对人的道德生活发挥着积极能动作用。

一、自爱是道德教育应有之义

自爱源于自尊心，自尊心是一个人品德的基础。德国教育学家赫尔巴特说："人从本质上就是爱自己，愿意保存自己，设法使自己的生存幸福"，他认为人只是为了自己的利益才去爱他人，才去关心他人的生存和幸福，在他看来，爱他人是一种手段，而绝不是目的。美国喜剧艺术家卓别林 70 岁写诗《当我爱自己（自爱）》，他说：当我开始真正爱自己，我开始远离一切不健康的东西，不论是饮食和人物，还是事情和环境，我远离一切让我远离的东西。从前我把这叫作"追求健康的自私自利"，但今天我明白了，这是"自爱"。心理学家阿德勒曾说过这样一个故事：三个孩子跟着母亲

① 肖群忠．论自爱[J]．道德与文明，2004，(4)：42.

来到动物园，当他们站在狮子笼前面时，一个孩子躲在他母亲的背后，全身发抖地说道："我要回家。"第二个孩子站在原地，脸色苍白地用抖动的声音说道："我一点都不怕。"第三个目不转睛地盯着狮子，并问他的妈妈："我能不能向它吐口水?"阿德勒认为，三个孩子在狮子面前都感到自卑，他们"都已经感到自己所处的劣势，但是每个人却都按照他自己的生活样式，用自己的方法表现出他的感觉"。在心理学中，自卑是低自尊的一种感受，这里的自尊（selfesteem）指的不是维护自己的尊严，而是对自己的评价。低自尊的人对自己的评价较低，他们不能准确地认识自己，而是更关注自己的缺点，并在心里不断地放大它们，甚至觉得自己一无是处，因此，心生自卑感。"我不行""我干不好"，低自尊的人对自己的评价往往是有偏差的，真实的他们比他们眼中的自己好得多，他们主观上容易过于低估自己、高估别人。自卑的人做什么都不自信，他们常常觉得自己不如别人，善于否定自己，不敢在公众场合发表意见，不善于争辩，甚至和亲密的朋友在一起时，当对方提出不同的意见，他们也很难坚持主见，面对失败时，将原因归结为自己的问题，而不是外界因素或者运气。当今社会以孩子为中心的家庭，父母都在为子女的教育而烦恼，为孩子付出的"爱"都是筋疲力尽的，但很少有家长去想一想应该用什么样的方式去培养孩子，才能使其健康快乐地成长。多数父母不懂得人在"原物性"中的"大爱"是以什么方式来体现的，只知道"小爱"，即用很多辛劳甚至苦难来营造一种实际上的"假爱"。我们从小就把一个鲜活的生命人为地关在笼子里而不让其羽翼丰满，等到十多年后又将一个缺乏真正生存能力的人残暴地推向社会，可悲的是，我们心中却始终认为充满着爱。相反，动物界中，小羚羊生下来十分钟内必须在碰撞中学会站立，母羊在旁边用叫声鼓励其走路，练就快跑的本领，以便日后逃避豺狼的追捕吞噬，获得求生的技能，这就是人们熟知的自然界生存法则。无论是正常儿童学生，还是特殊群体学生，对他们来说，每个生命都有存在的意义。为此，应教育学生成为受社会尊重的人，因为受社会尊重的人一定是成功的人，但是成功的人往往不一定受到尊重。

在发生相互冲突时，人们为解决矛盾保护各自的利益，便制定出协调和约束各种行为的正义法则（道德规范），正义法则产生的情感不是对他人的仁爱，而是自爱。人们通过自爱（利己）维护自己生命秩序的同时，也创造了自己以及共同体的生活秩序，自爱也由原初状态进入到了生活世界，这便成为道德的源头。18 世纪法国启蒙思想家卢梭以自利为理论基础，在《爱弥儿》中系统地阐述了性善问题，认为自爱是自然人性的首要法则，“人类唯一的自然欲望就其广义来说，便是自爱自利”，“儿童第一种情操是自爱，导源于自爱而养成的第二种情操，便是爱他亲切的人”。这种爱己之心扩展起来爱别人，就成了道德，这种道德在人人心中都是生着根的，卢梭还认为本性最初的冲动始终是正确的，因为在人的心灵中根本没有什么是生来就有的邪恶，邪恶是出于个人理性对外界事物做出的错误的判断。英国思想家培根将“自爱”视为“个人的善”，霍布斯认为“自爱”是人的“自然权利”，爱尔维修则由“自爱”得出“合理利己主义”，斯宾塞把保全自己作为“完满生活”的一部分。可见，在许多教育家看来，自爱既是自然的，也是合乎道德的，甚至是一切道德的基础。它可引申出友爱、博爱。自爱是内省的智慧，懂得自爱，就会过智慧的生活，生活出不同凡响的境界来；相反，不懂得自爱的人，就会成为社会的“累赘”，终将被淘汰。青少年缺乏自爱的后果是自尊心不存在、自信心缺乏、自评能力弱、自我责任感丢失、不悦纳现时自己和内心狭隘等。

孩子的未来完全掌握在自己手中，任何外部力量是无法替代的。在儿童成长的过程中，成人给予的指导越少，儿童参与活动的程度就越高；相反，成人给予的指导越多，儿童参与活动的程度就越低。甚至可以说，家长无休止关心孩子，其结果是让孩子成长为“低能儿”。可以看出，教育者以爱之名爱着，却以爱之名伤害着。家长很容易犯一个错，就是不承认也不允许孩子的平凡，好像一定要出人头地，才是预期的完美。事实上，要尊重每一个人的发展，也要尊重每一个平凡的人。因为成功的定义，从来不仅仅是别人眼中的光鲜亮丽，而是你的孩子是不是能够活得有尊严、活得自由、活得快乐、活得对未来充满期望。在教育活动中，父母就必须要多一些旁观，少一些干预；多一些鼓励，少一些替代；以“一分管，三分导，六分等”的态度，为孩子营造一个自由探索的宽松氛围，让孩子自己经过挣扎“破茧而出”。对于青少年来说，自爱不仅是个体生命的保护、自我价值的肯定，而且是自我更新、自加压力、自定目标、自求发展的有效途径，它是德育目的和手段的统一①。如果缺乏自爱，那么就会出现对生命漠视。懂得尊重，赢来尊敬；懂得自重，赢来尊严。孩子在学习了解自己之后，还要学会表达自己情感和思想的能力，特别是性格内向封闭的孩子。例如，有个男孩喜欢一个女生，想约她，结果靠近女生就紧张，脸通红地吓跑了。所以，教育者要根据孩子的特点来教育孩子，就是唤醒孩子内心的那颗“种子”。

二、自爱自尊与爱人尊人是统一的

爱是一个人一生的课堂，爱的主题包括自爱和爱人（仁爱）两

① 韩传信. 论青少年自爱教育[J]. 安徽教育学院学报，2005，(4)：95.

方面，尽管自爱不同仁爱，甚至博爱，但它与仁爱、博爱是相互依存的。亚里士多德认为："自爱出于人的天赋，并不是偶发的冲动，自爱是友爱的基础，爱己是爱人的基础。一个人对朋友的感情对邻人的友善等都是从对自身的感情中衍生的。"[①] 我国古代汉语中，"德"即"得道"的意义，包括"外得于人"和"内得于己"。"内得于己"即身心自得，"外得于人"即施惠泽使人得之。一个人追求自我完善，那是一种道德境界；一个人与人为善，那也是一种道德境界，两者是互惠的、一致的。具有自爱品质的人能真诚地面对自己，在自爱基础上也能去爱别人，推己及人，设身处地理解关爱他人，正如《论语》所说："己欲达而达人，己欲立而立人；己所不欲，勿施于人。"孟子也说："爱人者人恒爱之，敬人者人恒敬之。"可见，爱人利己，爱己达人，己所能，惠于人。教师要让学生不断完善自己，更好地成为自己，认识到自己拥有的权利，同时也意味着对别人权利的尊重。

人格生来都是平等的，人人都拥有一颗自尊心，不仅要求人们互尊，而且要求每个人出于自爱而自尊。自尊心受损，会产生不良情绪。如果我们把基于生命自保基础上的个人正当利益和权利的追求看作是自爱的话，这种自爱是与极端的利己主义（以损害他人利益为代价）不相干的，与爱人并不存在对立。如果从对精神自我、人格尊严的价值的维护来看自爱的话，那它就与爱人更没有矛盾，因为我们的自尊意识越强，我们就越愿意去尊重别人、宽待别人。心怀善意、公平待人，自尊正是尊重别人的基础，高度自尊的人是不会极力把自己看得高于别人之上的，不会通过贬低别人来证明自己的价值。尽管自爱是关注自身、保全自己的愿望和情感，但它不

① 亚里士多德．尼各马可伦理学[M]．北京：商务印书馆，2003：103.

产生偏执嫉妒和损人利己的行为。自爱不是自恋，更不是自私，自恋只是爱他自己，自私是私欲的膨胀，这两者都理应受到谴责。同样，自爱与自负、自卑也是根本对立的，不可混同。因此，就青少年对自爱的理解来说，我们有必要加以规范和引导。

自爱是一个人生命得以存续和发展下去的一种力量。如果一个人不爱自己的话，也就不会去爱别人。很多社会生物学家认识到，利他主义实际上是基于利己主义的。巴拉什说："被错误地称作相互利他主义根本不是什么利他主义，而是彻头彻尾的自私自利，因为它产生于这样的期待：个体得到的收益大于支出。"① 钱汉东教授在《自爱的艺术》一书中指出：自爱就是向自己敞开胸怀，使自己能感受周围和自己的一切；自爱就是给自己以足够的重视和关注，以使自己能常和自己接触；自爱就是让自己这样地生活：说出自己受感动的东西，说出自己觉得重要的东西，使自己越来越为自己和别人看见；自爱就是做自己生活以及所经历、所领悟和所发现的事物的主人，并对其承担责任；自爱就是给自己一个生活方向——我要使自己成为一个有爱心的人。苏霍姆林斯基说："为了成为一个真正的人，学生应该首先尊重自身，没有这种尊重，没有对自身的热爱，人的文明就不可思议，与一切损伤人的自尊心的东西绝不相容就难以想象。是的，不应当害怕'对自身的爱'这几个字——它们不是孤芳自赏，而是自尊心，既在别人身上，也在自己身上唤起一切内心的、人性东西的兴趣和尊重。"②

可是，在长期的德育实践中，教育者过多强调"为他性"，即倡导青少年关心他人、集体、祖国，树立利他利群观念，往往忽

① 赵敦华．人性和伦理的跨文化研究[M]．哈尔滨：黑龙江人民出版社，2004：70.

② 苏霍姆林斯基．教育的艺术[M]．长沙：湖南教育出版社，1983：27.

视“为己性”，即关心自我。当个人与他人发生矛盾时，就会出现利他利己之争，其结果可能是损人利己、损己利人或损人害己。可以说，没有自爱自尊就没有道德的纯洁性和个性的丰富性，没有爱人尊人就没有道德的协调性和利他性。我们在强调他爱的同时，也不能忽视自爱，只有两者结合，才能取得双赢，从而真正构建起现代人的德性和道德生活。当下，在政治民主化社会中，每个人不仅是社会道德生活的主宰，也是个体道德生活的主宰。自爱是自我完善的一种手段，一个不懂得自爱的人，其发展是不完整的，不可能对他人、社会做出更多有益的事。人要时刻牢记生存的意义，为了生命发展和延续，必须珍重生命价值，提升自身素质，利己才能更好地利他。自爱既肯定自我的概念、尊重自己的行为和价值选择，又能把助人爱人看作是个人应尽的义务，并且具有与人合作的愿望和行为，富有同情心和责任感。它体现个体性与社会性的统一，自爱心与爱人心的统一。这是一种非常理想的道德境界和愿景。人只有学会爱自己，才能真正懂得爱这个世界：当他把爱洒向万物时，也就等于把爱还给了自己。但是，有些独生子女往往以自我为中心，对于父母的爱专享，而不是分享，例如有些孩子不让父母再要“二孩”的情形可以说明这点，自爱不是自私。

三、自爱教育意含对人的生命安全教育和精神人格教育

自爱教育就是让青少年树立正确的生命观，培养对他人和自己生命珍惜和尊重的态度，增强爱心和社会责任感，体认生命意义和人格尊严。我国《中小学生守则》（2015 年）强调珍爱生命、注意安全、自尊自爱、自信自强、生活习惯文明健康等内容，涵盖了对生命安全的教育和精神人格的教育。

（一）生命安全教育

第一，公共安全问题。当前，许多国家或地区学生都面临恐怖主义袭击、自然灾害、电信诈骗、重大疫情等安全问题。意外伤害事故成为0～14岁儿童死亡的首因。例如，俄罗斯曾发生过极端分子在学校劫持1200多名人质，并导致几百人死亡的事件。据统计，我国每年大约1.6万多中小学生因火灾、溺水、交通事故、食物中毒等非正常死亡，而学生的安全自救知识缺乏又令人担忧。例如，2010年12月27日，湖南省衡南县一辆送小学生上学的三轮车坠河，事故共造成14名小学生死亡、6人受伤。因学校管理不当造成人身伤害事件，如某小学二年级学生用扎头发的橡皮筋做了一副弹弓，课间休息时，对着不远处的一个矿泉水瓶不停地射击，不幸的是射出的小石子击中旁边一个学生的右眼，导致伤残。第二，校园欺凌和暴力事件。校园暴力成为学生安全问题之一，未成年学生校园蓄意肢体、语言、网络冲突、欺凌等暴力事件频发引起全社会的关注。所谓欺凌行为，指言语辱骂他人，在公众场合因对方残障、种族、肤色、性别、宗教信仰等嘲笑他人，甚至口头威胁等。施暴者往往是攻击性人格、受家庭暴力影响、对未来产生迷茫导致不负责行为，被欺凌学生（被害者）往往是内心善良、胆小、弱小的孩子。例如，美国中小学除将动手打人、吐口水、故意推搡、拍裸照等定性为欺凌外，还将精神贬低称为欺凌，对校园欺凌行为采取严厉措施，直至开除学生。韩国9至17岁的儿童和青少年，每3人中就有一人曾遭受过欺凌，每5人中有一人曾实施过欺凌，调查显示，语言暴力在校园暴力中占比最高，达到35.3%，被集体孤立占16.9%，身体暴力占11.8%，于是，为预防和治理校园暴力开通了举报电话热线。在我国校园暴力事件也时有发生，2010年短短50天时间内，全国发生六起校园砍杀事件。例如江苏昆山某中专学校四名女生多次群殴一名同学，抢夺财物，并脱光其衣服拍裸照上传视频，可见，施暴者令人气愤，也反映儿童成长教育中的人格扭曲令人心痛。中小学生欺凌不仅存在于现实生活中，也存在于社交网络虚拟空间中。究其原因之一，我国法律规定对 14 至 16 周岁未成年人，犯罪不公开审理，以教育保护为主，14 周岁以下不负刑事法律责任，这却成为少年暴力的“护身符”。但是，法律的宽容不等于纵容，如何扼制未成年人施暴之手，折射出社会问题，此外，网络上弥漫的暴力文化也应该引起重视。在学校中开展反欺凌教育，重在“预防”和“惩戒”，提升学生安全素养，强化安全意识和保护，同时让青少年学生承担校园欺凌行为的道德和法律后果。

针对公共安全保障的失控和校园欺凌（暴力）事件，应加强生命教育。生命教育是指引导学生正确认识人的价值、人的生命，理解生活的真正意义，培养学生的人文精神和关爱情怀，使他们学会过现代文明生活。生命教育，狭义是指生命本身的教育，广义是指立足于人类彼此之间互相存在的关系，对生命敬畏和崇拜，而且关注自己与他人的生命存在的状态、价值和意义。罗曼·罗兰曾说过：“世界上有一种英雄主义，那就是了解生命且热爱生命的人。”对人的尊重、对宇宙的敬畏，最基本的就是尊重生命的存在，知晓生命的不可重复性。人不应该无端地剥夺生命，即使是非常低级物种的生命。当一个人对低级的生物或动物毫无怜爱之情时，你能指望他尊重高级的生命吗？反之，当一个人充满了对小草、小鱼生命的关爱时，对于高级的生命、对于人的生命，他能不尊重吗？生命教育体现自然生命、社会生命、精神生命“三位一体”，自然生命是从对生命爱的角度来说的，应该让每个孩子爱自己的生命，珍惜自己的生命，包括安全和健康；社会生命是养成和交往，是自然生命在社会中成长的过程，强调对其他生命的同情；精神生命是对生命的敬畏，涉及价值观和信仰问题。生命教育的本质在于尊重生命以及生命的价值。从人类发展史来看，人的生命是在舞动中产生的，在劳动中成长的，在歌乐中抒发情怀的。舞乐是人生命的本能，从蒙昧到文明的漫长跋涉中，人们在手舞足蹈中前行。为了获得猎物，猎人观察动物的生活习性，模仿动作，为了成功获取猎物，练习飞行、跨越、跳跃、旋转，为合力运物，喊号子凝聚力量，振奋精神，这就是古代的舞蹈与歌乐。舞乐抒情，舞动生命，乐扬心声。生命本身有一些值得反复书写的主题，如爱、同情、美等。从本真意义上讲，教育应高度关注人的个体生命状况，始终把关爱生命、润泽生命、体验生命视为道德教育的重要命题，并且将生命看作是整体的、有差异的、变化发展的。自然生命和道德生命的统一，是任何一个道德主体不可剥夺的神圣权利和享有的道德权益。

（二）精神人格教育

生命，不仅是物质的、生理的性状，而且是灵魂的呐喊、吟唱或震颤，是精神的追寻，是人性的袒露，是心灵的焦虑、追寻和困扰，及其之后的安顿。由此看来，生命应该有两个方面，一是要有技术，一是要有艺术；技术是生命的能力，你怎么才能活下去，艺术是怎么才能活得好，你要有一种价值观、一种精神。人不仅要活着，还要追求生存的意义，要呈现出人生的高尚境界，这也许是人与动物最根本的区别。例如，“孔颜之乐”不是简单的感官愉悦，也不是无欲无求的自得自适，而是一种崇高的人生境界，是一种有品位的道德追求和理想人格的完善。然而，据一项调查，我国30%左右的青少年患有不同程度的心理疾病，多数青少年独立生活能力差，依赖性强，适应环境差，做事被动、胆怯、自私，只求别人照顾，不会关心他人，社会责任感弱，情绪波动大，易走极端等。孩子不懂得生命的宝贵，往往在一些小的挫折、小的痛苦面前，就放弃生命。物质的舒适和单纯的享受导致自我生命的异化，在发达地区一项问卷中“你是否每天都很愉快?”60%的人回答没有愉快感，其中20%的人明确表示“我每天都不愉快”，甚至有人强调说“我不知道怎样才能愉快”。具体来说，学生心理问题主要表现在：一是学习压力大；二是偏执，觉得多数人不可信任，自以为是；三是敌对，经常与人争吵或者有暴力倾向；四是人际关系紧张；五是抑郁，认为学业、前途、未来没有希望，整日没精打采；六是焦虑，心理烦躁；七是自我强迫，明知没必要做还要做；八是适应不良；九是情绪不稳定；十是心理不平衡性，对他人比自己强或获得了高于自己的荣誉而感到不平。为舒缓心理压力，2004年世界精神卫生日的主题定为：“快乐心情，健康行为——关注青少年精神健康。”因此，自爱教育不仅是对生命实体的关爱，还应是对精神人格的关爱。只有这样，才能让生命更为健康丰满，让灵魂更为自由强壮。对于青少年来说，健全的人格、健康的体魄比单纯分数、物质奖项更重要。道德教育的理想是为了明天理想的道德，德育一定要唤醒青少年对生命价值的关怀和理想人格的追寻。青少年必须接受一种理性的、对生命的保护和促进普遍有效的价值尺度的指导，反对有害于自身健康、残害生命的任何观念和行为。善待自我，珍爱自我。在课堂教学和日常生活中，我们应当教育青少年学生正确认识自己，学会关爱自己，勇敢地面对任何的挫折和未来的挑战，昂起头来走路，活出自信。

四、自爱教育是一种主体参与式的道德教育

自爱教育，作为一种主体参与式的道德教育，其存在价值和运作方式决定着道德必须由外在规约向内在自觉转化，向内探究，由

内而外。在道德生活中，人的主体性、自觉性是道德进步的内在源泉，而自爱心又是催生这种内在源泉的动力。在某种程度上说，道德的维护是出于人自身的需要，道德规范要靠人去把握并给予主动遵守。只有把道德变为人的情感需要，才能促进道德内化。简单地说，所谓自爱教育就是自己珍爱自己的教育，作为一种德育方式，可以培养青少年积极的道德思维能力，激活习德的心理机制，从而引发道德需要，增强道德学习动力，践履道德行为。它重在调动主体参与道德活动的主动性、积极性和创造性，这是符合内在生成论的德育规律，从而克服德育在方法上存在说服力苍白的缺陷。如果学生没有自爱教育的积极性，那么德育缺少一定条件，只能是教育者单边进行活动，出现“人在德育中，而心在德育外”的现象。

自爱教育是与人生命攸关，为人的发展服务，有助于培养良好的人生态度和习惯，纠正行为失范的问题。在小学阶段，针对学生自我保护与安全防范意识差，可以以绘本故事或活动体验为主要形式进行自爱教育。初中阶段是学生发展的一个多事期、关键期、逆反期，开展生命教育可以说是迫在眉睫，例如朱永新等编写的《新生命教育》七年级的教材，第一课是学会火灾逃生，防火演练，第二课是避免运动伤害，第三课畅游网络世界，第四课享受山水之美，第五课认识七彩人生，第六课懂得敬畏生命。除学校外，家庭、社会环境对学生自爱品质的形成有一定影响，游戏和交往等各种实践活动也是青少年学生学会自爱的有效途径。如果学生生活在认可的环境中，他就容易学会自爱。从道德心理学角度来看，习德是个人化的过程，不同知识基础、价值取向、情感态度影响道德学习，只有个体主动参与、体验感受、不断内化，才能形成个体思想品德。早期儿童的自爱中蕴含着许多善的天性的萌芽，家长要善于培养儿童良好的举止礼貌和习惯，开展自爱教育。儿童自爱的表现最初是通过对表扬和批评的态度表现出来的，教育者应珍惜孩子的荣誉感，适时培养其自尊自爱品质。自爱品质随着年龄增大、环境改变、知识积累而不断改变，当孩子长大以后，父母应该给孩子独立思考、独立生活的能力和空间，给他们锻炼自己的生存技巧和能力的机会。

个人的主观努力对自爱教育来说是很重要的。青少年在德育过程中，既是道德的接受者，也是道德的体现者和创造者，他们自我价值意识和道德自控能力是自爱品质形成的主要因素。自爱教育作为主体参与式道德教育的一种方式，它要求青少年思想上、行为上有独立意识，不要处处事事依靠他人，真实地生活在自己世界里。学校要发挥主导作用，营造宽松的道德教育氛围，可以采用情境法、价值澄清法、角色扮演法、讨论法、生活体验法、组织公共突发事件应急演练等，引导青少年学生学会自爱。只有提高青少年自我保护意识，增强自我保护能力，这才是他们最可靠的安全“金钥匙”。

五、自爱教育是一种对人对己的责任心教育

自爱教育是表现出对人对己一种高度责任心的教育，不仅对生命个体，而且对整个自然界和人类社会来说，都是至关重要的。孩子不一定都要成绩好，重要的是要看他对生命的理解。例如，台湾有个学生，父亲是种凤梨的农民，因为要鉴定凤梨的甜分，每个凤梨敲3下，几年下来，父亲敲凤梨的手指肿得很粗大。这个学生很心疼父亲，就发明了一个可以敲三下鉴定凤梨甜度的机器，后来得了英国发明奖的金奖。可见，一个喜悦唤起另一个喜悦，一方痛苦引起另一方痛苦，因为世界万物是相互联系的。

道德责任不是一种外在的强制，而是生命本能需求的使然。道

德义务不是“应该如此，所以我能如此”，而是“我能如此，所以我必须如此”。美国心理学家维纳（B. weiner）就人对自己行为结果的归因从内在性、稳定性、可控制性纬度加以考察，把行为结果归为能力、努力、运气和任务四个因素。如果学生把自己的成败归因于可控制的努力、能力这些内部因素，学生就会在活动中表现出极大的积极性，会通过提高自己的能力和付出努力提高活动成效，承担行为后果；如果把成败归因于外部因素，则会放弃努力，不愿承担后果，或认为自己无法控制后果，就会影响责任意识。由此，责任感培养也要努力向内探究，自爱心也是一种责任心。如果青少年学生没有自爱心，就没有责任心，自爱教育就是培养对人对己责任心的教育。换句话说，自爱心的形成有助于责任心的培养，因为自爱心给责任心提供了内在的道德动因，使责任心培养有内在的依托。

在互联网和高科技时代，面对来自多方面的竞争压力和人生挑战，加强青少年自爱教育是时代的迫切要求，也是增强德育魅力的举措。我们要着力培育青少年学生对自我成长负责任敢担当的精神，进而拓展对他人、对社会的责任，要学会承受挫折，勇于进取，不自暴自弃，旷达超脱，敢于对自己选择行为的后果负责。道德教育的任务将更多地由他爱转向自爱，培养自爱品质，让自爱焕发出生命价值和人生意义。需说明的是，倡导学生学会爱自己，不是自我封闭、自我姑息、自我放纵、自我享乐，而是要学会勤于律己和矫正自己，强化角色意识，在遵守纪律上不能违规越矩。注重学生自我管理，自我管理作为人的生命存在的根本方式，鲜明地体现人类活动特有的自觉能动性。自我管理作为人的一种主体性活动，是人的自我主体出于自身高级的精神需要和伦理要求而进行的，旨在达到自我发展、自我完善、自我实现，从而提升人的生命价值，创造人的社会价值①。

第四节　创新责任教育

党的十八大报告明确指出：培养学生社会责任感、创新精神和实践能力，把学生服务国家服务人民的社会责任感作为未来高水平创新人才的核心素质，列入教育战略重要内容。创新是一个民族进步的灵魂，是国家兴旺发达的不竭动力。我国“航天之父”钱学森曾质疑“中国人为何创新力不足，培养不出杰出人才”？“钱学森之问”引发学校对于创新人才教育的深刻省思。那么，制约创新人才培养的“瓶颈”是什么？究其原因来说，人们纷纷做出不同探讨，可能有多种回答，除了传统教学模式、求知欲、想象力、创造欲、体制环境因素外，责任意识不强也是一个重要原因。目前，责任意识缺乏是阻碍青少年学生创新能力提升的一个“病症”，因此，应从责任意识教育的角度来探索创新人才培养方式和教育方法，构建以“责任意识教育”为主导的创新能力提升方略。

一、创新能力提升是教育改革的任务

众所周知，创新能力是素质教育的一个重点，强烈的社会责任感是催化学生创新创业能力和培养高技能创新人才的根本动力所在。根据《心理学大辞典》中的解释，创新能力是产生新思想、发现和创造新事物的能力，它是成功地完成某种创造性活动所需的心

① 王永明．自我管理与人的生命存在——对自我管理存在合理性的哲学追问[J]．学术论坛，2010，(9)：39.

理品质，与一般能力区别在于它的新颖性和独创性。钱颖一教授认为创造力可以分为创造性精神、创造性思维、创造性能力。创造性精神是一种心态或称心智模式（mindset），它是一种永不满足于现状，总想与众不同的渴望。创造性思维（think out of the box）不是通常的思考，而是一种超越或跳出现有框架的思考。创造性能力是指能把创新事干成的能力，包括把创造性思维转换为创造性行动时必须应对的方法，比如面对失败的能力、学习的能力、调整自己的能力等。

（一）创新能力是经济社会发展的需要

创新是这个时代的主题，创新也是中国经济发展的新引擎，创新不仅是技术专利的本质特征，而且是企业的生命力，是技术不断发展的源泉。创新是打开经济增长机遇和社会发展思想的“钥匙”。从历史意义来讲，现代经济最重大的创新莫过于蒸汽机，蒸汽机是人类第一次利用非自然力量进行经济生产活动。我国自1978年改革开放以来，经济高速增长是依靠经济体制的改革带来效率。现阶段，以习近平同志为总书记的党中央，着眼于中华民族伟大复兴的“中国梦”，提出“创新、协调、绿色、开放、共享”五大发展理念，创新驱动战略又一次引领我国社会经济发展的新变革。当前，针对创新人才结构性矛盾和创新人才总体质量不高的问题，实施创新驱动发展战略，关键在于增强自主创新能力。创新也不单纯是科技创新，而是包含理论创新、制度创新、服务创新、大众创新、万众创业等。可以说，创新能力已经成为国家综合竞争力的核心要素，只有崇尚科技创新的民族，才是最有希望的民族。当今世界，创新成为经济社会发展的主要驱动力，从社会价值实现的视角看，社会的健康发展，需要大量社会实践成果，这种成果包括新技术、新工艺、新产品；需要培养大量能取得创新成果的人才，以及拥有大量具有创新知识、创新能力和创新素质的建设者和劳动者。众所周知，第四次工业革命是颠覆性的，数码、连通性、机器人技术和大数据方面正在发生的科技变化，将对劳动力产生广泛的影响。无论创新型人才（即拔尖人才）、创业型人才，还是应用型人才，都需要创新能力。创新，首先是想法的创新。例如，17 世纪之前爱丁堡（当年英国启蒙革命的所在地，经验主义的发源地）穷山恶水，后来那里却产生很多思想家、创造家、发明家，带动了经济和社会发展。我们熟悉的亚当·斯密在爱丁堡，机器革命、产业革命也在爱丁堡。盘尼西林是爱丁堡人发明的，取款机来自爱丁堡，指纹识别和高尔夫球也是由与它相邻的苏格兰人发明的，等等。

（二）创新能力是教育质量持续提升的期盼

创新创业教育是素质教育的延伸，旨在培养具有开拓性素质的人才。创业教育是指充分挖掘学生潜能，以开发学生创业基本素质，培养学生创业综合能力为目标的教育。而创新能力则是现代人才培养质量的客观要求。2016 年，围棋人工智能程序“阿尔法狗（AlphaGo）”打败围棋世界冠军李世石。围棋比赛中“人机大战”，机械人胜出引起人们关注。有报道说，“阿尔法狗”之父、人工智能专家戴密斯·哈萨比斯（Demis Hassabis）的惊人创造力，和他幼年时宽松的家庭教育环境不无联系，甚至认为如果没有父母当年激发、呵护和鼓励他的好奇心，就没有今天的“阿尔法狗”。青少年学生创新创业是教育改革的重要任务，应把增强学生社会责任感、创新精神、实践能力作为重点任务贯彻到国民教育全过程。例如，“美诺之问”的故事讲的是古希腊哲学家苏格拉底与他的学生们的对话，师问：正方形边长 2 厘米再加长 1 厘米，面积是多少？生答：成倍面积为 8 平方厘米。事实上不是这样，这说明人总是习惯地竖、横看问题，不是变通地看问题，也说明创新思维培养不够。再说，互联网只是人类过去200年间，自工业革命以来诸多技术创新中的一项，当然不是最后的一项，也不是终极的技术创新，将来还会有比互联网更厉害的技术出现。

（三）创新能力是学生全面成长的一项任务

今天的孩子生活在互联网时代，10多年前我们无法预料现在的孩子可以拿着手机走遍天下，那么以后的10年到底会怎样？我们无法预测。培养创新能力，即培养学生提出问题、发现问题和解决问题的能力。创新技能是未来创新人才培养的关键，而强化问题意识是培养学生创新思维的起点。好奇心、快乐是人类创想创新最原始的动力。美国心理学家吉尔福特将创造力归结为几种人格特质：高度自觉性和独立性，不肯雷同；旺盛的求知欲；强烈的好奇心；知识面广，善于观察；工作讲求理性和严格性。现实中，面对学生普遍缺乏创新观念、创新欲望、创新兴趣、创新意志和创新能力，这些需要学校重塑责任教育、担当和克己精神。著名科学家钱伟长认为，培养创新思想重要的是自学钻研精神，一个没有自学钻研精神的人是不会有创造力的。并且他还说，我们培养的学生首先应该是一个全面的人，是一个爱国者，一个辩证唯物主义者，一个有文化艺术修养、道德品质高尚、心灵美好的人；其次，才是一个拥有学科、专业知识的人，一个未来的工程师、专门家。创新精神与实践能力的有效提升，不仅需要丰富知识与实践技能，需要对社会需求的体察和刻苦钻研的精神，更需要勇担重任的勇气和气魄。在掌握知识的基础上形成可持续发展的批判性思维与解决问题能力、有效沟通与理解能力、组织领导与协作能力、独立思考与学习创新能力、实践能力。青少年创造力培养应与道德教育、心理健康教育结合，在行动中下功夫，在实践中创思想。

二、创新能力提升需要责任意识

“责任”一词，在《汉语大辞典》中解释义项有：担当起某种特定的职务和职责；分内应做的事情；没有做好分内应做的事而应当承担的过失。所谓责任，是行为主体在特定社会关系中对特定任务的自由确认和自觉服从，是社会成员根据人类生存发展需要，根据个人社会角色和责任能力，自觉接受自愿承担应当完成的任务。针对某一责任事件，事先来说是一种责任意识，过程来说是一种责任行为，事后来说是一种责任感。西方学者把责任心当作一种伦理文化看待，例如马克斯·韦伯提出“责任伦理”，具有康德所说的义务论意义。责任伦理是适应当今社会科技发展的后果对人类持续生存所形成的巨大威胁而产生的一种新的宏观的伦理领域，人们将责任伦理称为科技时代的伦理。能力越大，责任越大。

责任意识作为创新能力的一种重要心理品质，是促使创新的一种动力。创新能力提升与学生责任意识教育是密切相关的。通常情况下，如问学生在学校教育中获得了什么？多数人都会脱口而出：知识、技能。那么，我们不禁要问，你获得创新能力背后所需的责任意识了吗？恐怕学生对此难有满意的回答。在责任意识或责任感危机情况下，创新能力及其教育可能会遭遇种种困境。创新能力除了要具备内部驱动的动机、解决问题的知识、智力因素、个人的性格、思维方式和研究风格之外，还应具有重要的责任感心理品质。

（一）责任感是激发创新意识的内驱动力

创新意识是指对创新的认识、要求、欲望和激情，反映创新的迫切程度。责任感是个体社会化进程中，基于对社会、国家的高度热爱，主动承担社会义务和责任的高尚使命，表现为理想和价值观高度统一的精神风貌和人生情怀。责任心能激发一个民族的创新热情，提高创造精神追求。陶行知提出“为征服自然、改造社会、造福全人类”而创造，造福全人类、促进人类社会不断进步和发展应是创新教育的终极目的。我国科学技术奖最高获得者，无论是师昌绪、王振义，还是袁隆平、屠呦呦等人，他们之所以取得辉煌的成绩，都是与他们对祖国的责任、敬业精神和探索勇气密不可分的，其中，对国家、对民族、对人民的强烈责任感是科学探索的精神动力。即是说，没有责任心，科学家们很难在科学研究上做出伟大的成就。首先，创新意识的前提是批判和挑战，“发明千千万，起点是一问”，如从手工制作扇子发展到电扇，再从电扇发展到空调，都是源于人们对现实的不满与批判后产生的一个又一个的发明。如果安于现状，或没有批判的责任心，那么直至今天，我们还可能在使用手工扇子，而不是在使用空调机。其次，创新要有自由想象，自由想象背后也是有责任感的。例如，禅宗有一问答，弟子问：世间稀奇事？师傅答：独坐大雄风。即是说，最稀奇的事情是一个独立的生命独坐于天地之间浩荡雄风中。生活中，我们看到公共汽车上既没有人卖票，也没有查票，通过售票机售票，乘客全凭自觉；大街上没有指挥交通的警察，车辆与行人服从红绿灯的指挥，在这看似自由的世界中，其实是有制度的规约和责任担当的。青少年学生缺少责任感或责任意识淡薄，就很难有创新的激情和兴趣。社会责任感是培养青少年学生创新精神和实践能力的动力之源，理由是“深刻的自我责任意识是一切一切的根基，它构成了人生存的意义”①。创造能力提升需要学生创新意识和创造精神，创新意识和创造精神需要责任心，强烈的社会责任感是促使人们产生创新意识的一个动力。在创新能力教育过程中，千万不能忽视责任意识的培

① 甘绍平．应用伦理学前沿问题研究［M］．南昌：江西人民出版社，2012：123.

养，这可能导致创新意识的本源性不足，阻碍创新能力的发展。可以说，对于学生来讲，没有问题意识是没有责任心的表现，在学习中，没有问题也许是最大的学习问题。当下青少年缺少质疑精神问题的确存在。美国斯坦福大学一项研究发现，在抽取的创造力最高的五分之一青少年中，他们的智商不是最高的，在抽取的智商最高的五分之一青少年中，他们的创造力也不是最高的。

（二）责任感是形成创新品质的道德保障

创新品质仅靠学科知识是不够的，培养学生创新品质的道德屏障需要一定责任担当。因为认知是解决“是”的问题，责任感是解决“应该”的问题，如果学生责任感匮乏，就可能存在耐挫折力差、自我为中心、理想信念模糊、拼搏精神缺乏等。爱因斯坦在悼念居里夫人的演讲中曾说：“我们不仅满足于回忆她的工作成果对人类已经做出的贡献，第一流人物对于时代和历史过程的意义，在其道德品质方面，也许比单纯的才智成就方面还要大。”① 另外，在信息化、高科技的时代，如果缺乏责任感，那么，尽管人有创新能力，但是对于整个世界来说也可能是十分危险的，如当今世界出现的恐怖事件、食品安全问题、医疗事故、环境污染等重大人身伤亡事故足以说明这一点，因为高科技使用不当，造成的后果可能是灾难性的。这样看来，知识技能好像是车的外形，责任心好比是车轮，车轮出问题，则车毁人亡。创新人才的成长需要以德统智。拿一个现实例子来说，一名铁路职工上班时绝对不能喝酒，下班怎么喝酒都行，目的是保证行车安全，恪守职责就体现了一种强烈责任心。相反，责任推拒、逃避（“漂流”）是一种道德冷漠或道德麻木

① 转引自吴一德．陶行知发明创造思想论集[M]．香港：天马图书有限公司，2005：58.

的表现。在现代生产领域，粗心大意、玩忽职守，缺乏职业道德所造成的损失和后果是不堪设想而又不乏其例的。此外，创新品质要有坚强的道德意志和敢于冒风险的精神，如哥伦布探索新大陆，曾经历粮水断绝、众叛亲离之磨难，终于发现美洲成其大业；莫扎特在冻、饿、病三重困难下，写出《安魂曲》，等等。同样，培育“工匠精神”也需要科技责任心，责任心是一种与道德责任相适应的个体意识，它能推动人们在运用科技时自觉地去履行自己的道德责任，对自身执行道德责任的行为进行调控和自我评价，对行为后果负责。

（三）责任感是践履创新行为的必然要求

创新行为过程好比是一次远航，沿途有惊涛的喧嚣，有前呼后应的虚浮浪花，有看不见海岸线的汪洋，没有任何人因畏惧前方的惊涛骇浪可以到达彼岸的。由此可想，在创新行为过程中可能会遇到困难、挫折，甚至失败，任何成功都不是一帆风顺的，需要正确面对和克服困难的勇气，这恰恰需要强烈的事业责任心，既不能放弃抛弃，也不能试图走捷径。例如，日本近代有两个剑客，宫本武藏，柳生又寿郎，他们是师徒关系，学生问老师：多久能成就一流剑客？老师回答：10 年；又问：加倍苦练，要几年？答：要 20 年。一流剑客要不断反省自己，如果你只盯着招牌，那永远成不了一流剑客。创造行为过程需要一种责任心来支撑，否则，难以达到预期的目标。面对多元价值的碰撞、理想与现实的矛盾，失去了责任感和理想信念的支撑，人们会变得浮躁、急功近利，这种心态下的创造成果也就很难有巨大的社会价值。教育要求培养创新型人才，这种创新型人才敢于负责、敢于承担更多的任务，能迅速适应变化的情况，善于与人合作，办事认真，具有独立人格和开拓精神，恪守职业道德规范等。为此，创新能力教育要着重提升青少年学生“自我反思、沟通协调、团队合作”三种能力。

三、创新责任教育的途径

中小学阶段是创新能力培养的最佳时机。中小学生的创新能力培养包括创新意识、创新思维和创新技能的培养。创新意识是实现创新的前提与动力，主要用于提出问题；创新思维是连接创新意识与创新技能的桥梁，主要用于分析问题；创新技能是将创新思维转变为创新成果的中介，主要用于解决问题。例如，有的学校建设创新实验室或基地，通过做中学、学中做来开展自主学习与实践、自主探究与创新活动。其类型包括数字化实验室、科学工作坊、科普设施（气象站、环保监测站）、科技馆、德育馆等。创客（maker）是一种状态、体验、精神，需要学校和教师鼓励创新，宽容失败。创新责任教育包括责任认识、责任情感和责任行为（能力）的教育。创新责任教育是以社会责任教育为终极目标，并勇于担当，需要加强人文素养教育，需要创新文化支撑，需要社会实践推动。

（一）增设人文课程，加强通识教育

创新能力需要科学精神和科学理性，而科学精神和科学理性背后离不开人文精神。人文精神教育的根本目标是人的心智解放和成长，其核心课程没有专门的领域知识，其特点是强调以思考、理智、判断能力为主要特征的智识，不是某种领域的知识；要求学生进行以“常识”和普通知识为本，以亲近智慧为目的的智识活动，不以积累和提高专门知识为目的。杜威在《人文教育》一文中说：人文教育是“共同体每个成员都应该接受的教育，这是一种能够释放每个人能力的教育，使他能够幸福，也是对社会有用”。学问中有人、学问中有精神、学问中有趣味，这是人文课程最大的特点。人文教育需要一个“真诚”“自由”“开放”的教学氛围，这种氛

围是促使个体经验反省所必需的。人文教育与通识教育不同，所谓通识教育是一种理念，强调知识从哪里来，用到哪里去？强调“知、行、品”三个层面，“知”是对课程知识的概念理解和记忆，“行”是思维和交往，或为学做人，“品”是人品、人格，有正义感和正确态度、价值观。大家知道，一流的科学家都有深厚的哲学素养，甚至连哲学家们都为之惊叹，譬如绝大多数诺贝尔奖获得者的共同特征都是人文素养或人格修养超群。人文精神是讲情感的、形象的，科学精神是讲理性的、逻辑的，但从至真、至美的层面来看，二者相互补充、相得益彰。任何一种创新活动既是非理性的过程，也是理性的过程。人文课程可以挖掘传统文化资源，中国传统文化最大的特点正在于将个体价值与社会责任整合在一起，通过承担社会责任的方式来实现人生价值。这里，社会责任是应对世界变化的具有普适性、稳定性的“内核”。责任感教育既具有外在价值，即教育实施所产生的效益、成果，又具有内在价值，即内化于主体之中的思想、意识、精神和能力等。学校要正确处理选修课或校本课程中的通识知识与必修课程中的学科知识的关系，将学做、学用、学创三者很好结合，在创新人才培养过程中，寓道于业、寓道于策、寓道于做。学科知识可以告诉学生“是什么”“怎么做”，而人文知识则告诉他们“应该怎样”“为什么”。唯有如此，学习才能从“求知识”提升到更有意义和更高一层的“求智识”。开展通识教育，致力于夯实学生的人文基础、提升综合素养，可谓“无用知识的有用性”。钱学森在科学上之所以取得如此成就，得益于小时候不仅学习科学，也学习艺术，培养全面素质。

（二）营造创新文化氛围

创新从根本上而言是一个文化的问题，哈佛大学终身教授丘成栋认为，做学问应该有一个基本目标，即人类对大自然的了解、对人类生存和人类文明的探究等。从这样的出发点做出的研究，才有可能达到文明意义上的创新，进而实现有益于民族与世界的成就。从文化学角度看，创新能力实质上是一种具有创造性特质的文化力。学校文化和精神是学生道德健康成长和创造能力提升的一个重要途径。一所好的学校文化，在于有自己独特的灵魂，这就是独立的思考、自由的表达。学校文化作为一种隐性德育课程资源和“境教”对学生责任心培养有潜移默化的作用，文化具有过程浸染性、影响深远性、内容广泛性的特点。对于学生来说，民族文化与伦理精神是责任意识孕育的“摇篮”。从德育过程来看，文化精神能激发道德主体的能动性，塑造其诗性般的道德思维和实践精神。文化自觉反映出作为文化主体的人（学生）的自我觉醒和自我创造，体现出一种广阔的文化境界、深刻的文化反思、充分的人文关怀和高度的社会责任感，从而决定着人的思想与精神状态。创新能力提升需要这种文化自觉，营造创新性文化，培养学生创新思维能力。为此，学校应培育出一种敢为人先、包容失败的创新文化。尼采有句名言“对待生命，你不妨大胆冒险一点，因为好歹你要失去它”，学生也不妨冒险一点去创造，创造一个社团、产品、公司、自媒体，创造一个属于自己的能够在若干年后自豪地说出传奇的故事。任何科学发明都是一个屡败屡试的过程。如科学家袁隆平成功培育高产杂交稻，诺贝尔奖获得者屠呦呦提炼青蒿素等等。教育现象中有一条“金鱼法则”，指的是热带金鱼在水缸里生活永远长不大，由此联想，教育孩子也如此，过多的限制永远不能使学生学会独立思考和创造，孩子成长是需要自由空间的。

（三）注重实践活动，培养创新责任能力

美国心理学家保罗·托兰斯研究指出：创造力潜能的激活可能

根源于有意义的学习经历，这种实践经历可能让一个人在不经意间迸发出乎意料的、富有原创性的解决方案，因为只有在这种有意义的学习经历中，一个人才能设身处地地应用自己在课堂或生活中获得的各类知识和经验，兴致勃勃地探索这些知识和经验的可能组合，以应对最急迫的生存压力和现实挑战。在实践中培养学生应有的道德责任感，其实质在于把道德发展变成学生自身生活的一部分，更好地负起道德责任，自觉做到知责、尽责、负责。陶行知强调创造性思维在行动中产生，并且在行动中深化和发展。其创造过程模式为“行动—思想—新价值产生”，新价值产生才称之为创造，可见，任何创造和发明都离不开行动，思想是科学的理论，是行动的经验总结。实践活动使学生的积极社会性人格得到鼓励、强化与发展，积极社会性人格包括公民责任、爱国精神、尊重他人、勇于创新等。美国社会行动模式论者强调社会与学校通力合作，通过课外活动影响学生的社会责任意识。一个在培养学生社会责任意识方面缺乏完善机制的教育不会是一个成功的教育。可以说，学生创新能力培育离不开实践活动体验，应在实践活动中，通过榜样、情景、技能学习、反思等方式，不断培育创新能力。学校可与社区共建“创客空间”，实施创新责任学分制，作为学生综合素质评价的内容之一，鼓励学生积极参加社会实践和志愿者服务。创客空间就像一个大盒子，融合物理、建筑、环境科学、技术、艺术等多门学科的实践，是一个 STEM 教育基地。所谓 STEM，是将科学（Science）、技术（Technology）、工程（Engineering）、数学（Mathematics）四门学科集成的战略。总之，责任意识是创新人才成长和创新能力提升不可或缺的关键要素。只要具备责任意识，努力就有能力。

第五节　自律能力培养

德育作为一种主体自觉活动，是使学生在道德方面的主体素质得到全面和谐、充分自由的发展，培养学生独立自主、积极主动的道德实践能力，即道德素质上的自律能力。青少年学生应学会自学、自理、自护、自强、自律，做我国社会主义事业合格的建设者和接班人。

一、培养学生自律能力的意义

范晔在《后汉书·崔实列传》中说：刑罚者，治乱之药石也，德教者兴平之粱肉也。法律、刑法、准则都是药石，而人是不能靠吃药石来维持生命的，因而他们必须是建立在道德的基础上。从历史上看，许多教育思想家主张培养学生自律能力。例如，马克思认为："道德的基础是人类精神的自律，而宗教的基础是人类精神的他律。"① 这意味着道德价值的根据在于人自身而不在人之外。康德认为：真正品德的产生，是来自人们意志的自愿，不受外界的约束，可以自主规范来约束自己，故道德的最高境界是"自律"。杜威也认为：学校德育不应背记某些规则、良训箴言，关键是发展道德判断力，才能适应变化着的社会。黑格尔把伦理道德作为精神哲学来考察，并进一步进行追问，得出道德教育必须有自己的精神哲学基础的结论。斯宾塞认为道德教育目的在于养成儿童的自治能

① 马克思，恩格斯．马克思恩格斯全集（第一卷）[M]．北京：人民出版社，1985：75.

力。我国儒家教人反省自求，自己用心去想，养成自己的判断力，要求学生在生活中自己省察所获得的“自觉自律”。例如，“慎独”是我国古代的一种修养方法，在《中庸》一书中，“莫见乎隐，莫显乎微，故君子慎其独也”，它是指在无人监督的情况下，也要坚守自己的道德信念，对自己的言行小心谨慎，绝不做任何不道德的事情。

然而，现实中学生的道德行为似乎大都来自外在的某种压力或利益驱动（他律），而很少自主选择、自我践行（道德自律）。在教育中，教师对学生仅仅提出社会规范要求或目标．而对学生如何去习德、自育、践行，即自我教育、自律能力培养不多。家长或教育者充满了对孩子们的爱，什么都尽量包办、代替，然而，这样做也使孩子丧失了很多自主能力，学生缺少“自我”精神家园。有时候，把孩子们关在一所学校，关在一个教室里，教育空间的封闭性使学生们失去了与社会、与自然的接触。孩子们纯真的心灵受着严苛的“圈养式教育”的折磨，“久在樊笼里，不得返自然”。鲁迅在评论中国家庭教育孩子时曾指出，那种教育只是“使他（孩子、学生、青少年）畏葸畏缩，仿佛一个奴才，一个傀儡，然而父母美其名曰‘听话’，自以为是教育的成功，待到放他到外面来，则如暂出樊笼的小禽，他绝不会飞鸣，也不会跳跃”。这种教育，“其实都不过是制造许多适应环境的机器的方法罢了”①。当年与当下对比，可以看出，德育所解决的问题和教育对象已发生变化，虽然我们仍用过去的那些素材要求和方法，但是已经不适合现代学生的认知特征了，社会转型发展必然需要学校德育变革创新。一个自由快乐之人，必是敬畏法度之人；敬畏法度之人，多是严以自律之人。

---

① 鲁迅．鲁迅全集（第4卷，第11卷）［M］．北京：光明日报出版社，2012：565，9.

另一方面，自律能力的提出是符合学生道德心理特点和德育过程规律的。具有自律能力的人通过理智分析，把自律意识融入自己血液中，成为“自动遥控器”或一道心理程序。青少年处于探索社会、探索人生的重要时期，他们的思想特点往往是不轻信、不盲从，在观察与对照中思考，在思考中观察与对照。个体道德意识发展是影响道德内化的重要因素，自律作为促进道德内化的手段可以使个体不断评判自己的道德认识，找出差距，主动吸取道德上的要求以完善自我。只有将社会要求的价值观转化为自己的价值取向（自化），外在的道德规范经个体分析、判断、选择、尝试，才能形成自己的信念；只有在实践中切身感受，知行统一，情理交融，才能持之以恒；只有具有内在精神力量的人，才能自觉行动。只有把我国社会主义核心价值观内化于心、外化于行，培好根，固好本，扣好人生的第一颗“扣子”，才能为每个学生成为最好的自己提供持久的力量，奠定坚实的基础，从而解决德育难的内源性问题。例如，心理学教授米切尔（Walter Mischel）曾做了一个著名的棉花糖实验。他召集数百名 4 岁的小孩，让他们待在一个房间里，桌上放着一块棉花糖或者饼干。他告诉小朋友：他会离开房间一会儿，桌上的零食可以吃掉。如果能等到他回来的话，就会获得双倍的糖果和饼干。有些小孩一分钟也等不及，就吃掉了零食。有些则可以等上 20 分钟，获得双倍奖励。等孩子们长大后发现，不擅长等待的孩子普遍存有行为问题。

二、学生自律能力的内涵

瑞士心理学家皮亚杰认为儿童道德发展经由无律、他律、自律不同阶段。“自律”指的是人的行为受自己内在独立思考和价值标准的支配而不是外在的社会规则制约。所谓自律，是指根据自己的道德价值观和道德思维，为自己立法，并按自己的意志和立法去行动。即是说，它指不受外界困境和邪恶影响，不为快乐、幸福、欲望等情感所驱使，也不受神意、天命的支配，为实现自己的道德理想而行动的道德原则。自律是以人自身的至善和幸福为目的的道德选择，它意味着道德价值的根据在于人自身而不在人之外。自律使人自觉选择道德行为，纠正不道德动机，在道德法庭上，自己充当起诉人和审判官角色，检查和审判自己的言行。自律是一种精神、一种境界，也是一种力量。一个能严格自律的人，就能时刻警觉，不让自己超越本分，不产生错误之想法和盲目的行为。相对来说，他律最早源于古希腊语，是指由外在因素决定自己意志的道德准则，即道德选择和行为不是主体自觉自愿地经过理性思考决定的，而是来自外部某种压力或利益驱动做出的。即是说，道德选择与行为是由主体自身之外的、未经自己理性思考的、被迫接受或考虑的各种规则和原因支配的（如恐惧、压力、图取报偿等）。处于“他律”阶段的人，往往缺少约束自己行为的能力，缺少道德判断和抉择能力。

自律能力，指道德选择和行为是依据通过作为道德活动的主体的人理性思考后自愿做出的，它可以表述为道德上的“三自能力”即自立、自行、自控能力。具体内容包括：自主思考、自我劝告、自我选择、自我修养、自我践行、自我克制、自我防御、自我督促、自我砥砺、自我评价、自我调控、自我塑造、自我判断和自我负责，以及独立的社会适应和交往协作等能力。自律能力一般表现在言行一致、解决道德困惑、行为省思能力和分享道德经验等方面。

（一）自主性

一般地讲，教育在有理性价值目标的同时，更是一个“顺性而为”的过程。这犹如教育者在空地上种草，然后一起等待夏天的降临，让孩子自己的脚步印在草地上，踩出人生的痕迹，这就是属于他自己的最好的道路了。如果我们不能说服学生自律，而又想塑造学生的品德，那是徒劳的，因为任何外在的道德观念必须为道德主体所认同，才能发挥作用。自主性表现为把接受德育影响的过程变为主动认识自己与他人、社会、自然之间应有的关系过程，在这个过程中，个体不是被动接受道德灌输、盲目效仿既定的规范，而是主动地对现实价值体系、行为规范做出独立思考、理性判断，慎重选择。人具有选择道德行为方式和自我调控情感意志的能力，道德本质上要求的是在各种关系中人的自觉行动，即自持。一切道德活动和道德行为都是主体在一定道德规范指引下去追求一定道德价值的过程。主体的人在道德活动中积极对待现实道德难题并影响和建构自我人格。学生作为主体性的人，在自我意识的基础上，为了形成某种良好的思想品德，自觉地进行思想道德内化和行为控制活动。对任何外界教育影响，学生绝不是被动地如数照收，而是要经过选择或加工，接受他们可能接受的影响，这便是德育过程中教育选择和选择教育的辩证关系。通常情况下，判断德育效果的好坏，应该是以学生是否具有道德实践能力和道德教育的自主性为标志的。可见，主体参与道德教育对培养他们的自律能力是很有帮助的。具有自律素质的人在何时何处遇到问题，自然想到依靠自己的道德思维、判断标准，而非依靠外部标准和力量去解决。注重自我教育，应引导学生直面和解决价值冲突、成长困惑，从而提高对中国当代价值观的认知力、感受力、判断力和行为力。

（二）能动性

能动性是在各种现实的可能性之中选择最有意义、最有价值的可能性。人作为理性的社会实践者，本质是一种“受动—能动”的

“自然”存在，同时也是一种“自由”——有别于动物的“他由”的存在。人没有能动性就没有进取心和克服困难的勇气，不能发挥教育自我和改造社会的作用。处于学龄前和小学低年级的儿童，往往没有约束自己的能力，道德评价能力较低，需要靠教师和家长的约束来行动。但随着自身成熟，这种外在权威形式逐渐转换为青少年内心的某种觉悟和信念，开始有意识地自觉地服从自己，即走向自律。但应该看到，青少年学生在其道德意识建构过程中，情绪性动机、遵从权威和功利性动机占很大比重，效果与动机很难统一，这决定了自律的不稳定性。自律不仅是一种对自己的掌控能力，更是一种生活方式和生活态度，你想活出什么样的人生，取决于你对人生的掌控能力。因此，重视学生个性发展的本源性诉求，强调以道德体验和反省为特征的“自求自得”。唯有自律的人，才能理清生活中的细枝末节，让其各安其位，在人世间获得行走的底气。

（三）超越性

道德教育是一个使人超越其自然存在的过程，一个追求生命的终极意义和价值的过程。儒家认为：只有超越自己，生命才有意义。西方理性内涵原则之一就是强调自由意志的超越。超越性体现着社会生活的创造性特征，人总是不满足于现状，在不停地追求某种理想，这就表明人的某种超越性。在人格发展的低层次，利己和利他是对立的，而在人格发展的高层次，利己和利他是相统一的，比如一个人需要救助的时候，你作为一个有道德的人，你不去救助他，就会感到很自责、内疚、不安，因为人具有恻隐之心；你去救他是你的一种真实的需要。个体德性的成长不是外部施加影响或驯服的结果，而是个体自主选择、亲身感受和内心体验的结果，其实质是一种以自主的方式对当下生活的超越。做一个不断自我超越的人，不断去认识自己的发展空间、自己的缺憾和努力的方向。只有这样，一个处于不断发展和成长中的学生，才能自觉进行自我提升和自我超越，成就更好的自我。通常地说，顶峰之后，仍需攀登。教育就是把一个人的内心真正引导出来，帮助他成长，成为自己的样子，帮助一个孩子在未来生活中更成功地寻求自己的幸福。引导儿童超越自我为中心的狭窄视野，突破功利主义的道德逻辑，建立与他人和世界、与历史和谐共在的人生观、世界观和价值观，实现对自我的不断超越，学会从日常生活事件中理解意义和价值，过更为完满的生活，从而走向更为幸福的人生。

三、培养学生自律能力的方法

德育应该培养学生在个体道德生活和社会道德生活中学会自律，形成主体性道德人格，即独立、理性、自为、自由的道德人格。针对青少年学生存在自我评价障碍、意志薄弱、人格障碍、耐挫折心理差等问题，采取有效方法加以解决。中国古代道德修养论中的“慎独”、“主敬”与西方的“有得于内，无待乎外”，对我们培养学生自律能力的方法有所启示，具体来说有以下几点：

（一）忍耐挫折教育

也称逆境磨炼或向挫折学习，是指通过展示人类社会生活中的挫折因素，培养学生耐挫折能力的一种教育活动。即是说，使学生在挫折锻炼和考验中成熟、奋进、崛起，身处逆境仍然保持心理平衡和正常活力，从而培养其对未来生活和周围环境的适应性和调节能力。让学生不在挫折中消沉、徘徊，如《诗经》中说：“靡不有初，鲜克有终”。大意是，为人行事，没有人不肯善始，但很少有人善终。当今时代充满着竞争、挑战和风险，青少年需要忍耐挫折教育，那么，如何提高学生挫折承受力和适应能力呢？孔子借“岁寒然后知松柏之后凋”，暗示身处逆境更利于修养砥砺品行，其弟子颜回生活在陋室而不改其乐，表现出对贫困逆境的超越和对“道”的神往，此举得到孔子的赞扬。孟子也曾说：“天将降大任于斯人，必先苦其心志，劳其筋骨，饿其肌肤，空乏其身，行拂乱其所为，所以动心忍性，增益其所不能。”① 俄国的奥斯特罗夫斯基在经历童年的磨炼、战争的考验后，仍在身残志坚下写成了《钢铁是怎样炼成的》光辉巨著。挫折可从反面丰富人生的经历，加强品德实践能力，所谓“吃一堑，长一智”，“失败乃成功之母”，便是这一道理。当学生遭遇失意、失败时，教师要增强其耐挫折心理免疫力，克服输不起的心理障碍。从跌跤中学会走路，在水中学会游泳。

（二）自我控制能力教育

我国古代德育重视个体内在的修养功夫，譬如，“主敬”指的是人的内心自觉，要求君子达到“慎其独”的道德境界。艾瑞克·弗洛姆曾说：“独处能力是具备爱人的能力的条件”，锻炼独自忍耐力的最佳方法是，让自己永远“喜欢自己，爱自己”。自控能力强的人，比较少患心理疾病，工作更有效率，较多有同情心，更受人信任，也更容易成功。心理学研究发现：自制力是所有品质中一个重要的品质。自我调控作为自律的有效手段，表现在三个方面：(1) 自我意识，它是指人对自己以及自己和周围事物关系的一种认识，也是人认识自己和对待自己的统一。例如，学生对热爱祖国、责任感、义务感、集体荣誉感、廉耻感等知识，都是建立在对个人需要与社会需要之间的认识和理解的基础上的。(2) 自我激励，青少年学生自觉性、自制力较差，品德中好的行为习惯不稳定，但

① 孟轲．孟子·告子下[M]．北京：燕山出版社，1995.

是，通过自评可帮助学生自我反省，进而自觉地进行思想转化和行为控制。(3) 自我监督，在实际生活中，当“个人独处”的时候常有的行为不为人知，经常检查一言一行，自我反思和检点，可以保持品德的纯洁，从而抵制外界的不良诱因。

（三）道德问题讨论

所谓道德问题，是由个体在特定条件下不能实现预期目标而形成的道德困惑。道德问题的解决，是从困境或困难障碍中寻找一条出路或办法。青少年学生成长中面临诸多困境（困惑），如越轨困境、诱惑困境、忠诚困境、助人困境、同伴困境、父母困境等。实质上，德育是一个由“已知”出发，帮助学生在个人与他人、集体、祖国利益发生冲突时如何处理，需要做到利他利己结合。可以说，德育就是诸多道德问题解决的教育教学。美国德育学家科尔伯格的道德认识发展理论，采用道德难题讨论方法，把培养判断力作为德育的中心任务。具体做法：一是不要简单地告诉学生什么是善、什么是恶，而要让学生参与德育实践，从而对善恶做出评价；二是德育要注重学生批判性思维和自我道德决策能力的培养。科尔伯格设立了不同的道德两难问题（情境），如海因茨偷药的故事，供学生讨论，或者提供体验道德疑难问题的实践机会。在此基础上，帮助学生正视问题所固有的道德内容，引发学生说出所作判断的基本理由，并鼓励他们以不同的道德观相互交谈讨论，目的在于发展学生道德认识能力、选择能力、判断能力，从而更加适应社会生活。应该指出的是，学生在进行道德选择时，不但要有行为上的自由，而且要有理智上的自由；不但要有外在规定他律性的保障，而且要有内在需求自律性的支撑。比如，一个贫困家庭中有个濒临死亡的病人，这个家庭是应该倾囊救治还是对其放任自流？面对一个身患绝症的病人，家人对其隐瞒病情的行为已经司空见惯，甚至人们还给这样的行为取了一个好听的名字——善意的谎言。课本里清楚地教我们的“不要说谎”难道不再正确了吗？“救死扶伤”难道不是人类应该做的吗？在人们的实际生活中，“知道”或“遵循”某一条律令并不能帮你轻而易举地解决问题，至少它不如你原本想象中那么容易。“救死扶伤”固然是人的本分，可如果一个贫困的家庭为了给一个年老的长辈治病而剥夺了一个年轻晚辈受高等教育的权利，甚至还背负了巨额的债务，那么，这对于这个年轻人来说是公平的吗？面对一个垂死的病人，如果你直接对他说“你就快死了”，那么，在绝大多数情况下，这对病人是有害无益的。仅仅教会人记住一条条的律令、习俗与社会生活规则，对于实际生活来说远远不够，因为生活中充满了不能够轻而易举按照律令与规则做选择的中间地带，充满两难甚至是多难的选择。道德问题（困境）讨论是一种交互性的教育方式，它有两个特点。第一，开放性。开放性是指问题的开放，即每一个道德困境故事或情境都没有标准答案，而是相互对立、相互冲突的，这就使得它对学生的道德思维、价值判断和选择具有极大的挑战性，从而消除了传统习惯中非此即彼的思维方式。第二，生活性。道德困境故事呈现给学生的是生活中的冲突与矛盾，这就使得学生更加自觉地意识到各种不同的道德规范、价值标准在现实生活中可能存在的冲突与矛盾。

（四）道德责任心培养

强调个人对社会尽责是我国公民应尽的义务，也是我国德育的传统。在家庭生活、社会公德、职业规范等方面接受社会关于个人道德行为的各种责任要求，如在班级中，应让学生明白每个人都是班级的主人，让学生承担各种对集体负责的任务，引导他们对班级负责。在道德责任心培养过程中，教师要激发学生履行道德责任的动机，强化因履行道德责任而引起积极的情感体验，同时，对执行责任情况进行监督、检查。在我们的道德生活中，自由意志和个人责任是相互联系的两个方面，“如果不谈所谓自由意志、人的责任，必然和自由的关系等问题，就不能很好地讨论道德和法的问题”①。随着道德选择的自由度提高，道德责任感也随之越强。例如，在《克雷洛夫寓言》中，有一个关于马和骑师的故事。骑师驯了一匹好马，他认为给这样的马加上缰绳是多余的。有一天，他骑马出去时，就把马缰绳解除掉了。马在原野上飞跑，当它知道什么束缚也没有的时候，就越来越大胆，它一路狂奔，把骑师摔下马来。它往前直冲，什么也看不见，什么方向也辨不出来，最后冲下深谷，粉身碎骨。

（五）设置活动性德育课程

实践活动为自律能力的形成提供了锻炼机会。学生在课堂上习得的道德观念，可以说是“认知性德育课程”中的“理智的道德”，易导致学生在走向社会面对真实道德困境时，常产生言行脱节、表里不一等“双重人格”现象。而活动性德育课程是让学生在参与真实的社会生活过程中认识社会生活的面貌，进而参与社会生活改革与创新活动，旨在培养学生在社会道德环境中具有独立的、理性的道德判断与选择能力，担当起自主负责的行动能力。这里我们不妨称为“实践的道德”。学生是道德生活的主体、“参与者”，而不是被动的客体、“接受者”、“旁观者”。在学校里，活动性德育课程的内容包括勤工助学、社会公益、生产劳动、社会宣传（咨询）、晨会、班团活动和课外活动等，德育效果通常也是从外显行为来评价的。其作用是引导学生自育的主动性，为自律品德发生提供保证。

---

① 马克思，恩格斯．马克思恩格斯全集（第20卷）［M］．北京：人民出版社，1985：124.

思想道德素质是通过主体的活动表现的，也是通过主体的活动形成的。因此，加强学生主体的活动（实践）是增强学校德育实效性的关键环节，一些青少年志愿者行动、科技劳动、军训和其他社会实践服务，调动了学生的积极性和主动性。由于学生参与了认识世界和改造世界的活动，因而在实践中得到不断自我完善，形成健康发展的内驱力。在教育形式方面，更加强调具有互动性、参与性、体验性的教育活动，譬如提高法治教育的实效性，可以举办模拟法庭、法律知识竞赛、法治夏令营活动等。

四、培养学生自律能力的原则

道德不只是要求主体对自身以外的规则、规范负责，而是首先要求主体对自己负责，因为只有对自己负责的人，才可能是一个对自己置身于其中的种种关系持积极负责的态度。只有当人们摆脱了他律的约束和外在的限制，进入自律阶段，发自内心地从事道德活动并自觉自愿地追求一种道德上的完善，他才真正成为道德主体的人。道德教育的最终目的是教会学生学会自律。可以说，自律能力的培养是现代学校德育的一项根本任务。培养学生自律能力应遵循的原则：

（一）层次性原则

一般地说，敬畏是自律的开端，敬畏也是行为的界限，正所谓“凡善怕者，必身有所正，言有所规，行有所止，偶有逾矩，亦不出大格”。真正具有自律能力的人，可以说“从心所欲不逾矩”，强调的是自觉的行动、积极的行动。面对不同教育对象，我们要求：在幼儿园，培养学生自理能力（生活习惯养成）、自控能力（控制自己的脾气、性情）；在小学，培养学生低层次的自主自制，是非判断能力；在初中，初步形成自主自制，培养是非判断能力和道德评价能力；在高中，比较自觉地进行自我教育，培养较强的自主自制能力、是非判断和交往协作能力；在大学，培养能自觉地进行自我约束能力、自我教育能力、自主创造能力。

（二）主体性原则

人在自身发展中处于主体地位，品德发展也存在自我构建的问题。主体所具有的独立、自觉、能动和创造的内在特性，是主体得以确立的内在依据和根本标志。如果我们不能说服学生应该自我教育育，而又想塑造学生品德，那只会是徒劳。因为外在道德观念必须为道德主体所认同吸纳，才发挥作用。正如苏霍姆林斯基所说的："道德准则，只有当它们被学生自己去追求，获得亲身体验的时候，只有当它们变成学生独立的个人信念的时候，才能真正成为学生的精神财富。"① 所以，教育要启发学生作为活动主体有权利有责任自愿地主动地参与各种校内外活动，以此发展自主意识、自律能力。孩子的快乐一定属于他自己体验的快乐，而不是他人认为强加于身上的产生的快乐。

（三）针对性原则

教师应从德育对象实际情况出发，顾及学生个性、年龄特征和思想品德基础，有针对性开展德育活动，方法上注重灵活多变。同时，发挥教师主导作用和学生主体作用。德育不搞"一刀切""齐步走"，在了解和研究学生的基础上，创造适合每个学生发展的条件。可以说，只有寻求适合学生品德发展的教育，才是最好的教育。有些时候，还需要教会学生学会独处，一个人独处的时候，会发掘内在丰富的精神世界，也能够去感知外在丰富的自然世界。独

① 苏霍姆林斯基．给教师的建议[M]．北京：教育科学出版社，1984：348.

处是一种非常重要的能力，因为只有当一个人独处的时候，他才是自由的；当一个人独处的时候，他才可以完全成为自己。

第六节　品德发展评价

一、学生品德测评的依据

（一）依据德育目标或价值观

德育在素质教育中发挥导向、动力和保证作用，是素质教育的核心内容。德育目标是德育活动所要达到的预期目的或结果的质量标准，是教育目的在道德教育方面的具体要求。德育目标能反映我国社会政治思想道德教育的本质和教育价值取向。目标观和评价观通常是一致的，德育目标是学生品德评价标准和具体内容的依据。学校德育目标和品德测评目标是一致的。品德测评的具体内容以德育目标为基础，将德育内容进一步细化，形成品德测评指标体系。其内容涵盖认知、情感、意志、能力等因素，同时也显示出一定的层次性。评价指标是目标的具体化要求。但在不同时期不同阶段，德育目标又是有变化的。例如，我国21世纪初期实施新一轮基础教育改革，提出初中阶段德育目标：热爱祖国，具有民族自尊心自豪感；初步树立公民的国家观念、道德观念、法制观念；具有良好的道德品质、劳动习惯和文明行为习惯。具体说，7年级主要有“迈好中学第一步、法律保护我成长、学会交往，创造和谐的成长环境、登上知识之船，扬起理想的风帆”等内容；8年级有“花季困惑指南、塑造健全人格、不断完善自我、讴歌民族精神”等内容；9年级有“鼓起勇气，迎接挑战；调整自我，增强自信；脚踏实地，自强不息；找准定位，确定理想坐标”等。小学德育目标：小学1~2年级，培养具有良好品德和行为习惯，乐于探究，热爱生活；3~6年级，促进学生良好品德形成和社会性发展，为学生认识社会、参与社会、适应社会，成为具有爱心、责任心、良好的行为习惯和个性品质的社会主义合格公民奠定基础。从世界各国德育目标来看，其共同点是重视学生个性的健全发展，培养学生民族意识和国家观念，培养学生群体意识和社会责任感。此外，不同国家品德测评目的观与功能观侧重点不同是与其社会制度、历史文化传统等因素相关。如我国有些学校思想品德评价重点是学生参与党团活动、社团活动、公益劳动、志愿服务等的次数、持续时间。日本小学品德测评项目包括11项，它们是：基本的生活习惯、乐观与活泼、自主性与意志坚强性、责任感、创造能力、同情性、合作性、爱护自然、勤劳与奉献、公正与公平性、公共性；中学品德测评项目包括12项，它们是：基本的生活习惯、乐观与活泼、自主与自律、上进性、责任感、创造能力、同情性、宽容与合作性、爱护自然、勤劳与奉献、公正与公平性、公共性。

（二）依据学生的年龄特征和品德基础

学生年龄特征和思想品德基础决定评价标准的高度。标准设置过高，对学生提出高标准的要求无疑是重要的，但是，如果不为高标准设置一定的坡度和层次，难以做到，就会使目标陷入空泛，脱离学生思想品德实际状况而无法评定。标准设置过低，其结果往往对学生不能起到应有的激励作用，失去了评价的意义。因此，人为地拔高或降低评价标准，都会影响评价效度和区分度，适当的标准才是有益的。针对以往学校我国德育目标，只有高度，没有梯度，有人提出“台阶”之说，即评价标准有层次性，体现思想品德教育的多端性特点。不同年龄阶段学生有不同的评价内容，同一德育内容有不同层次的要求，如理想教育，就由生活理想、职业理想、道德理想和社会理想等多层面构成。据此，小学阶段分低、中、高三个阶段，中学阶段分初、高中两个阶段。考虑不同年龄阶段学生的特点，将测评的具体项目进一步具体化与特征化，也体现了测评内容综合性、系统性与层次性的有机结合。这样，立足于学生品德发展的实际状况，确定不同学生类型和层次测评方案，体现品德测评的针对性。

（三）依据评价工作的要求

对学生品德评价，既要制定合理的评价标准，又要考虑可行的评价方案。注重日常行为一贯表现，建立学生品德评价档案制度。

首先，确定测评指标。思想品德有着内容、能力和心理三方面的结构特征，其结构具有明显的层次性、多维性，以及在每个维度上的连续性、顺序性和递进性。它们既相互独立，又相互依存，各自反映思想品德的一个侧面，从其中任何一个角度进行测评都难以反映整个品德。单方面评价会割裂社会品质、心理品质和品德能力之间的本质联系，在实际工作中引起德育的随意性。把品德分层细化为若干要素，将道德认知、态度因素、行为习惯、品德能力定为评价一级指标，再转化为若干二、三级指标，即可观察的外显行为。指标各要素相互关联、相互渗透，构成品德评价指标体系。指标体系的构建本着“宜少不宜多，宜粗不宜细”的原则，采用因素分解再聚类方法。如友爱同学指标同自尊自重指标密切程度最高，同遵纪守法程度次之，与自我控制密切程度又次之，学生在一定程度上把友爱同学指标内化为自尊自重一类情感，就起到优化指标作用，收到网状的立体结构“纲举目张”的效果。品德评价指标体系是以一种特定方式描述在某一教育阶段后，学生在社会品质、心理品质和品德能力诸方面应体现的品德素质内容，反映学生品德发展规律，它不仅具体地规定评价什么、不评什么，而且也明确地表示什么样的一种品德状态可判定为何种级别，从而使评价标准转化为一系列可测量可观察的标记。

其次，配置指标的权重。所谓权重，是指各项指标在整个评价指标体系中所处的相对地位重要程度和所起作用的大小，地位越重要、作用越大，其权数就越大；反之，地位不重要、作用不大，其权数就越小。指标权数不同，体现在学生品德中的作用大小就不同。权数通常用整数、小数或百分数来表示。德育的价值取向是确定权重的依据，德育的价值取向体现社会发展的客观要求与人类自身价值目标的高度统一。具体地说，对小学生评价来说，认知因素、行为习惯应占较大比重；对中学生评价来说，态度因素、品德能力应占较大比重。配置指标通常采用以下方法：（1）经验加权法，即人们根据长期的德育评价经验，给那些品德影响较大的因素以较大的权重，反之，则给予较小权重；（2）专家咨询法，又叫特尔斐法，由权威的学者或专家会商来分配权重；（3）层次分析法，又叫矩阵对偶法；（4）数理统计法。

再次，评价结果的处理。学生品德评价具有客观性、指导性、分寸性和可接受性特征。建立发展性的学生评价，目的在于不断提高学生思想品德修养水平，用辩证发展的眼光看待每个学生身上的优点、进步和积极因素，同时也能指出他们存在的缺点和不足，并且相信经过教育都会达到理想的境界。第一，把握好定性与定量结合。定性评价结果可用操行评语、等级评定形式，如优秀、良好、合格、待合格；定量评价是运用数学的方法对评价结果进行量化处理，通常用评分的形式。品德评价从定性出发，以量为基础，使评价定性标准有量的概念，在量化的基础上，再评定出等级，定性是定量评价的基础和前提，定量则是定性评价的深入和具体化。马克思说过：“一种科学只有成功地运用数学，才算真正达到完善的地步。”但是，品德量化指标只能是相对的，品德评价不同于用尺子量长度、用秤杆称重量那样精确，加之，目前测评技术手段还不可能完善地用数值来描述学生思想品德及其内在素质结构的状况。如果孤立地、片面地追求量化，就会使评价陷入简单化和盲目化的泥潭里，甚至会走向评价的反面。第二，把握好自我评价与他人评价相结合。自我评价是学生依据一定的品德评价标准，对自己的行为做出肯定或否定的价值判断，自我评价通常用自我小结、自我表白、自画像等形式来进行，自我评价能力要求既不完全听从他人的评价，也不拘泥于他人评价；他人评价包括学校、教师、同学等评价。一般来说，学校成立评议小组，成员包括班主任、任课教师、本班学生，其中本班学生既有学生干部，又有普通同学，在某一教育阶段结束后对学生客观地评价，目的是能够全面地反映各方面意见，鉴定结果将为升入高一级学校作为参考。无论是他评，还是自评，都要求分别对照品德评价标准和方法有效进行。第三，把握好平时评价与定期评价结合。现代教育评价不仅要关注在某一阶段后品德发展的结果，而且要关注平时表现状态，发现品德发展中存在的问题，了解学生品德发展需求，帮助学生认识自我，树立理想信念。发挥评价的教育功能，促进学生在原有品德水平上发展，不搞“一锤定音”。

二、学生品德测评的方法

学生品德测评与学业水平测评相比有着很大的难度，但是，随着素质教育的推进以及对学生品德测评的理论和方法研究，各地探索出适合我国不同学生群体的判断方法，以此推动德育科学发展和可持续发展。主要有以下几种。

（一）品德问卷和量表测评法

品德问卷和量表测评法是指通过精心设计和严密论证的一套问卷或量表，以此来测评学生品德发展状况和水平的一种方法。国外具有代表性的测评学生品德发展的问卷或量表，是美国认知学派雷特斯的“确定问题测验”（简称 DIT）。此方法主要测评学生道德认知的发展状况，并对科尔伯格道德两难故事测评的方法进行了改进。具体来说，道德判断的“确定问题测试”是道德推理的一种目标测试。这种测试通过让个体分析社会道德问题的两难情境并对行为的恰当动因进行判断，以此来评定其是否形成了基本的道德概念。测试由测评者向被测评者呈现道德两难故事，提供包括关于主要事件可能发生的结果的一系列选项，让被测评者根据这些问题在道德抉择中的重要程度做出选择并排定其等级序列，测评的分数具有信度和效度。在我国学校中，考试考核法是品德测评经常运用的方法之一，这种方法往往与思想品德、思想政治课的考试结合起来，测评学生是否掌握基本道德知识。用考试成绩作为测评学生道德认知发展的重要手段是有必要的，但结果很难准确反映出学生的道德行为真实表现。如果用思想品德或思想政治课的考试来代替品德测评，就是一种将品德测评简单化的做法，可能会出现高分低德、低分高德，因为思想与行为不一定是统一的（言行不一），动机与效果往往又是不一致的。近年来，随着品德测评相关理论与实践的发展，人们逐渐认识到单纯依赖考试法测评学生品德发展的局限性，试图运用复杂模型对学生的知、情、意、行来进行综合测评。

（二）情境测试法

情境测试法指测评者设置一定的情境和标准并观察被测评者在

该情境中的反应，根据事先规定的标准对被测评者的品德发展状况作出判断的一种方法。例如，设计学生诚实的情境测试，将两个玻璃球放在一个碗里，要求被试者在半分钟内，用筷子将球夹到距离5厘米的另一个空碗里，每夹过去一个球奖励一张画片，但规则是不得用手拿。测试时主试官不在场，让被试学生单独玩这个游戏。主试官观察被试者半分钟内的活动，如发现不诚实者，可对其进行个别教育。再如，将6~7岁的儿童分成三人小组玩汽车玩具，每组中各有一人负责分发各种不同的、令孩子们喜爱的玩具汽车，如果负责分配的孩子能够做到平均分配，表明这个孩子能承认别人和自己有同等的权利，是公正的；反之，如果负责分配的孩子自己多拿一些玩具，则表明这个孩子忽视别人的权利，是不公正的。情境测试法将品德测评与游戏或日常生活结合起来，在自然状态下观察学生道德行为，结果比较真实客观，既实施了专门的品德测评，又不容易被测评者觉察到测评者的真正目的。

（三）操行评定法

操行评定法指测评者在对学生平时的行为表现进行观察与了解的基础上，依据相关的规范标准，对被测评者在某一时期内的行为表现做出描述和鉴定的一种测评法。从知识水平、价值观念、道德审美、行为习惯、动手能力、公民素养等方面分学段建立学生达标体系，再对学生在日常生活中的道德行为表现进行观察与测评。小学普遍采用学生“成长记录袋”的方式对学生进行评价，力图实现评价的个性化；高中学校普遍采用了综合素质评价的电子平台，并把评价结果列入学生的电子档案，成为高考录取的依据。例如，有的学校采用“评语+评等”方法，写出评语，并给予评等级，在评语中写优点，侧重鼓励，也指出不足，并提出改进建议和措施，结合自身情况，因人施评，提出期望；对于某些学生缺点或错误的批评，教师在平时面谈中予以指出并加以教育。设立不同“成长之星”，发现学生身上的闪光点、优点、亮点，肯定学生进步，也体现评价的多元化。不再简单地用统一的标准来衡量所有的学生，每一个学生的生命都与众不同，根据有差异的“质”来决定学生不同的“形”，努力把每个学生导向其生命应然的发展，成就美好的人生。在实施评价的过程中，尊重、鼓励和赞许是教师对学生评价的基本理念。在学生感受与体验被尊重、被信任的过程中，逐渐认同道德规则，自觉遵守学校德育要求，变被动规训为主动塑造自己。但操行评定法也有其局限性，只能对学生道德发展的优缺点做出概括性的描述，很难深入了解每个个体的品德发展水平，因为教师对所有的学生进行全面细致的观察是有一定难度的。

参考文献

1. 戚万学、杜时忠．现代德育论[M]．济南：山东师范大学出版社，1997.

2. 檀传宝．学校道德教育原理[M]．北京：教育科学出版社，2000.

3. [美] 科尔伯格．道德教育的哲学[M]．魏贤超，柯森译．杭州：浙江教育出版社，2000.

4. 魏贤超．现代德育理论与实践[M]．杭州大学出版社，1994.

5. 李吉林．情境教育精要[M]．北京：教育科学出版社，2016.

6. [美] 埃莉诺·蕾妮·罗德里格斯、詹姆斯·贝兰卡．课堂内外：打造全方位发展的学生[M]．刘清山译．哈尔滨：黑龙江教育出版社，2016.

7. [美] 斯蒂芬·平克．人性中的善良天使：暴力为什么会减少（上、下册）[M]．安雯译．中信出版社，2015.

8. [美] 詹姆斯·E. 狄龙．反欺侮：让学生远离恐惧[M]．张禾、高连兴译．黑龙江教育出版社，2016.

9. 黄钊．儒家德育学说论纲[M]．武汉：武汉大学出版社，2006.

10. 詹万生．整体构建德育体系引论[M]．北京：教育科学出版社，2001.

11. 林崇德．品德发展心理学[M]．上海：上海教育出版社，1990.

12. [美] 简·布鲁斯坦等．课堂管理方法[M]．龚朝红译．上海：华东师范大学出版社，2016.

13. [加拿大] 马克斯·范梅南．教学机智——教育智慧的意蕴[M]．李树英译．北京：教育科学出版社，2001.

14. 刘超良．制度德性论[M]．武汉：湖北教育出版社，2007.

15. 李肃东．个体道德论[M]．武汉：华中科技大学出版社，1994.

16. 高兆明．道德生活论[M]．南京：河海大学出版社，1993.

17. [法] 爱弥儿·涂尔干．道德教育[M]．陈光全译．上海：上海人民出版社，2001.

18. 丁如许．德育主任新方略——中小学德育工作指导手册[M]．北京：中国轻工业出版社，2014.

19. 陶行知．陶行知教育全集[M]．成都：四川教育出版社，2005.

20. 张万祥．德育智慧源何处——心灵感悟德育经典案例[M]．北京：中国轻工业出版社，2014.

21. 赵坡．班主任如何破解德育低效难题[M]．北京：中国轻工业出版社，2016.

22. 韩传信．德育原理教程[M]．合肥：安徽大学出版社，2013.

23. 蒋一之．惩戒教育的理论与实践[M]．杭州：浙江大学出版社，2016.

24. [英] 亚瑟·克里斯托弗·本森．为师之道[M]．张宏佳，迟文成译．黑龙江：黑龙江教育出版社，2015.

25. 亚里士多德．伦理学[M]．北京：中国人民大学出版社，1996.

26. 唐君毅．中国文化之精神价值[M]．南京：江苏教育出版社，2006.

27. 冯铁山．诗意德育论[M]．北京：中国社会科学出版社，2012.

后　记

终于熬到写后记的时候了，不免说说自己的感想和感谢。

首先，一份感想就是对于手头的书稿即将付梓有如释重负的感觉，同时也留下对写过书稿的眷恋之情，毕竟是几年来心血和汗水的付出。可谓：苦在其中，乐在其中。在埋头伏案中，看到一页页书稿修改完成，心头的喜悦总是有的，但思考和探究过程却是孤寂的，需要内心的宁静和意志的磨炼。还有一份感想就是要说说自己的教师职业，因为本书《学校德育的意蕴》是与学校、教师有关的。我自从1981年考上巢湖市黄麓师范学校以来，就与师范、教师有缘。转眼间，从当中学老师到大学教师已有30多年教龄了，无论就读师范学校、合肥教育学院、华中师范大学，再到中国教育科学研究院等，还是在安徽教育学院、合肥师范学院工作，一路走来，“从师范门进，到师范门出”，始终没有脱离师范教育的“干系”，没有翻越师范校园的“围墙”。黄麓师范毕业后，怀着美好憧憬又稚气未脱地当了一名中学英语教师，四年的历练和磕碰，使我感慨很多。从教至今，切身体会到教师职业的平凡与艰辛、崇高与美好。虽没有取得骄人的成绩和荣誉，但也乐此不疲年复一年地教学，因为自我感觉荣誉有时候是别人给予的，只要自己对得起学生、对得起教育即可，没有刻意去争取外在这类“光环”。深信

“简单的事情做好就不简单”“工作着快乐着”。这种信念仍然将激励着我矢志不移地干好教师这一行。

其次，在我成长和教育中需要感谢的人很多，借此机会，特别感谢几位恩师。感谢肥东县众兴中学强元彬、张国俊等老师，是他们起早摸黑沾满身体的粉笔灰，手把手地把一个农村孩子引入学习的征途，老师的敬业精神和人格魅力始终让我难以忘怀，这也是我初中毕业报考师范学校、立志当老师的一种驱动力。感谢华中师范大学李道仁教授和翟天山教授，是他们开启我走上德育原理专业的学习研究之路，李老师的仁慈和宽容，以及爱生如子的情感永远值得后辈记忆。读研3年期间，无论在节假日，还是平常上课，总留我们学生在家吃师母做的饺子，因为导师和师母是北方人，吃饺子是招待弟子们最好的饭菜了。一晃20多年过去了，往事历历在目，导师的恩德，弟子永记难忘。特别感谢中国教育科学研究院詹万生教授，应学生的要求，在百忙中给本书写了序言。詹老师被媒体称为“中国德育第一人”，是我访学时的合作导师，他从哲学、伦理学角度研究德育，视野开阔，文化底蕴深厚，教育经验丰富，给学生很大的帮助和启迪。

在此，也感谢我的家人对我理解和支持。感谢我的父亲母亲，他们一辈子含辛茹苦，将我们子女抚养长大成人，老父亲爱子之心和母亲勤劳善良，这些高尚品质教会我做人的道理，他们无私奉献和默默承受，曾使我免去很多家务的困扰，有时间和精力去读书、工作，完成自己的事情。感谢我爱人平时的相守和细心的鞭策，促使我静下心来在电脑桌前一篇一篇修改文稿。也想用此书鼓励我的儿子完成他大学的学业，不断上进，创造属于他自己的美好未来。

感谢合肥工业大学出版社张择瑞主任的古道热肠和耐心细致的指点，他对书稿提出很多建设性的宝贵意见，在封面设计和文字编排等方面做了大量工作，使书稿得以顺利出版。

感谢合肥师范学院姚本先教授、曹卓良教授、王子迎处长和方孝玲老师等对本书出版的支持和帮助。

对于书中参考的文献已列举，但有些引用的话语，一时难以找到出处，在此对作者表示感谢。

韩传信

2017年3月

图书在版编目（CIP）数据

学校德育的意蕴/韩传信著．—合肥：合肥工业大学出版社，2017.9
ISBN 978-7-5650-3562-3

Ⅰ.①学…　Ⅱ.①韩…　Ⅲ.①德育工作—研究　Ⅳ.①G41

中国版本图书馆 CIP 数据核字（2017）第 231700 号

学校德育的意蕴

韩传信　著　　　　责任编辑　张择瑞

出　版	合肥工业大学出版社	**版　次**	2017 年 9 月第 1 版
地　址	合肥市屯溪路 193 号	**印　次**	2017 年 9 月第 1 次印刷
邮　编	230009	**开　本**	710 毫米×1010 毫米　1/16
电　话	理工编辑部：0551-62903204	**印　张**	19.75
	市场营销部：0551-62903198	**字　数**	234 千字
网　址	www.hfutpress.com.cn	**印　刷**	合肥现代印务有限公司
E-mail	hfutpress@163.com	**发　行**	全国新华书店

ISBN 978-7-5650-3562-3　　　　定价：46.00 元

如果有影响阅读的印装质量问题，请与出版社市场营销部联系调换。